国家现代职业教育改革创新示范区重大建设成果

鲁班工坊研究：

溯源·要义·标准·策略

——吕景泉“鲁班工坊”主题论文集

吕景泉　主　编

张　磊　翟风杰　副主编

中国铁道出版社有限公司
CHINA RAILWAY PUBLISHING HOUSE CO., LTD.

内 容 简 介

本书共九章，以鲁班工坊开启新征程、鲁班工坊行天下开篇，讲述鲁班工坊的发展脉络、创建基础、教学模式、专业标准与资源开发、发展构型、著述采撷，最后通过鲁班工坊的本质思考结尾，对鲁班工坊的溯源、要义、标准、策略等进行了研究、解密，以求进一步将真正的“鲁班工坊”呈现给读者。

本书主题已入选“中华文化走出去工作重点任务清单项目”，可供职业教育的专家学者和职业院校同仁参考，也可作为中国对外人文交流、国际教育合作，特别是从事鲁班工坊项目建设与研究的同仁分享使用。

图书在版编目（CIP）数据

鲁班工坊研究：溯源 • 要义 • 标准 • 策略 吕景泉“鲁班工坊”主题论文集 / 吕景泉主编 . —北京：中国铁道出版社有限公司，2022.1

国家现代职业教育改革创新示范区重大建设成果

ISBN 978-7-113-28775-7

Ⅰ. ①鲁… Ⅱ. ①吕… Ⅲ. ①职业教育－中国－文集 Ⅳ. ① G719.2-53

中国版本图书馆 CIP 数据核字（2022）第 011443 号

书　　名：鲁班工坊研究：溯源 · 要义 · 标准 · 策略
LUBAN GONGFANG YANJIU: SUYUAN·YAOYI·BIAOZHUN·CELÜE

作　　者：吕景泉

策　　划：何红艳　　编辑部电话：（010）63560043
责任编辑：何红艳
封面设计：刘　莎
责任校对：焦桂荣
责任印制：樊启鹏

出版发行：中国铁道出版社有限公司（100054，北京市西城区右安门西街 8 号）
网　　址：http：//www.tdpress.com/51eds/
印　　刷：北京柏力行彩印有限公司
版　　次：2022 年 1 月第 1 版　2022 年 1 月第 1 次印刷
开　　本：787 mm×1 092 mm 1/16　印张：23.5　插页：2　字数：358 千
书　　号：ISBN 978-7-113-28775-7
定　　价：68.00 元

鲁班工坊,围绕国家发展战略,服务“一带一路”,促进国际产能合作，助力构建人类命运共同体，成功实施了职业教育国际合作交流促进工程，成功创设了国际交流的品牌化实体平台，高质量实现了中国职业教育成体系“走出去”战略，全方位、实质性提升了中国职业教育的国际影响。

鲁班工坊，是中国职业教育在国际教育合作、世界产教融合领域开辟先河的大事件，是近代以来中国职业教育发展史上具有里程碑意义的大事变，对新时代中国特色职业教育的高质量发展，加快建成教育强国，具有深远的历史意义、长远的现实意义。

助中国职教走向世界

让世界分享中国方案

前 言

鲁班工坊的建设发展，可以用“日新月异”来描述；鲁班工坊的实践研究，更可以用“丰富多彩”来表达。

2015 年 9 月，天津市教育委员会（以下简称天津市教委）组织鲁班工坊的前期谋划和方案设计，到 2018 年 9 月 3 日，习近平主席宣布在非洲建设 10 个鲁班工坊。在这整整三年时间里，鲁班工坊的项目建设从设计走向实施，从推演走到实战，鲁班工坊的品牌创建从发展定位、目标任务、核心要义逐步演进构型，到实施路径、建设原则、政策保障，逐步成熟成型。在 2018 年 9 月 3 日，这个时“光”点，5 个建成的亚洲鲁班工坊、1 个建成的欧洲英国鲁班工坊以及高水平建设中的欧洲葡萄牙鲁班工坊、非洲吉布提鲁班工坊，成为鲁班工坊上升为国家战略，进入新的发展阶段的时间标度和项目标定。

2018 年 9 月，鲁班工坊进入新的发展阶段，2021 年 9 月 17 日，习近平主席提出，未来 3 年，将在上海合作组织国家建成 10 所鲁班工坊。在这整整三年时间里，以非洲鲁班工坊国家任务为主线，以 10 个非洲国家11个鲁班工坊高质量完成为亮点，遴选了艾因夏姆斯大学、阿布贾大学、德班理工学院、埃塞俄比亚技术大学等优秀合作院校，依照合作国当地产业发展需求，聚焦铁道、机械、电气、制造、汽车、信息、冶金等技术领域，对接非盟《2063年愿景》，服务中国企业“走进非洲”，服务中非合作“能力提升工程”。在2021年9月17日，这个时“光”点，在亚、欧、非三大洲17个国家建成18个鲁班工坊，成为鲁班工坊站在新时代新起点，开启新的发展征程的时间标度和项目标定。

从2015年9月，项目企划设计，实施亚洲、欧洲鲁班工坊建设；到2018年9月，习近平主席宣布，在非洲设立10个鲁班工坊；再到2021年9月，习近平主席提出，未来3年，将在上海合作组织国家建成10所鲁班工坊。鲁班工坊从设计实施，到进入新阶段，再到开启新征程，回溯这一史诗性的实践探索过程，开展鲁班工坊项目的溯源、要义、标准、策略研究，具有十分重要的现实意义。

作为鲁班工坊的首倡者，也是首创并牵头研制、组织并推动实施鲁班工坊项目的建设者，回顾鲁班工坊的实践探索、理论研究、经验总结、模式推广历程，从"我"的视角，以"我"公开发表之论文、正式出版之著述为主线，依据时间顺序，依照实践逻辑，依凭研究脉络，"原汁原味"集结那些饱含鲁班工坊激变与理性"韵味"的文字篇什，帮助读者清晰地了解鲁班工坊成长、成熟、成型，帮助研究者理解鲁班工坊的项目基础、发展策略、建设原则，观其萌动、发端、起步、成熟、定型之发展，具有十分重要的理论意义。

2014年4月，继"我"在天津中德职业技术学院（现为天津中德应用技术大学）从教24年后，转任天津市教育委员会副主任，分管职业教育5年半，而后在天津海河教育园区工作，分管教育社会事业1年半，现在天津职业技术师范大学工作近1年。这8年时间，是鲁班工坊的重要发展期。本书中，"我"的资料取自2014年，止于2021年12月。在CNKI（2021年12月12日）中，以"鲁班工坊"主题进行查询，在220余篇文章中，"我"的文章是20篇；其中，"被引量"排前五的，占4篇；"被引量"排前十五的，占7篇。可以推测，本书的出版也具有十分重要的研究价值。

鲁班工坊研究，是中国职业教育的新领域，是国际职业教育、世界产教融合的新思潮，也是中国教育品牌、模式、话语、体系走进世界教育舞台中央的新势力，更是中国优秀传统文化创造性转化、创新型发展的新成果。鲁班工坊源自天津，成在中国，服务世界。

本书共九章，为吕景泉“鲁班工坊”主题论文集。以鲁班工坊开启新征程、鲁班工坊行天下开篇，讲述鲁班工坊的发展脉络、创建基础、教学模式、专业标准与资源开发、发展构型、著述采撷，最后通过鲁班工坊的本质思考结尾，对鲁班工坊的溯源、要义、标准、策略等进行了研究、解密，以求进一步将真正的“鲁班工坊”呈现给读者。

2021年12月，天津职业技术师范大学将成立“鲁班工坊国际发展研究中心”，作为首席专家，“我”特以此作恭奉，记为“首作”。

本书主题已入选“中华文化走出去工作重点任务清单项目”。可供职业教育的专家学者和职业院校同仁参考，可作为中国对外人文交流、国际教育合作，特别是从事鲁班工坊项目建设与研究的同仁分享使用。

吕景泉

2021年12月13日

目 录

第一章

鲁班工坊开启新征程

2016年3月，世界上首个“鲁班工坊”在泰国揭牌启运。2017年7月，中央全面深化改革领导小组会议审议通过了《关于加强和改进中外人文交流工作的若干意见》，明确要在人文交流领域形成鲁班工坊等一批有国际影响力的品牌项目。自此，鲁班工坊成为中外人文交流领域的国际品牌建设项目。

2018年9月，习近平主席在中非合作论坛北京峰会上宣布，在非洲设立10个鲁班工坊，向非洲青年提供职业技能培训。同年12月，习近平主席在里斯本见证葡萄牙鲁班工坊项目签约仪式。自此，鲁班工坊正式上升为国家战略，进入了发展新阶段。

2019年4月，习近平主席在会见埃及总统塞西时提出，中方将在埃及设立“鲁班工坊”，向埃及青年提供职业技能培训。2021年4月，非洲联盟总部所在国埃塞俄比亚鲁班工坊揭牌启运。至此，习近平主席提出的非洲鲁班工坊建设任务圆满完成，在10个非洲国家建成11个鲁班工坊。

2021年9月，习近平主席在上海合作组织成员国元首理事会第二十一次会议上提出，未来3年将在上海合作组织国家建成10所鲁班工坊。同年11月，习近平主席在中非合作论坛第八届部长级会议开幕式上发表主旨演讲提出，中国将继续同非洲国家合作设立“鲁班工坊”。自此，鲁班工坊开启了发展新征程。

【此文发表于 2021 年 9 月】

2016 年 3 月，世界上首个“鲁班工坊”在泰国揭牌启动运行（以下简称启运），接续欧洲鲁班工坊在英国、非洲鲁班工坊在吉布提相继揭牌启运，标志着中国职业教育品牌系统化、体系化与世界分享，开启了在中国境外建立实体化机构实施学历教育与技术培训之先河。鲁班工坊的初心，源自助力“一带一路”、促进国际产能合作、服务构建人类命运共同体，是将中国职业教育优秀方案与世界分享。

2017 年 7 月，中央全面深化改革领导小组会议审议通过了《关于加强和改进中外人文交流工作的若干意见》，文件明确要在人文交流领域形成鲁班工坊等一批有国际影响力的品牌项目。自此，鲁班工坊成为中外人文交流领域的国际品牌建设项目。

2018 年 9 月，习近平主席在中非合作论坛北京峰会上宣布，在非洲设立 10 个鲁班工坊，向非洲青年提供职业技能培训。同年 12 月，习近平主席在里斯本见证葡萄牙鲁班工坊项目签约仪式。自此，鲁班工坊正式上升为国家战略。

2019 年 4 月，习近平主席在会见埃及总统塞西时强调埃及是非洲联盟轮值主席国，总统先生来华出席第二届“一带一路”国际合作高峰论坛，不仅体现了埃及积极参与共建“一带一路”的真诚意愿，也代表着非洲国家寻求互利共赢、实现共同发展的普遍呼声；并提出中方将在埃及设立“鲁班工坊”，向埃及青年提供职业技能培训。

2020 年 12 月，非洲马达加斯加鲁班工坊揭牌启运。至此，自习近平主席提出在非洲建设 10 个鲁班工坊，到建设任务顺利完成，历时近两年半时间。非洲鲁班工坊聚焦铁道、机械、电气、制造、汽车、信息、冶金等领域，对接非盟《2063 年愿景》，服务中国企业“走进非洲”，助力非洲青年技能培训。

2021 年 7 月，中共中央办公厅（中办）、国务院办公厅（国办）印发《关于推动现代职业教育高质量发展的意见》，文件提出完善“鲁班工坊”建设标准，拓展办学内涵。

2021 年 9 月 17 日，习近平主席在上海合作组织成员国元首理事会第二十一次会议上提出：未来 3 年，中方将向上海合作组织国家提供 1 000 名扶贫培训名额，建成 10 所鲁班工坊……

至此，鲁班工坊，开启了发展新征程。

鲁班工坊，是在天津市委市政府领导下，在教育部及相关部委办支持指导下，天津职业教育首创原创，天津职业院校率先组织实施，历经实践探索，理论研究，经验总结，模式推广，而创立的中国职业教育国际品牌、中外人文交流的品牌项目，成为促进合作国加强能力建设、改善民生福祉以及服务“一带一路”建设。鲁班工坊是天津的，是中国的，也是世界的。

一、“三区建设”是鲁班工坊国际品牌创成的总体支撑

鲁班工坊，是以中国职业教育领域的首个“国家职业教育改革试验区”、唯一的“国家职业教育改革创新示范区”以及示范区“升级版”，即国家现代职业教育改革创新示范区的“三区”15 年建设成果为总体支撑，以中国职业教育领域的首个国家教学成果“特等奖”的核心内涵“工程实践创新项目（EPIP）”为教学模式，以中国教育部主导开发的国际化专业教学标准为基本依据，以全国职业院校技能大赛（简称国赛，又称大赛）优质赛项装备为主要载体，以师资培训先行及教材教学资源为必要保障，在中国境外创建的实施学历教育和技术培训的实体化合作机构。

鲁班工坊，是将中国职业教育的教学模式、专业标准、技术装备、教学方案与世界分享的实体化平台，为合作国培养熟悉中国技术、了解中国工艺、认知中国产品的当地技术技能人才。

1. 鲁班工坊由国家职业教育改革试验区萌动

2005 年 8 月 19 日，天津市人民政府和教育部在天津签订协议，决定在天津市共建“国家职业教育改革试验区”（简称试验区）。这是新中国成立以来，首个国家级教育试验区。根据协议，试验区将在深化职业教育体制改革、创新“工学结合”教学模式、扩大职业教育对外开放等五个方面进行改革试验。

2006年3月23日，天津市人民政府和教育部印发试验区建设实施方案，提出七项试验重点，第三项为“通过扩大职业教育对外开放与交流，借鉴发达国家的职业教育经验，构建具有中国特色的现代职业教育体系”。此项的具体内容是①扩大职业教育的国际合作与交流。提出：建立与重要国际教育机构的合作交流机制，在天津市每两年举办一届国际职业教育论坛，扩大职业教育的国际合作与沟通，交流职业教育的改革经验与成果。②扩大利用国外职业教育资源。提出：加强与国外一流职业院校合作交流，开展多种形式的中外合作办学。③扩大职业技能竞赛的影响力。提出：由天津市和教育部每两年共同举办一次全国职业院校学生职业技能大赛（2008年启动首届全国职业院校技能大赛，至2019年，每年举办一届，天津作为主赛场连续举办了十二届），邀请国内外知名企业积极参与。④扩大职业院校毕业生的劳务输出。提出：广泛开展国际间的劳务合作，探索职业院校毕业生劳务输出的形式，扩展职业院校毕业生对外劳务输出的渠道，为我国技能型人才走向世界、为我国职业教育走向世界摸索经验。

2010年初，教育部专家组认定，试验区建设任务全面完成。可以说，试验区建设在对外开放与交流方面，主要是以借鉴发达国家的职业教育经验为主线，向发达国家进行系统的借鉴学习，消化吸收，本土创新，积累经验，探索中国特色的现代职业教育体系。这5年的试验探索，为鲁班工坊缘起奠定了基础。

2. 鲁班工坊由国家职业教育改革创新示范区发端

2010年3月7日，天津市人民政府和教育部在北京签订协议，决定在天津市共建国家职业教育改革创新示范区（简称示范区）。这是迄今为止，全国唯一的国家级职业教育示范区。根据协议，双方共同成立示范区领导小组，发挥先行先试作用，创造沿海地区职业教育发展的新模式和新机制，为其他地区教育改革与发展提供新的经验。

2012年1月12日，天津市人民政府和教育部印发示范区建设实施方案，提出八项示范重点，第六项为“职业教育国际合作交流促进工程”，即以开放促改革、促发展，开展多层次、多类型、宽领域的职业教育交流与合作，提高职业教育国际化水平，提升职业教育的国际地位、影响力和竞争力。其具体内容是三个计划：①职业教育国际合作交流平台构建计划。每两年举办一届中国（天津）职业教育国际论坛，交流职业教育改革经验与成果。加强与联合国教科文组织等国际组织、国外职业院校间的交流合作。支持中外职业院校间的教师互派、学生互换、学分互认和职业资格互授。②职业教育“引进来”战略实施计划。吸引国际职业教育专家来津从事教学科研工作，引进海外高端职业教育人才和学术团队。按照国家有关规定，引进一批国际公认的职业资格认证机构，开展国内外资格证书“双认证”培训。创新合作交流模式，引进一批国外先进的职业教育培训课程和教材，提升中外合作项目管理水平和办学质量。③职业教育“走出去”战略实施计划。鼓励职业院校开展海外办学，打通天津与东南亚地区职业教育国际合作办学的通道。开展对发展中国家的职业教育合作项目，加大职业教育国际援助力度，为发展中国家培训培养技能型人才。

2015 年 6 月，教育部验收专家组评定认为，示范区建设任务圆满完成。可以说，示范区建设在对外开放与交流方面，已经开始走向高质量的“引进来”与探索性的“走出去”并重，国际合作的基础能力建设与国际交流的高端平台构建并举，国际合作交流的内涵建设与国际间师生互动资格互认并推，从高度、深度、广度方面都发生了质的变化。这 5 年的创新实践，为鲁班工坊的诞生做了全方位准备。

3．鲁班工坊由国家现代职业教育改革创新示范区起步

2015 年 7 月 4 日，天津市人民政府和教育部在天津海河教育园区签署合作协议，决定在天津共建全国唯一的“国家现代职业教育改革创新示范区”（简称示范区升级版）。未来，作为“示范区升级版”的天津，将建设成为职业教育制度创新的新高地、体系建设的新引擎、国际合作的新窗口、区域协同的新平台、质量提升的新支点。

此次合作共建“示范区升级版”，将服务国家重大发展战略和区域经济社会发展需求作为重要任务，将在健全职业教育体制机制、创新职业教育模式、完善职业教育制度、建设现代职业教育体系方面走在全国前列（四个前列），并努力实现职业教育与经济社会同步规划、与产业建设同步实施、与技术进步同步升级、与国际产能同步布局（四个同步），创造可复制、可借鉴、可推广（三个可）的经验做法。重点建设内容包括：推进现代职业教育体系建设、加快应用技术类型高校建设、加强现代职业教育制度建设、开展专业群对接产业群建设、加速职业教育信息化建设、推动京津冀职业教育协同发展、提高职业教育国际化水平等内容。协议明确提出，在对外开放与交流方面实施“一个工程三项计划”，即围绕国家发展战略需求，实施职业教育国际合作交流促进工程，职业教育国际交流平台构建计划、职业教育“走出去”战略实施计划和提升全国职业院校技能大赛国际影响计划。

实践证明，鲁班工坊，是实施职业教育国际合作交流促进工程的创新举措，是落实“三项计划”的有效招法。从项目方案设计、内涵模式确定，到创设世界第一个鲁班工坊、欧洲第一个鲁班工坊，再到上升为国家战略、创设非洲首个鲁班工坊，项目足迹遍布亚、欧、非三大洲，建成17个国家18个鲁班工坊。鲁班工坊成功构建了国际交流的品牌化实体平台，高质量实现了中国职业教育成体系“走出去”战略，全方位提升了全国职业院校技能大赛实质性国际影响。

鲁班工坊，萌动于国家职业教育改革试验区建设，发端于国家职业教育改革创新示范区建设，起步于国家现代职业教育改革创新示范区建设，成熟于服务“一带一路”，促进国际产能合作，助力人类命运共同体建设，定型于鲁班工坊上升为国家战略。

鲁班工坊，是天津职业教育试验区发展、示范区改革、升级版创新的成果集大成，是中国职业教育内涵发展、提质培优、改革创新的成果集大成呈现。鲁班工坊，是天津职业院校办学成果、教学成果、领导水平、服务能力的集大成，是中国职教人勇于实践、敢于开拓、求真务实、家国情怀的集大成展现。鲁班工坊，是中国职业教育品牌、模式、标准、装备、教材系统性、体系化与世界分享的集大成。

二、“四个以”是鲁班工坊内涵要义构成的重要内容

2015年9月（启动鲁班工坊的前期谋划和方案设计），到2018年9月3日（习近平主席宣布在非洲建设10个鲁班工坊），在这三年时间里，是鲁班工坊“项

目建设”从务虚走到务实，从设计走到实施，从推演走到实战的试验探索时期，也是鲁班工坊“品牌创建”从发展定位、目标任务、建设原则、核心内涵，到实施路径、建设模式、政策保障的成型成熟时期；以泰国鲁班工坊、印度鲁班工坊为重要标志和质量标度，鲁班工坊“项目建设”与“品牌创成”具备了进行推广应用的条件。至此，鲁班工坊建设进入新阶段。

2018 年 9 月，至 2021 年 9 月 17 日（习近平主席提出在上海合作组织国家建设 10 所鲁班工坊），在这三年时间里，是以葡萄牙、吉布提、南非、埃及、埃塞俄比亚等标杆项目建设为主题，对鲁班工坊核心要义进行完美诠释时期，更是完成非洲 10 个鲁班工坊国家任务的建设攻坚时期。至此，鲁班工坊建设开启新征程。

从 2015 年 9 月，到 2021 年 9 月，这整整六年的时间里，亚洲、欧洲、非洲鲁班工坊的坚实探索与成功实践奠定了鲁班工坊高质量高水平实施的建设基础，创设了中国职业教育与世界分享的优质项目，打造了中国职业教育的国际品牌。

鲁班工坊项目建设，坚持品牌化推动、标准化建设、规范化管理、精准化服务。其核心要义是“12345”，即一块品牌、两种功能、三条路径、四个内涵、五项原则。（其详细阐释参见专著《鲁班工坊（LUBAN WORKSHOP）解析》）

鲁班工坊，与世界分享中国优秀职业教育经验成果，是以“四个以”为其核心内涵的。这“四个以”是：以中国原创的“工程实践创新项目（EPIP）”为教学模式，以中国教育部主导开发的国际化专业教学标准为基本依据，以全国职业院校技能大赛（国赛）优秀赛项装备为主要载体，以师资培训先行及教材教学资源开发为必要保障。

1. 工程实践创新项目（EPIP）

工程实践创新项目（Engineering Practice Innovation Project，EPIP），是工程（Engineering）、实践（Practice）、创新（Innovation）、项目（Project）四个元素的有机组合，其内涵是“工程化、实践性、创新型、项目式”。“工程实践创新项目”特指一种教学模式，即 EPIP 教学模式，其总称为：工程实践创新项目（EPIP）教学模式。

以工程实践创新项目（EPIP）教学模式应用为核心内容的项目成果，获中国职业教育领域首个国家教学成果“特等奖”，成为中国职业教育的话语体系和重要标识。EPIP，是结合技术技能人才培养的中国实际而创立的一种教学模式，是指以实际工程为背景，以工程实践为导向，以能力培养为目标，以工程项目为统领的技术技能人才培养的教学模式。它是中国职业教育理论创新成果的具体化，也是中国职业教育实践改革经验的系统化。EPIP，从中国本土实践中来，再到中国本土实践中去，是结合中国实际创立的教学模式。

EPIP，包含“五层”应用领域，“四元”组成要素，“三谛”境界营造，“两核”真实完整与“一宗”知行合一。（其详细阐释参见专著《工程实践创新项目（EPIP）解析》）

2. 国际化专业教学标准

依据教育部《借鉴国外先进经验开展职业教育部分专业教学标准开发试点工作》要求，2012年以来，教育部在示范区分两批遴选了50个紧贴先进制造业、战略性新兴产业、现代服务业等重点领域的职业教育专业，开展国际化专业教学标准的研制工作。在广泛调研基础上，梳理国际化企业的职业岗位核心技术技能，坚持产业、行业、企业、职业、专业的“五业联动”产教融合机制，确立人才培养目标，构建工程实践导向、真实任务驱动的专业课程体系，打造了“双语、双师、双能”教学团队，建设了工程实践基地和质量评价体系，初步形成与国际化企业岗位需求相匹配、符合国际化技术技能人才培养要求的专业教学标准。

以国际化专业教学标准为依据，示范区与示范区升级版建设过程中，天津市遴选了243个试点班开展试验，培养了一批受境内外企业欢迎的国际化技术技能人才，参加国内外各类技能竞赛获奖百余次，取得显著成效。

国际化专业教学标准具有鲜明的特征，它以职业能力标准国际对接为基础，以满足跨国企业技术技能人才要求为目标，以体现国际职教发展方向、具有中国本土特色的EPIP教学模式为核心，以教学条件的国际化水平建设为保障，以产教融合、校企合作为依托，以国际权威职业资格（技能等级）为引领，瞄准优势产业、领军企业、先进技术、优质服务，开发适宜国际互认、突出本土特色的专业教学标准。

3. 全国职业院校技能大赛优秀赛项装备

全国职业院校技能大赛（简称国赛，又称大赛）赛项装备，依据鲁班工坊“优质优先、重能强技”建设原则，成为项目建设遴选教学仪器装备的重要来源。

2008年，首届全国职业院校技能大赛在天津开幕，到2019年，每年举办一届的大赛历经了十二届次。十二届次的国赛，探索出一套完整的赛事和活动举办机制，推动了大赛举办质量不断升级，组建了国家职业教育改革试验区（示范区）联盟，创建了京津冀协同发展产业对接平台，成立了EPIP国际教育联盟，组织了首届“鲁班工坊”与“产教融合”国际论坛，打造了“五业联动”高端讲堂、“安教乐道”现代职教之品、“我与大赛故事”、“传承班墨文化”等优质品牌，导入了“自动化生产线安装与调试”国际邀请赛、“工程实践创新项目（EPIP）国际挑战赛”、“IEEE电脑鼠走迷宫”国际邀请赛、中德两国飞机蒙皮技术邀请赛等国际赛事，借助大赛、职教活动周和示范区、鲁班工坊等多平台的叠加、辐射、极化效应，有力推动了产教融合、国际合作、德技并修、工匠精神的落实落地。（其详细阐释，参见专著《职业院校技能大赛——中国职业教育的制度创新》）

大赛组委会高度重视国际影响提升工作，每年都会邀请国外知名企业、国际竞赛选手、国际著名专家学者、国际著名会展集团参与。召开国赛对接世赛技能赛项研讨会，设立国际挑战赛，引入国际赛事，创设EPIP国际教育联盟，举办国际化专业教学成果交流赛、“鲁班工坊”建设项目研讨等活动，来自美国、德国、英国、加拿大、俄罗斯、日本、瑞士、荷兰、西班牙、葡萄牙、保加利亚、吉尔吉斯斯坦、泰国、巴基斯坦、印度、印度尼西亚（以下称印尼）、老挝、越南、柬埔寨、澳大利亚、新西兰、吉布提、肯尼亚、南非、马里、尼日利亚、埃及、科特迪瓦、乌干达、马达加斯加、埃塞俄比亚、加纳、摩洛哥、加蓬、坦桑尼亚等60余个国家的政府官员、主管部门、院校代表、教师学生、记者逾两万人参与、感受中国的大赛，分享中国职业教育发展成果盛宴。

在国赛赛项设计与装备研发中，学校与企业联合组成的教学团队探索了服务产业升级与社会需求，面向教学改革实际，聚焦综合实训教学，融入行业企业标准，采纳国际通用技术，着眼大赛教学资源转化的开发模式；按照社会需求调研、实际应用分析、提炼专业技术、研发实训装备、开发教学资源、举办技能竞赛的六个步骤，实现了技能赛项设计、教学资源转化、赛事国际对接、文化传承体验一体化的系统承办组织方式。全国职业院校技能大赛的国际影响力日益增强。

国赛具备六个主要特征：①赛项设置对接产业发展和社会需求；②赛项设计引导专业建设、课程改革；③赛项标准对接企业标准和岗位要求；④赛项内容对接国际通用技术和工艺；⑤赛项服务专业组群综合实训教学；⑥技术与文化传承，体验与理念分享。

4．师资培训先行及教学资源开发

在鲁班工坊项目建设中，充分使用合作国的"本土化"资源要素，要实现"两依靠、两走进、两服务"，依靠合作国本土化院校，依靠合作国本土化教师；走进合作国国民教育体系，走进合作国教学标准认定；服务合作国经济社会发展，服务合作国青年就业创业。

（1）师资培训

鲁班工坊带给国外合作伙伴的不仅有先进的国际化专业的教学标准、优质的工程实践导向的教学装备，还有教育理念、教学模式。每一个鲁班工坊建设之初，需要对国外合作单位的教学团队、管理团队进行系统化、进阶式培养培训，使其掌握职教新理念、教学新模式、技术新应用，具备实际操作装备能力，能够掌握专业技术技能及其综合应用。

鲁班工坊"EPIP 师资研修项目"培训，是鲁班工坊建设的基础性工程。只有合作国本土化师资能力水平提升了、适应了，教学模式、专业标准、技术装备才能发挥作用，才能实现本土化教师利用本土"鲁班工坊"的资源，培养本土化技术技能人才的目标。

（2）资源开发

在教学资源开发建设中，天津职业院校探索出"将国赛理念、竞赛内容、考核方式融入日常教学，将现代生产流程、技术标准、服务规范引入实践教学，将生产过程和教学过程结合"的资源开发模式，建设了一批指向赛项装备、兼容教学培训要求，基于工程实践导向、真实任务驱动的教学资源。

教学资源由竞赛训练装备、彩色纸质教材、数字资源光盘、专题教学网站等四部分组成，形成立体化资源包。彩色纸质教材以完成真实项目为线索，采用 EPIP 教学模式编写，通过小任务学习专项技术技能，通过大任务学习技术综合应用，技能训练、工艺素养、道德培育贯穿全过程。

（3）空中课堂

“空中课堂”，是鲁班工坊的标配，在中外双方院校建设时时、处处、人人可以沟通的，也是更高效开展教研活动、专题研讨、项目展示的必要渠道。

截止到 2020 年底，围绕 EPIP 教学模式主线，鲁班工坊建设已经使 42 个国际化专业在境外落地，其中 75% 以上的实习实训设备均使用国赛优质装备；由中方教师主导，中外教师共同开发的双语教材数十套，已有机电一体化技术、数控技术、新能源技术、物联网应用技术、动车组检修技术、铁道信号自动控制、铁道工程技术、铁道交通运营与管理、物流服务与管理、商贸专业等 20 余个国际化专业教学标准获得合作国教育部门评估认证，纳入其国民教育体系。

三、“五项原则”是鲁班工坊品牌发展策略的基本遵循

2020 年 10 月，中国外交部 2020 年版《中国外交》白皮书对鲁班工坊项目建设取得的成效给予肯定。紧贴需求，服务大局；做强现有，稳中求进；系统谋划，质量为先。这是鲁班工坊项目建设的发展策略，也是鲁班工坊品牌创建的至要方略。

鲁班工坊的首个项目，落户泰国，泰国大城成为鲁班工坊的“首城”，相继在印度、印尼、巴基斯坦、柬埔寨等 5 个国家建设了鲁班工坊（参见《2020 年鲁班工坊建设与发展报告》）。亚洲鲁班工坊项目建设，以东盟为主线，最先建设了泰国、印尼和柬埔寨 3 个鲁班工坊，而柬埔寨项目是落实政府间“澜湄合作协议”，直接服务澜湄 5 国，即柬埔寨、越南、老挝、缅甸和泰国。这样，在东盟 10 个国家中，已经直接涉及 6 个国家。2020 年，东盟成为中国第一大贸易伙伴，中国已经连续 11 年是东盟的最大贸易伙伴；亚洲鲁班工坊项目建设，以印度、巴基斯坦为支点，直接布局上海合作组织（上合组织）国家、金砖五

国等组织。截止到2020年底，亚洲建成的5个鲁班工坊合作专业数量为16个，涉及人工智能、新能源、高铁、移动通信等中国优势产业与技术。

鲁班工坊的第二个项目，落户英国，奇切斯特成为欧洲鲁班工坊的“首城”。葡萄牙鲁班工坊成为中国智能制造登陆欧洲的典范，瑞士、俄罗斯、保加利亚鲁班工坊项目建设正在顺利推进中。欧洲将形成东（保加利亚）、南（葡萄牙）、西（英国）、北（俄罗斯）、中（瑞士）的布局态势。截止到2020年底，欧洲建成鲁班工坊2个，合作专业数量3个；在建鲁班工坊3个，涉及专业数量5个左右。在英国、瑞士分别建设中国餐饮文化与艺术、中国中医文化与技术项目；在葡萄牙、俄罗斯分别建设智能制造、信息通信专业，服务中国传统技艺、中国现代技术“深耕”欧洲，对接欧亚，服务“一带一路”和中外人文交流。

吉布提鲁班工坊，是非洲第一个鲁班工坊、全球第8个鲁班工坊，也是习近平主席提出在非洲建设10个鲁班工坊之后，建成的非洲“标杆项目”，为鲁班工坊能够立足非洲、扎根非洲、闪亮非洲奠定坚实基础。借助中国社会科学研究院、天津职业技术师范大学非盟研究中心科研力量，针对非洲东、西、南、北空间布局，结合中国政府将埃塞俄比亚、肯尼亚等国列为先行先试示范国家，将南非、埃及等国列为重要对象国，将设施联通和园区建设列为主要合作内容的诸多要素，以吉布提鲁班工坊为建设开端，以埃及鲁班工坊为质量标杆，遴选艾因夏姆斯大学、阿布贾大学、德班理工学院、埃塞俄比亚技术大学等优秀院校，对接当地产业发展、企业需求、就业要求，在非洲10个国家建成了11个鲁班工坊。面向非洲东部，分别在吉布提、肯尼亚、乌干达、埃塞俄比亚建成了4个鲁班工坊；面向非洲西部，分别在马里、尼日利亚、科特迪瓦建成了3个鲁班工坊；面向非洲南部，分别在南非、马达加斯加建成了2个鲁班工坊；面向非洲北部，在埃及建成了2个鲁班工坊。非洲鲁班工坊主要聚焦铁道、机械、电气、制造、汽车、信息、冶金等技术领域，对接非盟《2063年愿景》，服务中国企业“走进非洲”，支撑非洲青年技能培训。

1. 平等合作原则

鲁班工坊的合作主体是双方的院校。

基于合作方对于中国经济社会发展的基本认同，对于中国产业发展与技术创新的基本认同，对于中国优秀传统文化与人类命运共同体思想的基本认同，特别是对于中国职业教育促进经济社会发展的有力有效作用的基本认同，以及对于中国特色国际视野的教学模式、国际化专业框架标准、中国优质技术装备和教学资源的基本认同（五认同），双方开展平等合作，相互尊重，共同遴选合作院校，商讨项目合作方式、工坊实施路径、专业整合设计、课程综合嵌入、资源有效利用、教学研究开展等，为鲁班工坊的建设运行提供主体支撑与基础保障。

平等合作，是合作长期可持续的重要基础。平等合作，要求不断完善国内外项目建设布局，不断完善双方合作院校的遴选标准，实现合作主体责任共担，理念相合，共建共享。

2．优质优先原则

适应合作方需求，提供优质的国际化教育资源和实用的领先性技术装备，是确立“鲁班工坊”品牌的重要影响因素。

中方将优先选择国际合作基础好的校企合作项目，优先选择国际化水平高的优势专业、优质课程、优秀教师、优选资源，优先分享适宜合作方需要的技术装备，保障鲁班工坊的质量和品质。

境外项目合作方一旦被确定，就要遴选优秀骨干教师，派往中国进行系统化、进阶式技术技能培养培训，实现鲁班工坊启动运营后，外方教师可以利用鲁班工坊教学模式、教学标准、教学装备、教学资源开展本地化办学。实施“一年一监测，三年一诊改，五年一评价”，建立过程管理 + 动态调整指导机制，保证鲁班工坊运行中，在发展定位、内涵建设、运行模式、保障机制与配套政策上都有据可依，有效提高“鲁班工坊”的国际化管理水平。

为高质量推进鲁班工坊，贯彻落实《关于做大做强做优职业教育的八项举措》（津党厅〔2018〕71 号），2019 年 12 月，天津市委教育工委、市教委、市财政局制定颁布了《天津职业教育“鲁班工坊”建设项目和资金管理办法》，全面阐释了鲁班工坊定位、建设原则、建设支撑、建设模式、建设要求、建设任务、研究与推广、职责分工、项目申报、项目审核、项目管理、绩效评级、检查验收等内容，为高质量推进项目建设提供了重要基础与坚实保障。

优质优先，是树立国际品牌的必然要求。优质优先，要求不断完善鲁班工坊专业建设标准、课程教学标准、装备遴选标准、师资培训标准、过程评价标准以及激励约束机制，实现鲁班工坊项目在境外“健康生活，长命百岁”。

3．强能重技原则

鲁班工坊专注于“技术技能”，技术应用、技能训练、工程实践是其核心，也是鲁班工坊具有强大吸引力的重要方面。

在遴选装备上，强化全国职业院校技能大赛（国赛）装备输出分享，强化国赛与合作国当地院校交流，强化在教育理念、教学模式认同基础上的相互借鉴，为所在国家培养急需的技术技能人才。在建设定位上，注重服务合作方的技术技能基础实践课程、核心技术技能专项课程、技术技能综合应用课程实施。教学组织上，强化“工程化、实践性、创新型、项目式”教学模式的运用。除教学、培训功能之外，鲁班工坊承接、承办当地区域性技能竞赛，也是其重要功能之一，要努力成为每年一度的国赛延伸场地和体验场所。鲁班工坊提供的装备技术水平，与国赛、国际性竞赛的标准具有等同性、兼容性，完全具备开展国际邀请赛、对抗赛和技术技能切磋交流条件。

强能重技，是鲁班工坊项目建设的本质属性，是有效服务国际产能合作，服务“一带一路”，促进合作国青年高水平就业的根本特征。重能强技，要求不断拓展鲁班工坊办学内涵，不断加强国赛国际影响，不断探索综合实训教学，不断密切中外教师在职业技能、专业技术领域交流互动，共研共用，构建技术技能人才培养互鉴互促共同体。

4．产教融合原则

鲁班工坊建设，要发挥国内外，特别是当地区域行业企业的重要作用，促进人才培养和产业需求结合，培养合作国产业发展、企业生产、职业岗位需要的技术技能人才，实现产业、行业、企业、职业、专业的“五业联动”，为增强合作国产业竞争力提供服务。

鲁班工坊，将产教融合、校企合作作为促进合作国经济社会发展的重要措施，贯穿于技术技能人才开发全过程。发挥天津职业教育“党委主导、政府主推、行业主办、教育主管、企业主体”的“五主体制”的办学优势，发挥政、行、企、校、研的“五方携手”的合力机制，引导鲁班工坊的国际化产教融合、全球化校企合作项目实施。

产教融合、校企合作，是鲁班工坊项目建设成功的重要标志。加强产教融合，要不断推进人力资源供给侧结构性改革，构建国际性产教融合联盟、全球化校企合作平台，推进经济转型升级、培育经济发展新动能，实现鲁班工坊的战略目标。

5．因地制宜原则

已建成的鲁班工坊，覆盖亚欧非三大洲。葡萄牙鲁班工坊服务先进制造业，开设工业机器人技术、电气自动化技术专业，面向本科层次、专业硕士的应用型、复合型、创新型技术技能人才培养。非洲吉布提，职业教育不均衡，高等职业教育刚刚起步，开设的铁道（高铁）技术类、物流管理服务类专业在当地还没有专业目录、专业标准。

不同国家，政治、经济、社会的发展程度不同，技术技能人才需求程度不同，特别是合作国教育发展阶段不同，要在统一规范、标准框架下，结合当地实际，考虑合作方合理诉求，共同建设国别特点鲜明、符合当地需要的“鲁班工坊”。

因地制宜，是与不同区域、不同国家、不同文化传统领域的合作伙伴共同开展鲁班工坊项目建设的现实境况。坚持核心要义，调适建设规范，完善建设标准，因地制宜，针对性服务，最为关键。

四、归结

鲁班工坊，是中国职业教育在国际教育合作、世界产教融合领域开辟先河的大事件，是近代以来中国职业教育发展史上具有里程碑意义的大事变。鲁班工坊，将坚持品牌要义，完善建设标准，拓展办学内涵，在新时代、新起点上，承担新使命，开启新征程。

——摘自《天津职业院校联合学报》2021，（09）．吕景泉．“鲁班工坊溯源，国际品牌创成，内涵要义构建，发展策略研究——再论坚持鲁班工坊核心要义，完善建设标准，拓展办学内涵”

第二章

鲁班工坊『行天下』

鲁班工坊，是天津职业教育首创原创，天津职业院校率先组织实施，历经实践探索、理论研究、经验总结、模式推广而创立的中国职业教育国际品牌。

鲁班工坊，是以中国职业教育领域的首个“国家职业教育改革试验区”、唯一的“国家职业教育改革创新示范区”以及示范区“升级版”，即国家现代职业教育改革创新示范区的“三区”十五年建设成果为总体支撑，以平等合作、优质优先、重能强技、产教融合、因地制宜为建设原则，以中国职业教育领域的首个国家教学成果“特等奖”的核心内涵“工程实践创新项目（EPIP）”为教学模式，以中国教育部主导开发的国际化专业教学标准为基本依据，以全国职业院校技能大赛（国赛）优质赛项装备为主要载体，以师资培训先行及教材教学资源为必要保障，在境外创建的实施学历教育和技术培训的实体化合作机构。

鲁班工坊，是将中国职业教育的教学模式、专业标准、技术装备、教学方案与世界分享的实体化平台，其核心目标，是培养合作国经济社会发展急需的高素质技术技能人才，为“一带一路”倡议服务，为国际产能合作服务，为构建人类命运共同体服务。

鲁班工坊，为合作国培养熟悉中国技术、了解中国工艺、认知中国产品的当地技术技能人才。鲁班工坊，是天津的、中国的，也是世界的！

鲁班工坊是中国职业教育实施国际化、品牌化、系统化、体系化对外交流合作而绘就的“大写意”，是精心设计、精工制作、精雕细刻、精益求精开展国际产教融合而绘制的“工笔画”。

第一节　非洲鲁班工坊研究：项目建设、发展策略及管理政策

【此文发表于 2021 年 5 月】

2013 年 5 月，非洲联盟第 21 届首脑会议提出了非盟《2063 年愿景》发展战略；同样是在 2013 年，习近平主席提出“一带一路”倡议。“一带一路”倡议提出的合作领域，对于实现非盟《2063 年愿景》的总体发展目标具有十分积极、重大的意义。“一带一路”的实施，将进一步推动中非合作走上更高水平。

2015 年 12 月，在中非合作论坛约翰内斯堡峰会上，习近平主席发表题为《开启中非合作共赢、共同发展的新时代》重要讲话，宣布未来三年将着力实施“十大合作计划”。其中，工业化合作计划、基础设施合作计划等，都需要大量的非洲本土化技术技能人才。

2018 年 9 月，在中非合作论坛北京峰会上，习近平主席宣布，未来 3 年，将在非洲设立 10 所鲁班工坊，向非洲青年提供职业技能培训。

自此，鲁班工坊上升为国家战略。

一、关于鲁班工坊

（一）何谓“鲁班工坊”

鲁班工坊，是天津市职业教育首创原创，天津市职业院校率先组织实施，历经实践探索、理论研究、经验总结、模式推广而创立的中国职业教育国际品牌。

鲁班工坊，是以中国职业教育领域的首个“国家职业教育改革试验区”、唯一的“国家职业教育改革创新示范区”以及示范区“升级版”，即国家现代职业教育改革创新示范区的“三区”十五年建设成果为总体支撑，以平等合作、

优质优先、重能强技、产教融合、因地制宜为建设原则，以中国职业教育领域的首个国家教学成果“特等奖”的核心内涵“工程实践创新项目（EPIP）”为教学模式，以中国教育部主导开发的国际化专业教学标准为基本依据，以全国职业院校技能大赛（国赛）优质赛项装备为主要载体，以师资培训先行及教材教学资源为必要保障，在境外创建的实施学历教育和技术培训的实体化合作机构。

鲁班工坊，是将中国职业教育的教学模式、专业标准、技术装备、教学方案与世界分享的实体化平台，其核心目标，是培养合作国经济社会发展急需的高素质技术技能人才，为“一带一路”倡议服务，为国际产能合作服务，为构建人类命运共同体服务。

鲁班工坊，为合作国培养熟悉中国技术、了解中国工艺、认知中国产品的当地技术技能人才。

鲁班工坊，是天津的、中国的，也是世界的！

（二）“鲁班工坊”缘起

2015 年 7 月，教育部与天津市启动共建“国家现代职业教育改革创新示范区”，把提升职业教育国际化水平作为重要任务。鲁班工坊由此萌动。

2015 年 9 月，天津市启动在海外设立鲁班工坊的前期谋划和方案设计工作，召开工作座谈会，组织研发团队，开始项目设计与实施推演。同年底，研发工作取得决定性进展，形成了鲁班工坊的发展定位、主要任务，研制了鲁班工坊的建设原则、实施路径、建设模式、核心内涵和保障措施，制定了实施方案与推进计划。

2015 年下半年，教育部王继平与天津市教委吕景泉多次交流搭建职业教育国际合作新平台，探索在境外创设“实体化”合作载体。他们认为，能够传承文化传统、体现技能特质、彰显工匠精神、蕴含创新智慧的代表人物，就是“鲁班”，能够体现教学做一体，寓意现代学徒情境、劳动工作场所、精湛技艺传承，就选“工坊”。应用技术、锤炼技能、涵养素养的“坊（间）”，最为形象；而工作、工艺、工匠，取自于顶天立地的“工（字）”。

中国职业教育的新型海外合作项目由此得名：鲁班工坊。

鲁班工坊建设进入实质性推动阶段。

（三）“鲁班工坊”品牌价值

2016年，首个鲁班工坊在泰国揭牌启动运行，接续欧洲第一个鲁班工坊、非洲第一个鲁班工坊启动运行，在境外建立实体机构开展学历教育与技术培训，将中国职业教育的模式、标准、装备、教材与世界分享，实现了中国职业教育真正意义的走出国门。

从1866年中国近现代职业教育发轫，第一所新式学堂“船政学堂”向法国学习“精修造船”，向英国学习“深究驾驶”，实施“引进来”；到2016年首个鲁班工坊建成，实现“走出去”，中国职业教育用了整整150年。船政学堂“引进来”，源于民族危亡、御外图强、内忧外患、师夷制夷的迷蒙幻想；鲁班工坊“走出去”，源于落实“一带一路”倡议，服务国际产能合作，构建人类命运共同体，高起点定位，高水平谋划，高质量建设。

可以说，鲁班工坊是中国职业教育实施国际化、品牌化、系统化、体系化对外合作而绘就的“大写意”，是精心设计、精工制造、精雕细刻、精益求精开展国际产教融合而绘制的“工笔画”。

天津职业教育的国际合作，从最初的模式盲从、标准依赖、装备模仿、教材引进，走过了单纯借鉴国外理念、直接模仿国外模式、简单套用国外经验的初级阶段；坚实地走上自主创建模式、合作制定标准、协作研发装备、协同开发教材，与世界分享中国本土化创新成果的高级阶段。构建起天津气质、中国特色、世界水平的职业教育话语体系、标准体系，形成了让世界信服的产教融合、服务发展的整体解决方案，承担起代表中国职业教育实施品牌化输出的大任。

也可以说，中国职业教育步入了从低水平国际交流与合作迈向中高水平国际交流与合作的新阶段，国际优质职业教育资源的“输入”和以天津为代表的中国优质职业教育资源的“输出”并举，成为中国职业教育深化改革、扩大开放，实施新时代高质量发展的新特征。

（四）“鲁班工坊”成为国家战略

2018年9月3日，习近平主席在中非合作论坛北京峰会上宣布，将在非洲设立10个“鲁班工坊”。

这个时“光”点的来临，是建立在天津职业教育于2015年9月开启的项目创设、方案研制、路径探索、模式建设、内涵优化、政策保障的探路研究基础之上；是建立在天津渤海职业技术学院于2016年3月8日在泰国成功创建首个鲁班工坊，12月2日刘延东出席推进职业教育现代化座谈会，高度肯定天津实施鲁班工坊品牌建设的首创实践基础之上；是建立在天津市第二商业学校、天津轻工职业技术学院与天津机电职业技术学院（两校合建印度鲁班工坊）、天津市东丽区职业教育中心学校分别于2017年5月18日、12月8日、12月12日在英国、印度、印度尼西亚建立鲁班工坊的成功探索，9月8日，李克强总理听取项目汇报给予高度肯定的亲切嘱托基础之上；是建立在教育部职业教育与成人教育司（以下简称教育部职成司）与天津市教委于2018年1月10日在天津揭牌启动运行“鲁班工坊研究与推广中心”的深化研究，5月6日，孙春兰副总理在天津轻工职业技术学院考察“鲁班工坊建设·体验馆”，会见中外项目负责人并指导项目建设的充分肯定基础之上；是建立在天津现代职业技术学院、天津铁道职业技术学院分别于2018年7月18日、7月22日在巴基斯坦成功建立第五个鲁班工坊、在泰国鲁班工坊续建“铁院中心”的创新实践基础之上。

2018年12月6日，习近平主席在里斯本见证签署葡萄牙鲁班工坊建设协议。鲁班工坊登陆葡萄牙，是继英国鲁班工坊之后在欧洲建立的第二个鲁班工坊，其专业合作领域是自动化与机器人技术，办学层次是本科与研究生应用型工程教育。葡萄牙鲁班工坊的建立，标志着以天津市为代表的中国职业教育在先进制造、人工智能领域所积累的产教融合、校企合作的教学成果得到西方先进国家的认可；标志着中国特色职业教育的教学模式、装备标准、专业资源和师资水平，经过天津市的国家职业教育改革创新示范区建设，已经上升到一个新的高度。

2019 年 4 月 25 日，习近平主席在北京会见塞西总统时提出，将在埃及建设鲁班工坊，提高青年人就业能力。

鲁班工坊成为国家战略。非洲鲁班工坊开启全面建设新阶段。

二、非洲鲁班工坊建设历程

2016 年，第一个鲁班工坊在泰国落成，相继建成英国、印度、印尼、巴基斯坦、柬埔寨、葡萄牙、吉布提、肯尼亚、南非、马里、尼日利亚、埃及、科特迪瓦、乌干达和马达加斯加等 16 个国家的 17 个“鲁班工坊”，项目遍及亚洲、欧洲、非洲。

2019 年 3 月 28 日，由天津市人民政府、吉布提教育部、天津铁道职业技术学院、天津市第一商业学校、吉布提工商学校、中国土木工程集团有限公司共同建设的吉布提鲁班工坊启动运行。吉布提总统盖莱、总理及十余位内阁部长出席揭牌仪式。

吉布提鲁班工坊，是中国在非洲建设的第一家“鲁班工坊”，它也标志着高标准建设非洲鲁班工坊的开端。

（一）吉布提鲁班工坊

2019 年 3 月，吉布提鲁班工坊建成。该项目直接服务“一带一路”重大项目“亚吉铁路”和工业园区建设，开创了吉布提举办高等职业教育的先河。开设有铁道工程技术、铁道交通运营与管理、商贸、物流 4 个专业，建有 7 个室内教学区、2 个室外教学区，并在那嘎达车站建有坊外实训基地。

（二）肯尼亚鲁班工坊

2019 年 12 月，由天津城市职业学院联合中国华为技术有限公司与马查科斯大学共建的肯尼亚鲁班工坊揭牌启动运行。该项目致力于为肯尼亚经济社会发展培养急需的信息与通信技术（Information and Communications Technology，ICT）领域高端技术技能人才。

肯尼亚鲁班工坊设有云网融合教学区、数据中心教学区、智慧城市教学区及空中课堂授课区等环境设施，开展云计算、信息安全管理 2 个专业四年制本科应用人才培养，并为当地相关企业提供技术培训。

（三）南非鲁班工坊

2019 年 12 月，南非鲁班工坊揭牌启运仪式在南非德班理工大学举行。该项目建有物联网应用技术、增材制造技术 2 个专业，是结合德班理工大学人才培养要求，针对南非院校教育特点、现有办学条件及区域经济发展需要进行定制化和体系化设计，充分考虑了当地产业发展需求。

南非鲁班工坊用不到一年的时间高水平建设、高质量实施，展现了中国速度和中南友谊,是中国继印度之后带给“金砖五国”伙伴南非的又一丰硕礼物。

（四）马里鲁班工坊

2019 年 12 月，由天津医学高等专科学校、天津市红星职业中等专业学校与马里巴马科科技大学、巴马科人文大学联合建立的“鲁班工坊”在马里首都举行揭牌启动运行仪式。该项目将为马里共和国培养卫生医疗领域技术技能人才，促进两国在传统医疗医药领域合作创新，助力中医技术和中国优秀传统文化传播，推动中医药技术惠及马里和非洲人民。

作为首位获得中医博士学位的外籍人士、马里籍的迪亚拉教授一同参加了项目建设工作。他说，利用在伟大中国的所学之长，服务马里人民和非洲人民，是我莫大荣幸。我渴望为鲁班工坊做更多的工作，为马里年轻人学习中医技术做贡献。

（五）尼日利亚鲁班工坊

2020 年 11 月，尼日利亚鲁班工坊“云揭牌”启动仪式在天津中德应用技术大学和阿布贾大学同步举行。

由天津中德应用技术大学、天津铁道职业技术学院共同建设的尼日利亚鲁班工坊，建有集应用型教育、科学研究、创新创业等功能于一体的育人平台。该项目建有电气电子工程（通信工程专业方向、电力系统自动化方向）、机械工程（车辆工程方向、交通运输方向）、土木工程（铁道工程方向）3 个专业，配有 7 个实验实训室，203 台套专业设备。

（六）埃及鲁班工坊

2020 年 11 月，埃及鲁班工坊“云揭牌”启动运行仪式在中埃两国同时举行，两国嘉宾在 5 个分会场共同见证历经近两年时间的高标准建设、凝结着中埃双方团队辛勤汗水的两个埃及鲁班工坊同时启动运行，首开“一国两坊”之先河。埃及是世界四大文明古国之一，它既是非洲联盟重要会员国，也是阿拉伯国家联盟总部所在地。

两个埃及鲁班工坊，由天津轻工职业技术学院、天津交通职业学院与素有埃及“清华大学”之称的艾因夏姆斯大学、埃及教育与技术教育部直属的开罗高级维修技术学校合作建设，建有数控设备应用与维护、新能源应用技术、汽车运用与维修技术、数控加工技术等专业，实施职业教育与本科应用学科的衔接系统化培养。

埃及教育与技术教育部副部长穆罕默德·穆贾希德表示，埃及职业教育正在进行改革，鲁班工坊将带来先进的教育理念、教学标准和实训设备。埃及鲁班工坊的启用，是中埃两国、中非（非洲联盟）以及中阿（阿拉伯国家联盟）职业教育领域深度合作的标志性成果。

（七）科特迪瓦鲁班工坊

2020 年 12 月，科特迪瓦鲁班工坊“云揭牌”启动运行仪式在天津理工大学和科特迪瓦国立博瓦尼理工学院同步举行，这是天津市在非洲建设的第 8 个鲁班工坊。

该项目在专业设置上契合科特迪瓦国际经济社会发展战略，重点建设机械工程和电气工程及其自动化两个专业，将鲁班工坊的国际化专业标准、优质教学资源嵌入到博瓦尼理工学院相关专业的人才培养体系中，着力开展工程技术教育，通过专业基础性到综合性的递进式技术技能训练，使学生具备高技术素质和技术创新能力。

（八）乌干达鲁班工坊

2020 年 12 月，乌干达鲁班工坊“云揭牌”启动运行仪式举行。该项目以天津工业职业学院的特色专业“黑色冶金技术”和重点专业“机电一体化技术”为重点合作领域，为中乌技术技能人才升级培养和当地青年就业服务。

乌干达鲁班工坊，由天津工业职业学院、埃尔贡乌干达技术学院及天唐集团合作建设，在埃尔贡乌干达技术学院建有自动化技术实训中心、数控加工实训中心、工业仿真实训室、工程实践创新实训室，在中乌姆巴莱工业园建有鲁班工坊实训基地。

乌干达科技创新部长伊莱奥达・图姆维希杰表示，乌干达鲁班工坊软硬件齐全，设备世界一流。项目的建立将为乌干达青年提供高端技术技能培训，带来更多就业机会，对人口结构主要为30岁以下人群的乌干达来说至关重要。

（九）马达加斯加鲁班工坊

2020年12月，马达加斯加鲁班工坊“云揭牌”启动运行仪式在天津机电职业技术学院和塔那那利佛大学同步进行。该鲁班工坊由天津机电职业技术学院、天津市机电工业学校与马达加斯加塔那那利佛大学共同建设。

该项目首期建设电气工程和汽车工程两个专业，建设了汽车维修综合实训基地，高级维修电工、液压与气压、现代电气控制、自动生产线等专业实训室，填补了马达加斯加职业教育的空白，同时配备了包括汽车维修实训设备、维修电工实训考核装置、高级维修电工实训考核装置、液压与气压传动综合实训系统、工程实践创新套件等113台套技术设备。

马达加斯加项目是天津市职业院校与应用本科高校在非洲建设的第10个鲁班工坊。

至此，从习近平主席于2018年9月3日提出在非洲建设10个鲁班工坊，历经两年零四个多月的艰辛努力，到2020年12月22日，全面完成10个非洲鲁班工坊的建设任务。

三、非洲鲁班工坊发展策略

紧贴需求，服务大局，系统谋划，质量为先，这既是非洲鲁班工坊建设的发展策略，也是鲁班工坊品牌打造的至要方略。其中，服务大局、质量为先是关键。

非洲鲁班工坊建设，始终着眼于我国外交大局，综合考虑非洲大陆及各国政治安全、经济发展、资源禀赋、语言文化、教育现状、双边关系等多方面情况，从长远计议，从实际出发，扎实推进工作，为鲁班工坊能够立足非洲、扎根非洲、闪亮非洲奠定坚实基础。

天津职业教育充分借助中国社会科学研究院、天津职业技术师范大学非盟研究中心的科研力量，发挥鲁班工坊研究与推广中心的作用，特别是非洲鲁班工坊研究与推广中心的作用，针对非洲东、西、南、北空间布局，结合中国政府将埃塞俄比亚、肯尼亚等国列为先行先试示范国家，将南非、埃及等国列为重要对象国，将设施联通和园区建设列为主要合作内容的诸多要素，以吉布提鲁班工坊为建设开端，以埃及鲁班工坊为质量标杆，发挥亚洲泰国、欧洲葡萄牙等鲁班工坊的影响力和辐射力，遴选了艾因夏姆斯大学、阿布贾大学、德班理工学院等优秀合作院校，对接合作国家当地产业发展战略、企业发展需求、青年就业要求，在非洲 9 个国家建成了 10 个鲁班工坊。

（一）空间布局

非洲鲁班工坊的空间格局，面向非洲东部，分别在吉布提、肯尼亚、乌干达建成了 3 个鲁班工坊；面向非洲西部，分别在马里、尼日利亚、科特迪瓦建成了 3 个鲁班工坊；面向非洲南部，分别在南非、马达加斯加建成了 2 个鲁班工坊；面向非洲北部，在埃及建成了 2 个鲁班工坊。建设时序，总体形成由东及西、由南至北的发展态势。

2021 年 4 月 28 日，天津职业技术师范大学在非洲东部埃塞俄比亚的首都亚迪斯亚贝巴建设的鲁班工坊已经揭牌启动运行；天津外国语大学、天津职业大学合作在非洲中部加蓬建设的鲁班工坊正在进行中。

未来的非洲鲁班工坊建设，将本着巩固现有，加大非洲区域内项目经验交流、教学教研交流和优质资源共享，重点围绕本土化师资的专业能力、教学能力、实践能力开展系统化 EPIP 专项培训；本着做强重点，强力建设非盟总部所在国埃塞俄比亚等更具区域影响力国家的鲁班工坊，打造非洲东部、西部、南部及北部的重点项目支撑平台，实施产业、行业、企业、职业、专业“五业联动”，对接非盟《2063年愿景》，为非洲青年就业创业、经济社会发展服务。

（二）专业布局

吉布提鲁班工坊，以中等及高等职业教育为主体，建有铁道工程技术、铁道交通运营与管理、商贸、物流，共计4个专业；肯尼亚鲁班工坊，以本科工程教育为主体，建有信息安全管理（云计算方向）专业；南非鲁班工坊，以本科工程教育为主体，建有物联网技术、增材制造技术，共计2个专业；马里鲁班工坊，以本科应用技术教育为主体，建有中医技术、中药和保健技术，共计2个专业；尼日利亚鲁班工坊，以本科工程教育为主体，建有电气电子工程（通信工程专业方向、电力系统自动化方向）、机械工程（车辆工程方向、交通运输方向）、土木工程（铁道工程方向），共计3个专业、5个方向。

埃及建有2个鲁班工坊，在艾因夏姆斯大学建成服务本科及研究生工程教育的鲁班工坊，在开罗高级维修技术学校建成服务职业教育的鲁班工坊，两个项目实施职业教育与应用工程教育衔接培养，建有数控设备应用与维护、新能源应用技术、汽车运用与维修技术、数控加工技术、汽车维修技术，共计5个专业；科特迪瓦鲁班工坊，以本科工程教育为主体，建有机械工程、电气工程及其自动化，共计2个专业；乌干达鲁班工坊，以本科应用技术为主体，建有黑色冶金技术、机电一体化技术，共计2个专业；马达加斯加鲁班工坊，以本科工程教育为主体，建有电气工程、汽车工程，共计2个专业。

截止到2021年4月底，非洲建成的11个鲁班工坊的合作专业数量为26个，其中，马里项目是中国优秀传统文化与技艺——中医，其他项目主要聚焦铁道、机械、电气、制造、汽车、信息、冶金等技术领域，全面对接非盟《2063年愿景》，全面服务中国企业“走进非洲”，全面支撑非洲青年技能培训。

四、非洲鲁班工坊建设原则

大道之行，天下为公。秉持平等合作、开放包容、互学互鉴、互利共赢的精神，坚守共研、共建、共享、共用、共赢的“五共”机制，非洲鲁班工坊项目建设坚持五项基本原则，即平等合作、优质优先、强能重技、产教融合、因地制宜。

（一）平等合作原则

受到政治、经济、文化和宗教信仰等多方面因素的影响，在非洲实施合作办学有诸多不确定因素，需要合作双方建立良好的相互认同和信任关系。

基于合作方对于中国经济社会发展成就的认同，对于中国产业发展与科技创新的认同，对于中国优秀传统文化与人类命运共同体理念的认同，特别是对于中国职业教育促进经济社会发展有力有效作用的认同，对于中国特色、国际视野的教学模式、国际化专业教学框架标准、中国优质技术装备和教学资源的认同（五认同），双方开展平等合作，共同遴选合作院校，商讨项目合作方式、工坊实施路径、专业整合设计、课程综合嵌入、资源有效利用、教学研究开展等，共同为鲁班工坊的建设运行提供主体支撑与基础保障。

平等合作是国际合作的重要原则，是保持合作双方独立性和平等性的重要方式，是非洲鲁班工坊长期可持续发展的重要基础。

（二）优质优先原则

适应合作方需求，提供优质的国际化教育资源和实用的领先性技术装备，是确立“鲁班工坊”品牌的重要影响因素。

中方将优先选择国际合作基础好的校企合作项目，优先选择国际化水平高的优势专业、优质课程、优秀教师，优先分享适宜合作方需要的技术装备，保障鲁班工坊的质量和品质。

为保障鲁班工坊的教学培训质量，在教学设计、课程设置、教材开发、师资培训等方面，中方给予全方位的保障支持。非洲项目合作方一旦被确定，就要遴选优秀骨干教师派往中国进行系统化、进阶式技术技能培养培训，力求达到项目启动运行时外方教师可以利用鲁班工坊教学模式、教学标准、教学装备、教学资源开展本地化办学。同时，借助信息技术手段，每个鲁班工坊将标配“空中课堂”和视频课程资源，实现跨地域同步化指导和教学研讨。实施“一年一监测，三年一诊改，五年一评价”，建立过程管理 + 动态调整指导机制，保证鲁班工坊运行中在发展定位、内涵建设、运行模式、保障机制与配套政策都有据可依，有效提高鲁班工坊的国际化管理水平。

（三）强能重技原则

鲁班工坊专注于“技术技能”，技术应用、技能训练、工程实践是其核心，也是鲁班工坊具有强大吸引力的重要方面。

在遴选装备上，强化全国职业院校技能大赛（国赛）装备输出分享，强化国赛与合作国当地院校交流，强化在教育理念、教学模式认同基础上的相互借鉴，为所在国家培养急需的技术技能人才。在教研分享中，强化工程实践创新项目（EPIP）、理论与实践一体化训练、核心技术综合应用等优秀教学模式、组织方式的运用。

在建设定位上，注重服务合作方的技术技能基础实践课程、核心技术技能专项课程、技术技能综合应用课程实施。在教学运行上，强化“工程化、实践性、创新型、项目式”教学模式的运用。除教学、培训功能之外，鲁班工坊承接、承办非洲当地的区域性技能竞赛，也是其重要功能之一，使其成为每年一度的国赛延伸场地和体验场所。鲁班工坊提供的装备技术水平，与国赛、国际性竞赛的标准具有等同性、兼容性，完全具备开展国际邀请赛、对抗赛和技术技能切磋交流的条件。

（四）产教融合原则

深化产教融合，促进教育链、人才链与产业链、创新链有机衔接，是国际共识。

鲁班工坊建设，要发挥国内外，特别是非洲当地行业企业的作用，促进人才培养和产业需求结合，培养非洲国家产业发展、企业生产、职业岗位需要的技术技能人才。鲁班工坊将产教融合作为促进合作国经济社会发展的重要举措，贯穿于技术技能人才开发全过程，校企协同，合作育人。

（五）因地制宜原则

不同国家，政治、经济、社会的发展程度不同，对技术技能人才重视程度不同，特别是合作国职业教育发展水平不同，要在统一的规范、标准框架下，结合非洲国家当地实际，考虑合作方合理诉求，建设国别特点鲜明、符合当地需要的“鲁班工坊”。

已建成的鲁班工坊覆盖亚、欧、非三大洲。葡萄牙鲁班工坊服务先进制造业，开设工业机器人技术、电气自动化技术专业，主要面向本科层次、专业硕士的应用型、复合型、创新型技术技能人才培养。而非洲吉布提职业教育很不均衡，高等职业教育刚刚起步，开设的铁道（高铁）技术类、物流管理服务类专业在吉布提教育培训部门还没有专业目录、专业标准。国别不同，发展阶段不同，办学层次不同，特别是教育合作能力、基础设施条件不尽相同，坚持规范标准，采取因地制宜，提供高质量服务，最为关键。

五、非洲鲁班工坊政策保障

为高质量推进、规范和加强鲁班工坊项目建设与资金保障，天津市出台了一系列支持政策、管理文件，初步建立了一套可持续发展的制度机制。

第一，天津市职业院校在应用并完善已有的50个国际化专业教学标准的基础上，结合鲁班工坊的建设需求，再开发50个国际化专业教学标准，为国际化技术技能人才培养提供依据，支持鲁班工坊和职业院校应用推广。

第二，强化三种实现路径：一是校际合作建设模式，以院校对外国际合作办学、合作交流为基础，选择海外合作院校，共同建设鲁班工坊；二是校企合作建设模式，与承揽海外工程的企业或在国外办厂、收购的企业合作，在国外适宜院校共同建设鲁班工坊；三是政府合作建设模式，结合国家外交和地方政府间合作的战略规划，融入对外人文交流机制，共同建设鲁班工坊。

第三，鲁班工坊建设立足于天津市职业教育行业办学优势，借助产业、行业、企业、职业、专业的“五业联动”产教融合办学模式，发挥政府、行业、企业、学校、科研机构的“五方携手”作用，加强产教融合、校企合作，高标准、品牌化实施项目建设。

第四，拓展鲁班工坊服务功能，在海外建立的鲁班工坊，探索构建“中高本硕”贯通的国际化职业教育人才培养体系，搭建国内外技术技能人才培养交流与合作平台；以鲁班工坊为载体，开发职业院校教师、学生海外实践拓展项目，使鲁班工坊成为中国院校提升师生国际化水平的重要基地。

第五，组织专业团队开发建设鲁班工坊合作专业的课程标准、中外文双语教材等教学资源，建设鲁班工坊专题网站，设立中英文双语服务平台，发布有关鲁班工坊的各种信息，提供系列化的网络课程共享资源。

第六，开展质量评估，联合政府部门、科研机构、高校和职业院校专家组建专家团队，定期开展鲁班工坊建设质量检测与评估。项目主管部门和各项目建设院校要勤俭节约、精打细算，切实加强经费管理，合法合规合理使用财政资金，切实提高财政资金使用效益。

第七，天津市财政对参与建成非洲鲁班工坊的院校，按照每个鲁班工坊每所学校每三年一个周期给予800万元专项资金支持，其中首年500万元，第二年、第三年各150万元。3年后监测评估合格，再给予200万元的绩效奖励。天津市财政对鲁班工坊研究与推广中心每年统筹安排不超过500万元的工作经费。

六、职教示范区重大建设成果

鲁班工坊，发端于国家职业教育改革创新示范区建设。2010年3月，教育部与天津市人民政府签署“国家职业教育改革创新示范区”协议，明确提出：要扩大国际交流与合作，拓展高水平的合作项目，提升职业教育对外援助的国际影响力。

鲁班工坊，起步于国家现代职业教育改革创新示范区建设。2015年7月，教育部与天津市人民政府签署共建“国家现代职业教育改革创新示范区”协议，也就是迄今为止唯一的国家职业教育改革创新示范区的“升级版”，标志着天津市职业教育进入“职教4.0”建设时代。该协议明确提出“一个工程三项计划”，即围绕国家发展战略需求，实施职业教育国际合作交流促进工程，职业教育国际交流平台构建计划、职业教育“走出去”战略实施计划和提升全国职业院校技能大赛国际影响计划。

鲁班工坊，是实施职业教育国际合作交流促进工程的创新举措，更是落实“三项计划”的有效招法，它成功构建了国际交流的品牌化实体平台，高质量实现了中国职业教育成体系“走出去”战略，全方位、实质性地提升了中国特色职业教育、全国职业院校技能大赛的国际影响。

鲁班工坊，是中国职业教育在国际教育合作、世界产教融合领域开辟先河的大事件，是中国职业教育发展史上的里程碑，对新时代中国特色职业教育的高质量发展以及中国走向教育强国，具有深远的历史意义和重大的现实意义。

——摘自《职业教育研究》2021，(05)．吕景泉．“非洲鲁班工坊项目建设、发展策略及管理政策研究”

第二节　亚洲鲁班工坊研究：项目建设、品牌创建及推广应用

【此文发表于 2021 年 10 月】

1866 年，中国第一所新式学堂“船政学堂”诞生，标志着中国近现代职业教育的发轫，中国开启了向法国学习精修造船、向英国学习深究驾驶。船政学堂源于民族危亡、御外图强、内忧外患、师夷制夷的迷蒙幻想，是被动采取的“引进来”。2016 年，世界上首个鲁班工坊在泰国揭牌启运，接续欧洲第一个鲁班工坊在英国、非洲第一个鲁班工坊在吉布提相继揭牌启运，标志着中国职业教育品牌系统化、体系化与世界分享，中国开启了在境外建立实体机构开展学历教育与技术培训。鲁班工坊源于推进“一带一路”倡议，促进国际产能合作，服务构建人类命运共同体，用中国职业教育优秀方案与世界分享，是主动实施“走出去”。从 1866 年的被动“引进来”，到 2016 年的主动“走出去”，中国职业教育奋斗了整整 150 年。

鲁班工坊是中国职业教育实施国际化、品牌化、系统化、体系化对外交流合作而绘就的“大写意”，是精心设计、精工制作、精雕细刻、精益求精开展国际产教融合而绘制的“工笔画”。鲁班工坊是天津职业教育首创原创，天津职业院校率先组织实施，历经实践探索、理论研究、经验总结、模式推广而创立的中国职业教育国际品牌。

2018 年 9 月 3 日，习近平主席在中非合作论坛北京峰会上宣布，在非洲设立 10 个鲁班工坊。同年，习近平主席见证葡萄牙鲁班工坊项目建设签约仪式。自此，鲁班工坊上升为国家战略。

2021 年 9 月 17 日，习近平主席在上海合作组织成员国元首理事会第二十一次会议上提出：未来 3 年，中方将向上海合作组织国家提供 1 000 名扶

贫培训名额，建成 10 所鲁班工坊。至此，鲁班工坊，开启了发展新征程。

一、亚洲鲁班工坊项目建设

2016 年 3 月 8 日，世界上第一个鲁班工坊在泰国落成，相继建成英国、印度、印尼、巴基斯坦、柬埔寨、葡萄牙、吉布提、肯尼亚、南非、马里、尼日利亚、埃及、科特迪瓦、乌干达、马达加斯加和埃塞俄比亚等 17 个国家 18 个鲁班工坊，遍布亚洲、欧洲和非洲。

（一）何谓鲁班工坊

鲁班工坊，是以中国职业教育领域的首个“国家职业教育改革试验区”、唯一的“国家职业教育改革创新示范区”以及示范区“升级版”，即国家现代职业教育改革创新示范区的“三区”十五年建设成果为总体支撑，以平等合作、优质优先、重能强技、产教融合、因地制宜为建设原则，以中国职业教育领域的首个国家教学成果“特等奖”的核心内涵“工程实践创新项目（EPIP）”为教学模式，以中国教育部主导开发的国际化专业教学标准为基本依据，以全国职业院校技能大赛（国赛）优质赛项装备为主要载体，以师资培训先行及教材教学资源为必要保障，在境外创建的实施学历教育和技术培训的实体化合作机构。

鲁班工坊，为合作国培养熟悉中国技术、了解中国工艺、认知中国产品的本土化技术技能人才，促进合作国青年高质量就业和经济社会健康发展。

（二）项目建设历程

2015 年 7 月，教育部与天津市启动共建“国家现代职业教育改革创新示范区”，把提升职业教育国际化水平作为重要任务，鲁班工坊由此萌动。2015 年 9 月，天津市教委启动在海外设立鲁班工坊的前期谋划和方案设计工作。

自 2016 年 3 月 8 日开始，至 2018 年 9 月 3 日，这两年半的时间，是鲁班工坊“项目建设”从务虚走到务实，从设计走到实施，从推演走到实战的试验探索期，也是鲁班工坊“品牌创建”从发展定位、目标任务、建设原则、核心内涵，到实施路径、建设模式、政策保障的成型成熟期，更是天津职业教育试验区发展、示范区改革、升级版创新的成果“集大成”，以及中国职业教育内涵发展、产教融合、质量提升等成果“集大成”的呈现展现期。至此，以泰国鲁班工坊、印度鲁班工坊为重要标志和质量标度，鲁班工坊“项目建设”与“品牌创建”具备了进入推广应用期的条件。

自2016年3月8日开始，至2018年9月3日，在这两年半的时间里，泰国、英国、印度、印尼、巴基斯坦、柬埔寨6个国家的鲁班工坊相继建成（柬埔寨项目建设持续了两年多时间，2018年10月28日揭牌启运），而亚洲5个国家的鲁班工坊涉及中职层次、高职层次、应用本科和工程硕士，涵盖了机械、自动化、人工智能、新能源汽车、高速铁路等领域的16个专业。在这两年半的时间里，亚洲鲁班工坊的坚实探索与成功实践奠定了鲁班工坊“项目建设”与“品牌创建”基础，创设了中国职业教育与世界分享的优质项目，打造了中国职业教育的国际品牌。2018年9月，鲁班工坊正式成为国家战略。

1. 亚洲第一个鲁班工坊——泰国鲁班工坊

2016年3月8日，天津渤海职业技术学院（以下简称“天津渤海学院”）在泰国大城技术学院设立鲁班工坊，目前已经高质量完成了三期建设。在第三期建设中，泰国鲁班工坊率先探索了“一坊两中心”模式。2018年7月18日，天津铁道职业技术学院（以下简称“天津铁道学院”）在泰国大城技术学院建设的“鲁班工坊铁院中心”揭牌启运，建有动车组检修技术、铁道信号自动控制2个专业。至此，泰国鲁班工坊形成6个专业的办学格局。

2017年以来，泰国授予项目建设突出贡献的中方人员吕景泉、芮福宏、于兰平等“诗琳通公主奖”。2017年5月，刘延东、李鸿忠、陈宝生共同接见鲁班工坊建设院校双方校长于兰平、哲仁（泰国）。2017年7月，中央全面深化改革领导小组会议审议通过《关于加强和改进中外人文交流工作的若干意见》，文件明确指出，要在人文交流领域形成鲁班工坊等一批有国际影响力的品牌项目。2018年10月，泰国王室向“鲁班工坊”所在的泰国大城技术学院颁授“国王奖”。2019年7月，泰国鲁班工坊铁院中心入选“中国—东盟高职院校特色合作项目”。2020年6月，泰国大城技术学院院长哲仁获天津市政府

“海河友谊奖”。

2．亚洲第二个鲁班工坊——印度鲁班工坊

2017 年 12 月 8 日，天津轻工职业技术学院（以下简称“天津轻工学院”）、天津机电职业技术学院（以下简称“天津机电学院”）两校合作，在印度金奈理工学院建成鲁班工坊。这是在“金砖”国家设立的首个鲁班工坊，也是在应用技术大学实施项目建设，更是两个人口最多的发展中国家在职业教育领域合作项目。

2018 年 6 月，时任中国驻印度大使罗照辉对鲁班工坊项目进行了考察，评价说“鲁班工坊有效缓解了在印中资企业用人的燃眉之急，改善了印度学校毕业生的就业状况，有力展现了中国职业教育软实力和技术装备硬实力”。2018 年 12 月，中印高级别人文交流机制首次会议在新德里举行，以鲁班工坊在印度的建设成果为主题，同期举办“中印职业教育合作论坛”。2019 年 5 月，第二届中国—印度职业教育合作论坛在天津轻工学院举行，成立中印职业教育联盟。2019 年 10 月，习近平主席出访印度，在金奈会晤莫迪总理；落地在金奈的印度鲁班工坊成为两国主流媒体关注的焦点，成为中印两国人文交流领域成果的新标度。

3．亚洲第三个鲁班工坊——印尼鲁班工坊

2017 年 12 月 12 日，天津市东丽区职业教育中心学校在印尼东爪哇省波诺罗戈市第二职业技术学校建成鲁班工坊，这是习近平主席于 2013 年 10 月 3 日在印尼国会演讲，首倡“21 世纪海上丝绸之路”所在地建设的鲁班工坊。鲁班工坊为印尼当地培养急需的技能人才，其教学模式、专业水准、技术装备受到当地院校师生、企业员工的“热捧”。

2017 年 12 月 26 日，“产教融合对话”中国—印尼职业学校校长论坛在天津举办。2018 年 1 月，印尼总统佐科考察鲁班工坊项目，给予高度肯定。2018 年 5 月，中国天津—印尼东爪哇省职业教育发展研究中心揭牌启运。2019 年 12 月，印尼教育部部长 Nadiem Makariem 考察印尼鲁班工坊无人机植保机项目，给予高度评价。

4. 亚洲第四个鲁班工坊——巴基斯坦鲁班工坊

2018 年 7 月 22 日，天津现代职业技术学院在巴基斯坦旁遮普省技术教育与职业培训局（TEVTA）建成鲁班工坊，这是“中巴经济走廊”建设的重大成果。项目一期开设电气自动化技术和机电一体化技术 2 个专业；揭牌启运仪式上，与当地 8 家企业签订了产教协同育人合作协议。旁遮普省是巴基斯坦工业、农业最发达地区，生产总值占到全国的 60%，其技术教育与职业培训局（TEVTA）下辖近 400 所职业学校。鲁班工坊的建立，在巴基斯坦职业教育领域和工商企业界形成强大的影响力与辐射力。

2019 年 7 月，鲁班工坊第二期合作签约仪式暨产教协同育人联盟会议在巴基斯坦举行，海尔—巴鲁经济区、中国天津勇猛机械、中国中天大地科技等 11 家中资、巴资企业参加合作项目签约。

5. 亚洲第五个鲁班工坊——柬埔寨鲁班工坊

澜湄职业教育培训中心暨柬埔寨鲁班工坊，是 2016 年 3 月国务院总理李克强在海南主持“澜沧江湄公河”合作首次领导人会议上提出的建设项目，2016 年 12 月，天津中德应用技术大学代表天津市政府承接外交部、教育部项目建设任务。

2018 年 10 月 28 日，中央政治局委员、天津市委书记李鸿忠出席项目揭牌启运仪式。柬埔寨鲁班工坊首期专业为机电一体化技术和通信技术 2 个专业，建成机械加工技术、机电一体化技术、通信技术 3 个实训中心，共计 18 个实训室，总建筑面积 6 814 平方米。项目建设目标是：立足柬埔寨、服务澜湄五国、辐射东盟十国，集职业教育、职业培训、科学研究、创新创业“四位一体”市场化运作的职业教育中心。

2019 年 7 月，柬埔寨王国政府授予鲁班工坊项目所在学校——柬埔寨国立理工学院负责人军官头衔勋章，首相洪森在证书上亲笔签名。同年，项目入选“中国—东盟高职院校特色合作项目”。

二、亚洲鲁班工坊项目布局

2020 年 10 月 27 日，中国外交部和世界知识出版社在北京共同举办 2020 年版《中国外交》白皮书媒体见面会。白皮书中对鲁班工坊项目建设取得的成效给予了展示与肯定。

紧贴需求、服务大局、系统谋划、质量为先，这既是鲁班工坊项目建设的发展策略，也是鲁班工坊品牌创建的至要方略。其中，服务大局、质量为先是关键。

（一）空间布局

鲁班工坊的第一个项目，落户在亚洲，泰国大城成为鲁班工坊的“首城”。

继泰国之后，相继在亚洲的印度、印尼、巴基斯坦、柬埔寨等 5 个国家建设了鲁班工坊。目前，都取得了非常好的成效（参见《2020 年鲁班工坊建设与发展报告》）。

亚洲东南部，即东南亚，人口近 7 亿，是亚洲乃至世界当今及未来发展的黄金地带，也是国际产能合作、“一带一路”建设的首要区域。在东南亚，主要是东盟十国，已经建设了泰国、印尼和柬埔寨 3 个鲁班工坊，而柬埔寨项目直接服务澜湄五国，即柬埔寨、越南、老挝、缅甸和泰国。这样，在东盟 10 个国家中，已经直接涉及 6 个国家。2020 年，东盟成为中国第一大贸易伙伴，而自 2009 年起，中国连续 11 年是东盟的第一大贸易伙伴。区域全面经济伙伴关系的签署生效，将给中国与东盟的合作带来更加广阔的发展空间。可以说，东盟的鲁班工坊项目建设，已经为促进高质量共建“一带一路”和中国—东盟命运共同体发挥了重要作用。

亚洲的南部，即南亚，包括 7 个国家，人口近 18 亿。印度和巴基斯坦是此区域的重要国家，印度人口近 14 亿，巴基斯坦人口 2 亿多。已经建成的印度鲁班工坊、巴基斯坦鲁班工坊，都是具有重要战略意义的项目。

另外，位于欧亚大陆北部、地跨欧亚两大洲、四分之三领土在亚洲的俄罗斯，对于整个亚洲和世界具有重要意义。2020 年 9 月，天津电子信息职业技术学院与俄罗斯国立通讯与信息技术大学签约合作，共同建设拥有“通信技术”“计算机网络技术”专业的俄罗斯鲁班工坊。2021 年 6 月，《中俄睦邻友好合作条约》延期，就加强中俄战略协作和全方位务实合作等重大问题达成新的共识，中俄全面战略协作伙伴关系动力十足，前景广阔。2021 年 9 月，习近平主席在第六届东方经济论坛全会上提出，要深化共建“一带一路”同欧亚经济联盟对接合作。这都为俄罗斯鲁班工坊建成后发挥更大的作用提供了广阔空间。

面向亚洲的中部，即中亚，主要是 5 个“斯坦”国家（哈萨克斯坦、吉尔吉斯斯坦、塔吉克斯坦、乌兹别克斯坦和土库曼斯坦），其中，哈萨克斯坦、吉尔吉斯斯坦、塔吉克斯坦、乌兹别克斯坦是上海合作组织（上合组织）8 个正式成员国中的国家，伊朗已启动接受为正式成员国程序。习近平主席在上海合作组织成员国元首理事会第二十一次会议上提出：未来 3 年，中方将向上海合作组织国家提供 1 000 名扶贫培训名额，建成 10 所鲁班工坊。为推进“一带一路”倡议同欧亚经济联盟建设对接，科学谋划中亚地区鲁班工坊项目建设进入了快车道。目前，上海合作组织除中国之外的 7 个正式成员国中，已经实施了 3 个鲁班工坊项目建设。

2021 年 9 月 9 日，习近平主席在金砖国家领导人第十三次会晤中发表重要讲话，提出“坚持互利共赢，加强经济合作”“坚持互学互鉴，加强人文交流合作”的倡议，特别提出“建立金砖国家职业教育联盟，举办职业技能大赛，为五国职业院校和企业搭建交流合作平台”的倡议。目前，在金砖五国中，中国已经在印度、南非建成鲁班工坊，在俄罗斯正在进行项目建设（预计年内建成）；而且，印度鲁班工坊、南非鲁班工坊分别于 2017 年 12 月、2019 年 12 月建成后，在促进经济合作、加强人文交流等方面，发挥了不可替代的作用。基于金砖五国高质量鲁班工坊项目平台，拓展其办学内涵，发挥其辐射作用，为“建立金砖国家职业教育联盟”，定期“举办职业技能大赛”，开展产教融合、人文交流成果分享论坛，定会是一项非常可行的优质选项。

（二）专业布局

亚洲鲁班工坊项目建设和专业布局，着眼于我国外交大局，综合考虑各国政治安全、经济发展、资源禀赋、语言文化、教育现状及双边关系等多方面情况，特别是当地产业企业需要，扎实推进。

1．泰国鲁班工坊

共计6个专业，以高等职业教育为主体。一期建设有机电一体化技术专业；二期建设有物联网技术专业、数控技术专业和新能源汽车技术专业；三期建设有高速铁道信号自动控制专业、铁道交通运营管理专业。

2．印度鲁班工坊

共计4个专业，以本科工程应用为主体。包括数控设备应用与维护专业、光伏发电技术与应用专业、机械设计与制造（3D制作）专业、工业机器人技术专业。

3．印尼鲁班工坊

共计2个专业，以中等职业教育为主体。包括汽车维修技术专业、新能源汽车专业。

4．巴基斯坦鲁班工坊

共计2个专业，以中等职业教育为主体。包括电气自动化技术专业、机电一体化技术专业。

5．柬埔寨鲁班工坊

共计2个专业，以本科工程应用及硕士教育为主体。包括机电一体化技术专业、通信技术专业。

截止到2020年底，亚洲建成的5个鲁班工坊合作专业数量为16个，专业布局体现了中国产业与技术在人工智能、新能源、高铁、移动通信等领域的优势地位。亚洲鲁班工坊的项目建设和专业布局，服务中国企业“深耕亚洲”，服务亚洲青年技术技能培养培训和高质量就业，也服务“一带一路”与欧亚经济对接合作，服务金砖五国、上合组织合作交流。

三、典型项目的品牌创建作用

鲁班工坊，不仅发挥着技术技能人才培养领域的学历教育与社会培训的作用，也实现了在世界职业教育大舞台上以中国职业教育的话语、标识、模式、标准为主导的国际化交流，成为国际教师与学生、行业企业的交流互动平台，成为国际职业教育教学研究、模式互鉴、教师教研、教材开发、装备研制、标准嵌入的交流互动平台，成为国际技能竞赛、产业职业发展的交流互动平台，成为展示各国人文历史、技术文化、技能传承的“百花园”。

亚洲鲁班工坊项目建设的过程，就是中国职业院校与境外合作伙伴一起探索实践，高标准实现鲁班工坊核心要义内涵和高水平实现交流互动平台功能的过程。可以说，亚洲鲁班工坊是鲁班工坊项目建设、品牌创建的奠基者、开拓者和引领者。

（一）泰国鲁班工坊的奠基开拓作用

鲁班工坊项目建设，坚持品牌化推动、标准化建设、规范化管理、精准化服务，以“12345”诠释鲁班工坊核心要义。鲁班工坊的“12345”，是一块品牌、两种功能、三条路径、四个内涵、五项原则。（详见《鲁班工坊（LUBAN WORKSHOP）解析》）

泰国鲁班工坊，高质量探索并实现了鲁班工坊核心要义，高质量诠释并呈现了鲁班工坊核心要义的实现路径。

2016 年 5 月，成功完成泰国鲁班工坊揭牌启运两个月之后，“工程实践创新项目（EPIP）体验中心”在天津渤海学院建成。该中心总占地面积 1 300 平方米，包括机器人创新互动区、电脑鼠走迷宫竞赛区、POWERON 教学训练区、智能制造体验学习区、自动化生产线体验学习区、新能源汽车技术体验区等 6 大区域，以工程实践创新项目（EPIP）教学模式为主线，集“教、学、做、赛、训”为一体，为专项技术教学、核心技术应用、综合实训教学、真实任务驱动、完整项目集成的教育教学体验树立了标杆。

2016 年 10 月，“中泰职业教育研究中心”揭牌启运仪式在天津渤海学院

“工程实践创新项目（EPIP）体验中心”举行。该中心以鲁班工坊为载体，致力于推动中泰职业教育办学理念交流、教学成果交流和管理模式借鉴，在东南亚推广先进职业技术教育。

2017 年 5 月，“工程实践创新项目（EPIP）国际教育联盟（简称 EPIP 联盟）”成立大会在天津渤海学院举行。EPIP 联盟聘任了英国伯明翰城市大学、美国麻省理工学院、德国费斯托公司、法国图卢兹大学、芬兰国家科学研究院、波兰欧洲—亚洲商业教育基金会、泰国大城府基础教育服务部、柬埔寨国立理工学院、葡萄牙里斯本理工学院、塞图巴尔理工学院等单位的 60 多名境外专家和 20 余名中方专家为成员。2018 年 1 月，鲁班工坊研究与推广中心在天津渤海学院设立，该中心分别在泰国设立了中泰 EPIP 教学研究中心、天津职业院校学生海外（泰国）实践拓展基地。截至 2021 年 10 月，EPIP 联盟已经举办四届国际教育年会，主办了鲁班工坊与产教融合国际论坛、“中国天津—泰国大城周”等活动。天津渤海学院连续 5 年举办 IEEE 电脑鼠走迷宫国际邀请赛及“鲁班锁”拆装挑战赛（泰国）等活动。

2017 年 8 月，天津渤海职业技术学院开发的“机电一体化技术”国际化专业教学标准与教学资源，通过了泰国职业教育委员会的审核答辩，纳入泰国国民学历教育体系。2019 年 8 月，由天津渤海学院主导开发的物联网技术、数控技术、新能源汽车技术以及由天津铁道职业技术学院主导开发的铁道通信自动控制专业和铁道交通运营管理国际化专业获得泰国职业教育委员会认证，至此，泰国鲁班工坊的 6 个国际化专业全部纳入泰国国民教育体系。同时，泰国鲁班工坊已经成为每年一度的我国职业院校技能大赛（简称“国赛”）在境外的延伸赛场，不仅服务泰国职业院校师生，而且已经辐射到泰国周边乃至东盟十国，推动了中国技能赛事的国际化发展进程。

2018 年，天津渤海学院牵头的“开发国际化专业教学标准，创设‘鲁班工坊’职业教育国际合作的研究与实践”教学成果，获得中国职业教育领域国家教学成果“一等奖”。

天津渤海学院率先实施的泰国鲁班工坊项目建设，坚持了鲁班工坊四个内涵，实现了鲁班工坊的两种功能，并通过扎实实践，确立了鲁班工坊品牌标识，验证了鲁班工坊核心要义方案的可行性和科学性，树立了鲁班工坊从理论到实践的建设标杆。

（二）印度鲁班工坊的开拓引领作用

印度鲁班工坊，是天津轻工学院、天津机电学院两所高职院校与印度金奈理工学院共同建设的项目。项目启动之初，印度鲁班工坊与中国中材国际工程印度公司、中国中天科技印度公司、中国巨轮印度公司、中国天津天锻压力机印度公司、中国昇龙生物科技印度公司等5家大型在印中资企业签署订单培养协议，培养在印中资企业急需的技术人才，率先实现了国际化产教融合、校企合作的人才共育，提升了鲁班工坊服务的适应性和针对性。

印度鲁班工坊服务定位：一是在印度金奈开展学历教育与技术培训，直接服务以金奈为中心的泰米尔纳德邦工业发展；二是服务中印国际产能合作，为当地近300家中资企业及当地企业提供技术技能人才；三是服务中国职业教育与印度的合作交流，在印度成立了“中国天津职业院校师生海外拓展基地”和“工程实践创新项目（EPIP）教学研究中心”，天津轻工学院通过项目平台系统研究了“印度职业资格框架制度和《学徒制》法案”，成果已经在学术期刊发表。

印度鲁班工坊项目建设，首次实施境外合作伙伴“遴选制”。受到政治、经济、文化和宗教信仰等多方面因素的影响，在国外合作办学有诸多不确定因素，需要合作双方建立良好的相互认同和信任关系。鲁班工坊的合作主体是双方院校。在境外合作伙伴的遴选过程中，借鉴了英国鲁班工坊的经验，探索了“五认同”，即基于合作方对于中国经济社会发展的认同（一认同），对于中国产业发展与技术创新的认同（二认同），对于中国优秀传统文化与人类命运共同体的认同（三认同），特别是对于中国职业教育促进经济社会发展的有力有效作用的认同（四认同），以及对于中国特色国际视野的教学模式、国际化专业框架标准、中国优质技术装备和教学资源的认同（五认同）。在此基础上双方开展平等合作，相互尊重，共同商讨项目合作方式、工坊实施路径、专业整合设计、课程综合嵌入、资源有效利用、教学研究开展等，为鲁班工坊的建设运行提供主体支撑与基础保障。

2016年5月，印度5家院校和教育机构应邀来华，参加中印职业教育交流研讨会暨鲁班工坊信息发布与项目伙伴遴选活动，经过中印双方的深度交流、过程评价、条件比对、三个月的沟通评判，最终选定金奈理工学院作为项目合作伙伴。金奈理工学院也是印度技术教育委员会批准并认可的全国较好的理工学院之一。依据泰米尔纳德邦地区经济和产业发展状况，以及在该地区中资企业情况，由金奈理工学院申请提出，中印双方三所高校研究确定了光伏发电技术与应用、数控设备应用与维护、工业机器人技术、机械设计与制造（3D制作）4个国际化专业作为合作专业。

2016年11月，“印度鲁班工坊EPIP师资研修班”的首批6名印度骨干教师，经金奈理工学院推荐，双方确认同意，来到天津，分别接受天津轻工学院、天津机电学院的标准化进阶式培养培训。6名印度教师与中国教师围绕EPIP应用主线，完成了4个专业为期一个月的培训，包括专业理论学习、专业实践训练、企业实地考察、实施方案制订，为项目建设走深走实储备了印度本土化专业教师。2017年7月、12月、2018年5月、2019年5月，持续开展了“印度鲁班工坊EPIP师资研修班”第二期、第三期、第四期、第五期培养培训，其中，在华三期，累积培训14人次；在印度现场两期，累积培训18人次。从技术装备选择、设备安装调试、技能竞赛观摩到直接参加中国国赛获奖；从专业教师参与，到师生共同参加；从国际化专业教学标准认定，到人才培养方案制订；从共同开发国际化教学资源和双语教材，到优化学生培养、员工培训评价方式；从规范鲁班工坊项目管理，到自主运行自主发展；“工程化”“实践性”“创新型”“项目式”理念融入了项目建设，实现了印度本土化教师实施本土化教学、本土化培训的建设目标，为鲁班工坊在印度本土“健康生活、长命百岁”打下坚实基础。

2018年，天津轻工学院牵头申报“‘一带一路’视域下海外鲁班工坊建设的标准化模式研究”、天津机电学院牵头申报“基于‘工程实践创新项目（EPIP）’的教学模式与实践”获批教育部重点课题。

天津轻工学院、天津机电学院牵头实施的印度鲁班工坊项目建设，坚守了五共机制，即共研、共建、共享、共用、共赢；坚持了五项原则，即平等合作、优质优先、重能强技、产教融合、因地制宜，并通过扎实探索，丰富了鲁班工坊核心要义的实践内涵，提供了鲁班工坊生动鲜活的成果案例。

四、鲁班工坊品牌研究

2016年1月，《天津职业院校联合学报》刊发了“五大理念，引领国家现代职业教育改革创新示范区发展”的文章，文章提出天津职业教育的国际化发展已经步入了从低水平国际交流与合作迈向高水平国际交流与合作的发展阶段。

在输入方面：以提升国际化综合要素深度融入教育教学全过程为着力点，继续借鉴世界技能大赛、国际化技能赛事的比赛制度和运行模式，建设并实施100个国际化专业教学标准。在输出方面：围绕国家“一带一路”倡议，配合中国企业“走出去”，开发配套教学标准和教学资源，通过合作办学等形式将先进职业教育技术和职业文化，采取学历教育与职业培训的方式输出国门与世界分享，促进输入国对我国技术技能、企业标准的认知、理解与接纳，助推中国企业提升国际竞争力，到2020年，通过鼓励有条件的学校积极拓展海外职业教育市场，在境外建设10个左右鲁班工坊。

这是论文刊著中首次阐释“鲁班工坊”概念内涵、项目意义、必要条件、推进措施和任务目标的表述。

（一）重要论文发表

鲁班工坊，自2015年9月启动项目研究以来，至2021年9月，已经走过了6年的历程。在这6年里，广大职业教育实践探索者、理论研究者、经验总结者、模式推广者都在关注鲁班工坊项目建设，特别是“四个内涵”，涌现出大量研究文章和一批重要论著，呈现出“激爆”场面。

1. 以“鲁班工坊”为主题

《“鲁班工坊”——职业教育国际化发展的新支点》，发表于《中国职业技术教育》2017年第1期。

《鲁班工坊建设的动因、内涵与特征分析》，发表于《中国职业技术教育》

2019 年第 28 期。

《服务“一带一路”，职业教育的新作为——“鲁班工坊”》，发表于《天津职业院校联合学报》2018 年第 1 期。

《鲁班工坊——中国职业教育国际知名品牌》，发表于《天津职业院校联合学报》2019 年第 1 期。

《鲁班工坊的核心内涵——中国职业教育的国际品牌》，发表于《天津职业院校联合学报》2020 年第 1 期。

《非洲鲁班工坊项目建设、发展策略及管理政策研究》，发表于《职业教育研究》2021 年第 5 期。

2. 以“工程实践创新项目（EPIP）”为主题

《工程实践创新项目（EPIP）教学模式的研究与实践》，发表于《中国职业技术教育》2017 年第 5 期。

《论工程实践创新项目（EPIP）教学模式的“工程化”——从陶行知的生活教育思想说起》，发表于《中国职业技术教育》2021 年第 2 期。

《工程实践创新项目（EPIP）教学模式应用研究——以高速铁道技术类专业与课程建设为例》，发表于《天津职业院校联合学报》2020 年第 10 期。

《工程实践创新项目教学模式实施中存在的问题与对策》，发表于《职业技术教育》2019 年第 29 期。

《基于工程实践创新项目的 VBSE“鲁班工坊”模式初探》，发表于《天津职业院校联合学报》2016 年第 10 期。

《工程实践创新项目（EPIP）的核心要义》，发表于《天津职业院校联合学报》2021 年第 6 期。

3. 以“国际化专业教学标准”为主题

《高职机电一体化国际化专业教学标准探索实践与思考》，发表于《中国职业技术教育》2016 年第 23 期。

《国际化专业教学标准创建初探》，发表于《职教通讯》2016 年第 5 期。

4. 以“全国职业院校技能大赛”为主题

《回顾与展望：全国职业院校技能大赛发展研究》，发表于《中国职业技术教育》2018 年第 16 期。

（二）专业著述出版

2017 年 5 月，《鲁班工坊——职业教育国际合作新支点》出版，详细记录了天津渤海学院与泰国大城技术学院创建首个鲁班工坊的历程。

2018 年 10 月，《鲁班工坊》出版，全面记录了鲁班工坊的建设进程、内涵标准、工作路径、业绩成效等，成为第一本完整阐释鲁班工坊理论体系和实践案例的书籍。

2019 年 2 月，《EPIP 职业教育教学模式——改造我们的学习》出版，探讨了作为鲁班工坊建设核心内涵之一的工程实践创新项目（EPIP）教学模式。

2019 年 9 月，《鲁班工坊核心要义——中国职业教育的国际品牌》出版，该书入选“中华文化走出去工作重点任务清单目录”，也是教育部重点课题“‘一带一路’视域下海外鲁班工坊建设的标准化模式”的重要成果。

2019 年 9 月，《EPIP 教学模式——中国职业教育的话语体系》出版，该书入选“中华文化走出去工作重点任务清单目录”，也是教育部重点课题“基于工程实践创新项目 EPIP 教学模式研究与实践”的重要成果。

2020 年 8 月，*KEY PRINCIPLES OF LUBAN WORKSHOP*，*TEACHING MODEL OF EPIP* 两部英文版专著由英国出版社出版发行，2021 年 3 月，两部专著的葡萄牙文版出版发行。

2021 年 1 月，《工程实践创新项目（EPIP）解析》出版，详述了 EPIP 教学模式的探索、创建过程，阐释了 EPIP 的思考路径、理论基础、内涵要义、体系建构、应用领域和典型案例。

2021 年 4 月，《职业院校技能大赛——中国职业教育的制度创新》出版，该书是教育部重点课题“提升全国职业院校技能大赛国际影响的实践与机制研究”的重要成果。

2021 年 5 月，《鲁班工坊（LUBAN WORKSHOP）解析》出版，对鲁班工坊进行了解构、解析，多维度、情景化、现场式、史诗性阐释了鲁班工坊项目建设、品牌内涵、发展策略和管理模式。

2021年6月，《技能大赛（China Skills）解析》出版，探究大赛对于职业教育改革发展的推动作用，对于职业教育“五业联动”办学模式的促进作用，对于职业教育专业建设、课程改革的引领作用，对于职业教育制度创新、体制创新、评价创新的牵引作用。

（三）品牌推广与应用

2018年1月，在教育部支持下，建立了以首个鲁班工坊建设单位“天津渤海学院”为总服务平台，多点支撑，国际国内联动，专家学者和项目单位参与的政策研究、标准研制、资源开发、指导评价的联盟机构——鲁班工坊研究与推广中心。

2019年底，天津市教委出台《天津市鲁班工坊研究与推广中心建设方案》，2020年10月，天津市鲁班工坊研究与推广中心召开第一次工作推进会，发布《2020年鲁班工坊建设与发展报告》。

1. 鲁班工坊建设·体验馆

2018年，在教育部指导下，天津市教委统筹整合资源，系统梳理项目发展脉络，天津轻工学院牵头组织相关院校、合作伙伴、企业机构、科研院所，在天津轻工学院建成了以鲁班工坊为主题的功能性展示场馆——鲁班工坊建设·体验馆。

2018年5月6日，国务院副总理孙春兰、天津市委书记李鸿忠、时任天津市市长张国清、时任教育部部长陈宝生、教育部副部长孙尧等到体验馆参观考察，接见中外双方项目建设团队，给予具体指导和充分肯定。

该体验馆整体面积560平方米，序厅包括寓意和形象墙两部分，主厅包括序言、缘起、内涵、历程、建成项目专区、待建项目专区、EPIP空中课堂、研究推广、政策保障和未来展望等12个部分。截至2020年底，体验馆接待来自国内外各界人士超过3万人次，产生了巨大的社会影响力。

2．鲁班工坊与产教融合国际论坛

2019年5月，“首届鲁班工坊与产教融合国际论坛”在天津举行。来自泰国、巴基斯坦、安哥拉、德国、俄罗斯、吉布提、柬埔寨、马来西亚、马里、葡萄牙、印度、印尼、肯尼亚、南非等15个国家的行政官员、教育专家、中外企业以及中西部地区学访团、相关院校代表近200人参加论坛。

论坛上，吕景泉教授作了题为《鲁班工坊——中国职业教育国际合作品牌》的主旨报告，泰国哲仁校长作了题为《鲁班工坊，带给我们新技术》的交流分享，于忠武教授作了《落实中非合作八大行动，建设非洲首个鲁班工坊》的报告，中土集团王飞作了题为《深化合作，携手并进，共建鲁班工坊，践行“八大行动”》的交流分享，葡萄牙卢卡斯教授作了题为《葡萄牙鲁班工坊的EPIP实践》分享，吉布提教育与培训部迈哈迪总督学作了题为《鲁班工坊，对吉布提经济和工业发展影响》的报告，戴裕葳教授、张维津教授、印度司丽拉校长共同作了题为《依托鲁班工坊共享职教成果》的分享，马里共和国迪亚拉作了题为《古有鲁班锁，今有打开中华文明宝库的钥匙》的分享，中材国际（印度）公司李明飞作了题为《共建校企合作平台，推动中资企业本地化进程》的分享，于兰平教授作了题为《EPIP联盟与鲁班工坊研推中心建设》的报告。整场活动由申奕教授、李云梅教授主持。现场举行了非洲鲁班工坊研究与推广中心成立揭牌仪式。

五、归结

鲁班工坊，是中国职业教育在国际教育合作、世界产教融合领域开辟先河的大事件，是近代以来中国职业教育发展史上具有里程碑意义的大事变。亚洲鲁班工坊项目建设，对鲁班工坊品牌创建、推广应用及策略优化做出了有益探索和基础性贡献。亚洲鲁班工坊的高质量项目建设，对后续的习近平主席见证的欧洲标杆项目——葡萄牙鲁班工坊、盖莱总统直接支持的非洲首家项目——吉布提鲁班工坊、习近平主席与塞西总统共同关注的埃及鲁班工坊的成功实施起到了基础性、关键性作用。

2021 年 9 月 17 日，习近平主席在上海合作组织成员国元首理事会第二十一次会议上提出，在未来 3 年，中方将向上海合作组织国家提供 1 000 名扶贫培训名额，建成 10 所鲁班工坊。亚洲鲁班工坊建设，已经站在了新的历史起点上，开启了发展新征程。

——摘自《职业教育研究》2021，(10). 吕景泉，李力．“亚洲鲁班工坊项目建设、品牌创建及推广应用研究”

第三节　欧洲鲁班工坊研究：项目建设、专业布局及发展策略

【此文发表于 2021 年 11 月】

交得其道，千里同好，固于胶漆，坚于金石。

2018 年 12 月 4 日，中国国家主席习近平在访问葡萄牙时，以这句中国古语，形容中国和葡萄牙作为“好朋友、好伙伴”的深厚友谊。葡萄牙总统德索萨明确表示：葡萄牙支持“一带一路”倡议，愿成为陆上丝绸之路和海上丝绸之路在欧洲的枢纽。作为共建“一带一路”的重要合作伙伴，“一带一路”为中葡全面战略伙伴关系开辟了新前景，注入了新动力。

2018 年 12 月 5 日，习近平主席与葡萄牙总理科斯塔共同见证葡萄牙鲁班工坊项目建设合作签约。当天，葡萄牙鲁班工坊在塞图巴尔理工学院（IPS）揭牌启运。这是继欧洲第一个鲁班工坊——英国鲁班工坊于 2017 年 5 月 18 日落成之后，在欧洲建设的第二个鲁班工坊；也是继习近平主席于 2018 年 9 月 3 日在中非合作论坛北京峰会上宣布“在非洲设立 10 个鲁班工坊”之后，第二次在重大国际场合明确要求“鲁班工坊”直接服务“一带一路”，服务构建人类命运共同体的鲜明例证。

鲁班工坊，是天津职业教育首创原创，天津职业院校率先组织实施，历经实践探索，理论研究，经验总结，模式推广，而创立的中国职业教育国际品牌。鲁班工坊，是中国职业教育实施国际化、品牌化、系统化、体系化对外交流合作而绘就的“大写意”，是精心设计、精工制作、精雕细刻、精益求精开展国际产教融合而绘制的“工笔画”，是中国职业教育的国际知名品牌。2018 年，鲁班工坊上升为国家战略。

2021 年 9 月 17 日，习近平主席在上海合作组织成员国元首理事会第

二十一次会议上提出：未来3年，中方将向上海合作组织国家提供1 000名扶贫培训名额，建成10所鲁班工坊。

至此，鲁班工坊，开启了发展新征程。

一、欧洲鲁班工坊项目建设

2017年5月18日，欧洲第一个鲁班工坊在英国落成，这是继世界上首个鲁班工坊——泰国鲁班工坊之后，中国职业院校建设的第二个鲁班工坊。2018年12月5日，葡萄牙鲁班工坊揭牌启运；2019年10月16日，瑞士鲁班工坊项目建设签约；2020年9月28日，天津电子信息职业技术学院与俄罗斯莫斯科国立通讯与信息技术大学合作共建的俄罗斯鲁班工坊项目建设“云签约”仪式举行；2021年2月，天津农学院、天津市经济贸易学校建设中的保加利亚鲁班工坊，列入《中国—中东欧国家领导人峰会成果清单》。

（一）何谓鲁班工坊

鲁班工坊，是以平等合作、优质优先、强能重技、产教融合、因地制宜为建设原则，以“工程实践创新项目（EPIP）”为教学模式、以中国教育部主导开发的国际化专业教学标准为基本依据，以全国职业院校技能大赛（国赛）优质赛项装备为主要载体，以师资培训先行及教材教学资源为必要保障，在境外创建的实施学历教育和技术培训的实体化合作机构。鲁班工坊为合作国培养熟悉中国技术、了解中国工艺、认知中国产品的本土化技术技能人才。

（二）项目建设历程

如果说，自2016年3月8日开始，至2018年9月3日，这两年半的时间，是鲁班工坊“项目建设”的试验探索期和“品牌创建”的成型成熟期，那么，葡萄牙鲁班工坊就是“项目建设”与“品牌创建”进入推广应用期的重要标志，也是在欧洲，乃至全球建设的鲁班工坊“标杆项目”。亚洲鲁班工坊的坚实探索与成功实践奠定了鲁班工坊“项目建设”与“品牌创建”基础，创设了中国职业教育与世界分享的优质项目，打造了中国职业教育的国际品牌。欧洲鲁班工坊，特别是葡萄牙鲁班工坊，是鲁班工坊“项目建设”与“品牌创建”的集大成，是对鲁班工坊核心要义运用的完美诠释。

1．欧洲第一个鲁班工坊——英国鲁班工坊

2017年5月18日，天津市第二商业学校（天津市经济贸易学校）和英国奇切斯特学院合作建设的“鲁班工坊”揭牌启运，开展“中餐烹饪技术”专业教学与培训。

2017年8月，天津市第二商业学校开发的中餐烹饪国际化教学标准和教学资源，通过英国Qualifi评审并核准颁证，纳入英国国家职业学历框架，定名为“英国中餐烹饪艺术（鲁班）”三级学历。鲁班工坊开设的“中餐烹饪技术”进入英国学历教育体系，其教学获得英国政府财政拨款支持，16～19岁的英国及欧盟学生可免费学习。这标志着：英国鲁班工坊，在英国完备严密的职业教育（职业资格）框架体系下，双方合作伙伴共同探索并实现了适合中英职业教育合作的互认开端。英国鲁班工坊，打开了中英职业技术学历教育的合作通道，通过培养国际化、标准化的中餐烹饪人才，弘扬中国饮食文化，带动了中国食品与餐饮企业的海外市场“正宗”发展，促进了“中餐更好地走出去，亮起来”。

2019年1月，英国鲁班工坊师生受邀在伦敦唐宁街10号首相府，为包括时任英国首相特雷莎·梅、中国驻英国大使刘晓明在内的200余名宾客奉上中国传统春节的“年夜大餐”。2019年5月，英国鲁班工坊开展全英大师巡回讲座，受邀在剑桥大学圣约翰学院、奇切斯特克劳利校区、利物浦希尔顿酒店等地进行路演展示，极大提高了项目的声誉与正宗中餐的影响。2019年11月，英国鲁班工坊利物浦教育教学中心建成，占地面积为600平方米的教育教学中心以“鲁班旗舰餐厅”的形式呈现给世人，集教学、评测、研发功能于一体，有效发挥了成果展示、技能培训、学习体验的作用，开启了中英文化与教育交流的新模式。

2．欧洲第二个鲁班工坊——葡萄牙鲁班工坊

2018年12月5日，习近平主席在里斯本为葡萄牙鲁班工坊项目合作见证签约。时任天津市市长张国清与塞图巴尔市长共同为葡萄牙鲁班工坊揭牌启

运。天津机电职业技术学院（简称天津机电学院）与塞图巴尔理工学院共建的鲁班工坊，首期合作专业为工业机器人技术和电气自动化技术 2 个专业，拥有现代电气控制系统、自动化生产线安装与调试、工业机器人与智能视觉系统、药品灌装生产线等 16 整套大型装备。教学培训装备与现代制造技术紧密衔接，紧贴智能制造与人工智能产业发展。

2019 年 5 月，葡萄牙鲁班工坊派队来华参赛，在全国职业院校技能大赛（国赛）“自动化生产线安装与调试”国际邀请赛，取得“二等奖”好成绩。2019 年 5 月 10 日，首届鲁班工坊与产教融合国际论坛在天津举行，塞图巴尔理工学院自动化学科带头人洛卡斯教授作“葡萄牙鲁班工坊的 EPIP 实践”专题报告，唱响“葡萄牙版 EPIP”创新应用“大戏”。2019 年 10 月，葡萄牙鲁班工坊校企联盟签约成立，天津机电学院、塞图巴尔理工学院、塞图巴尔市政厅、里斯本大学、塞图巴尔半岛工业协会以及伟世通等 5 家当地国际化企业、9 所职业院校加入联盟，借助鲁班工坊平台，进一步促进中葡经济合作、技术合作、校企合作及人文交流。

3. 欧洲第三个鲁班工坊——保加利亚鲁班工坊

为高水平推进中国—中东欧国家农业合作示范区建设，加强中国与保加利亚在“一带一路”倡议领域的国际合作，2019 年 11 月 20 日，在保加利亚普罗夫迪夫农业大学，天津农学院、天津市经济贸易学校与保加利亚普罗夫迪夫农业大学签署合作协议，开展技术技能交流，培养技术技能人才，服务两国经贸往来及国际合作项目。

2021 年 10 月 15 日，保加利亚鲁班工坊“云揭牌”启运仪式在天津农学院和罗夫迪夫农业大学两个会场同步举行。鲁班工坊占地 1 600 平方米，结合当地经济社会发展和普罗夫迪夫农业大学需要，首期开设农业工程、作物学等硕士专业和跨境电商本科专业，在普罗夫迪夫农业大学建设了农业生物技术实验室、农业智能设备实验室、智慧农业电商平台运营室、智慧农业商品信息采集室，在天津食品集团保加利亚公司建设坊外实训基地，致力于培养熟悉中国技术、产品、工艺的本土技术技能型人才，带动保加利亚农业发展。

4. 欧洲第四个鲁班工坊——俄罗斯鲁班工坊

建设中的俄罗斯鲁班工坊，是2020年9月28日“云签约”启动项目建设的。天津电子信息职业技术学院（简称天津电子信息学院）与俄罗斯莫斯科国立通讯与信息技术大学（简称莫斯科技术大学）合作共建鲁班工坊项目。

2020年9月28日，恰逢天津电子信息学院建校67周年纪念日。在这个特殊的日子里，天津电子信息学院与莫斯科技术大学合作共建的俄罗斯鲁班工坊项目“云签约”仪式隆重举行。莫斯科技术大学校长叶隆鑫·谢尔盖·德米特里耶维奇、副校长幕汉诺夫·安德烈·尤里耶维奇、网络信息学院院长尤里·波利索维奇·米拉诺夫、华为技术有限公司（俄罗斯）人才发展总监苏尔塔诺娃·塔玛拉，天津市政府国资监督管理委员会代表曲德福、天津市教委副主任白海力、华为技术（天津）杨骏超以及天津电子信息学院领导共同参加签约仪式。

莫斯科技术大学校长认为，俄罗斯鲁班工坊的签约，既加深了两校之间的深厚友谊，更为中俄双方在通信领域的技术合作谱写了新篇章。他希望，莫斯科技术大学可以借助鲁班工坊平台获得更好的实践教学体验和技术培训资源，提升通信领域人才培养质量。天津市教委副主任白海力指出，中俄友谊源远流长，教育合作前景十分广阔，希望两校秉持鲁班的工匠精神，以平等合作、优质优先、强能重技、产教融合、因地制宜为建设原则，依托工程实践创新项目EPIP教学模式和国际化专业教学标准，不断强化师资培训和教材教学资源建设，搭建中俄在通信与信息技术领域合作交流的桥梁，培育出更多更优秀的、具有国际视野和通晓国际规则的技术技能人才。

5. 建设中的瑞士鲁班工坊

建设中的瑞士鲁班工坊，是2019年10月16日签约启动建设的。它是首家以“中医技术”为主题的鲁班工坊。瑞士鲁班工坊，由天津医学高等专科学校、天津市红星职业中等专业学校与瑞士爱斯康柏医疗职业教育培训中心三方共同建设。签署的协议中，要求中瑞三家单位将在专业建设、师资培训、教材资源以及中医技术实训室等方面进行深度合作，助力“正宗”中医技术走进瑞士，让世界领略中国传统医药文化精髓。

瑞士爱斯康柏行政总裁皮艾尔特·携娜瓦表示，“中医越来越国际化，在瑞士当地已经被人们认可。瑞士鲁班工坊目标将是在当地全面地介绍纯正中医，规范和完善当地中医市场的标准，建立中瑞学校间、医疗机构间的紧密联系。”

瑞士鲁班工坊将把基于传统的现代中医技术展现给瑞士人民，既丰富了鲁班工坊的合作领域与专业类型，也助力国粹中医以开放的胸襟和现代的教学走向世界。

二、欧洲鲁班工坊项目布局

紧贴需求，服务大局，是鲁班工坊项目建设的发展策略；系统谋划，质量为先，是鲁班工坊品牌创建的至要方略。服务大局，质量为先，是关键。

1．空间布局

全球第二个鲁班工坊落户英国奇切斯特，葡萄牙鲁班工坊成为中国智能制造登陆欧洲的“典范”，保加利亚鲁班工坊刚刚启运，俄罗斯、瑞士鲁班工坊项目建设在推进中。

欧洲区域将会形成东（保加利亚）、南（葡萄牙）、西（英国）、北（俄罗斯）、中（瑞士）的空间布局态势。

2．专业布局

欧洲鲁班工坊项目建设和专业布局，着眼于我国外交大局，综合考虑政治安全、经济发展、资源禀赋及双边关系等多方面情况，特别是当地产业企业需要。

（1）英国鲁班工坊

1个专业，以中等职业教育为主体。包括中餐烹饪技术专业。

（2）葡萄牙鲁班工坊

共计2个专业，以应用本科、工程硕士为主体。包括电气自动化技术专业、工业机器人技术专业。

（3）保加利亚鲁班工坊

共计3个专业，以应用本科、工程硕士为主体。包括农业工程专业、作物学专业、跨境电商专业。

（4）俄罗斯鲁班工坊

共计 2 个专业，以应用本科为主体。包括通信技术专业、计算机网络技术专业。

（5）瑞士鲁班工坊

1 个专业，以高等职业教育为主体。包括中医技术专业。

英国奇切斯特学院，是一所公立综合性职业教育学院，其优秀的教学质量闻名全英，并在 2005 年被英国女王授予"女王纪念奖"；英国鲁班工坊，由天津市第二商业学校与英国奇切斯特学院合作共建，致力于向世界各地提供标准的中国中餐烹饪学历教育和资格培训。英国鲁班工坊开发的中餐烹饪国际化标准与资源，经 Qualifi 核准被纳入英国国家职业学历框架。

鲁班工坊登陆英伦三岛，标志着中国饮食礼仪文化、盘饰及冷菜制作、热菜制作、面点制作和津派面塑等 5 个领域所构建的专业标准、教学标准、学习资源、考评标准、专业评价成为欧洲最大餐饮消费市场的技术与艺术融合的新标度。

葡萄牙塞图巴尔理工学院（IPS），是一所拥有本科、硕士层次的优质应用技术大学；葡萄牙鲁班工坊，是目前在海外建设的所有项目中技术装备级别最高的鲁班工坊，也是与现代先进制造、人工智能技术最为贴近、衔接最为紧密的鲁班工坊。这些装备不仅全部是全国职业院校技能大赛的优质赛项装备，有的还是世界技能大赛的训练装备。

鲁班工坊登陆葡萄牙，标志着以天津为代表的中国职业教育，在先进制造、人工智能领域所积累的产教融合、校企合作的成果，得到西方先进国家的认可；标志着中国特色职业教育的话语体系、标准体系，经过国家职教示范区建设，已经上升到一个新高度。

截止到 2021 年 10 月，欧洲建成鲁班工坊 3 个，合作专业数量为 6 个；建设中的鲁班工坊 2 个，涉及专业数量为 3 个左右。在英国、保加利亚、瑞士分别建设了中国餐饮文化与艺术、中国农业技术、中国电商技术、中国中医文化与技术项目，这是鲁班工坊项目建设在合作领域的新拓展，深受当地欢迎。在葡萄牙、俄罗斯分别建设了智能制造类、信息通信类专业，体现了中国职业教育教学模式、中国现代产业技术产品的优势地位。项目建设和专业布局服务中国企业“深耕欧洲”，服务“一带一路”和中外人文交流。

三、典型项目的品牌创建作用

1. 英国鲁班工坊

英国鲁班工坊，是在欧洲建设的第一个鲁班工坊。其项目建设过程，是中国职业院校首次与西方发达国家的合作伙伴共同探索以中国职业教育教学成果、话语体系、模式标准为主导的分享实践过程。英国鲁班工坊，是欧洲鲁班工坊项目建设、品牌创建的奠基者和开拓者。

英国鲁班工坊项目建设，首次实施国别合作伙伴的遴选。2016 年初，首选合作国是意大利。受政治、经济、文化和宗教信仰等因素的影响，经过近一年的交流沟通、评估评鉴，在相关行业协会、餐饮协会、天津食品集团支持下，特别是得到英国超卓教育顾问公司的协助，最终选定了英国作为首个合作国，确定在英国进行合作伙伴遴选。鲁班工坊的合作主体是中外双方院校。在英国合作院校的遴选中，首次探索了“五认同”，即基于合作方对于中国经济社会发展的认同（一认同），对于中国产业发展与技术创新的认同（二认同），对于中国优秀传统文化与人类命运共同体的认同（三认同），特别是对于中国职业教育促进经济社会发展的有力有效作用的认同（四认同），以及对于中国特色国际视野的教学模式、国际化专业框架标准、中国优质技术装备和教学资源的认同（五认同），在此基础上双方开展平等合作、紧密合作、长久合作，实现了共研、共建、共享、共用、共赢。

2018 年，天津市第二商业学校与天津渤海职业技术学院等院校合作完成的“开发国际化专业教学标准，创设‘鲁班工坊’职业教育国际合作的研究与实践”荣获职业教育国家级教学成果一等奖，天津市第二商业学校独立完成的“中餐烹饪教学标准的推广与实践——鲁班工坊英国案例”荣获职业教育国家级教学成果二等奖、天津市职业教育教学成果特等奖。2019 年 12 月，英国鲁班工坊荣获“2019 中国企业海外形象建设十大优秀案例”和“海外传播创新优秀案例”。

2. 葡萄牙鲁班工坊

2018 年 3 月，中国教育部部长出访葡萄牙，提出推进中国与葡萄牙职业教育的交流合作。受教育部委托，天津市教委选定天津机电学院承担葡萄牙鲁班工坊项目建设。2018 年 6 月 11 ～ 12 日，中葡职业教育校长论坛暨中葡职业教育合作交流研讨会在天津机电学院举行。通过申报评审，确定在葡萄牙最优质的三所理工学院，即里斯本理工学院、塞图巴尔理工学院、莱利亚理工学院进行项目合作伙伴遴选。2018 年 7 月，天津机电学院项目考察团队出访葡萄牙，考察葡方项目申报院校。2018 年 9 月，确定塞图巴尔理工学院为葡萄牙鲁班工坊的境外合作伙伴。塞图巴尔理工学院，开设有 29 个本科专业，28 个硕士专业，就业率高居葡萄牙全国第二位，是欧洲高水平的理工学院。

葡萄牙鲁班工坊，是目前从项目筹备、伙伴遴选、专业确认、装备确定、设备启运、现场安装，到师资培训、标准研制、方案研发，再到场地改造、揭牌启运，用时最短的项目建设，也是水平最高的项目建设。其中，鲁班工坊使用的中国仪器装备全部达到 CE 认证和 RoHS 国际化认证标准；双方教学团队开发并完成 9 套双语教材及教学资源、2 套专业人才培养方案；鲁班工坊标配的“空中课堂”实现了跨国跨区域的常态教研、及时培训。为了实现两国最高领导人见证签约、实时揭牌，项目建设团队首创了鲁班工坊揭牌启用的“五到位”标准，就是项目场地、技术装备、师资培训、专业标准、教材开发“五到位”标准。“五到位”标准，成为鲁班工坊的“四个以”核心内涵的外在表现形式，成为鲁班工坊启动运营的前提条件。

2018 年 10 月，在时任天津市副市长曹小红见证下，天津机电学院与塞图巴尔理工学院共建“葡萄牙工程实践创新项目（EPIP）教学研究中心”合作项目签约。2018 年下半年，洛卡斯教授两次带领葡萄牙教学团队在天津参加标准化进阶式“鲁班工坊 EPIP 师资研修班”；在津期间，同步进行合作专业确定、教学装备选定及双语化教学资源开发。2018 年 12 月初，在葡萄牙鲁班工坊现场，中国职业教育的 EPIP 教学模式开讲，成为葡萄牙的 EPIP“首课”。听课之后，塞图巴尔理工学院校长佩德罗兴奋地表示：“葡萄牙学生的特点是基础知识非常牢固，但在技能操作上与中国学生相比还有一定的差距。EPIP 是以实际工程项目为导引，以实践应用为导向，培养学生科学探究能力和问题解决能力，可以极大地减少毕业生进入企业的磨合期，这种教学模式十分符合现代企业的用人需求。我们希望可以在学校的相关专业尽快推广 EPIP，我特别地期待。”2018 年，天津机电学院牵头申报“基于‘工程实践创新项目（EPIP）’的教学模式与实践”获批教育部重点课题。同年，天津机电学院申报的“五业联动，同频融合，智能制造专业群服务先进制造产业的探索与实践”，获天津市教学成果一等奖；天津机电学院联合申报的“开发国际化专业教学标准，创设鲁班工坊职业教育国际合作的研究与实践”，获国家教学成果一等奖。继《EPIP 教学模式——中国职业教育的话语体系》《鲁班工坊核心要义——中国职业教育的国际品牌》两部英文版著作在英国新经典出版社出版，2020 年 3 月，两部葡萄牙文版著作也正式出版。

天津机电学院实施的葡萄牙鲁班工坊项目建设，坚持了五共机制，即共研、共建、共享、共用、共赢，中葡双方合作院校始终保持强烈的责任意识、质量意识，将各自最优质的资源倾心倾力提供出来。葡萄牙的项目建设实践，丰富了鲁班工坊核心要义的实现形式，树立了鲁班工坊项目建设的示范标杆。

四、鲁班工坊的深度思考

1. 品牌与质量

鲁班工坊，是国家战略，是中国职业教育的国际知名品牌。品牌的生命在于质量。鲁班工坊，关乎中国职业教育的国际形象，也关乎国家战略实施的效果成效。优质优先，不仅是遴选境外合作伙伴的要求，也是选择国内项目建设院校的要求，更是中外双方合作院校对于鲁班工坊核心要义的理解、认同程度的要求。当前，鲁班工坊项目建设的重点重心，不仅要优化布局、扩大规模，更要强化内涵，确保质量。

我们要明确：国家战略，国际品牌，不要求每个省份的每所院校都必须参与实施，参加建设。我们要明确：鲁班工坊的“名”下是有内涵、有要义、有边界、有知识产权、有价值追求的，不应该随意解读品牌，随便使用品牌，臆断泛化品牌。品牌是有框范与执守的。品牌创建，是一个系统工程，需要激情、智慧与信念，更需要劳作、坚韧与理想。保持品牌意识、品牌理念、品牌要义的统一和完整，在品牌建设中至关重要。鲁班工坊品牌内涵与核心要义，需要科学化尊重、职业化维护、专业化实施，需要守正，以尊重的态度对待，以谦和的心态看待，在守正中完善，在传承中创新。

2021 年 9 月 16 日，国家主席习近平向中国质量（杭州）大会致贺词指出：中国致力于质量提升行动，提高质量标准，加强全面质量管理，推动质量变革、效率变革、动力变革，推动高质量发展。我们应该确保每一个鲁班工坊都能够“健康生活，长命百岁”。我们应该珍视老字号，这是我们以前所处的发展阶段特征决定的；我们也应该珍视新品牌，尊重知识、尊重劳动、尊重创造的现实反应。这才符合新时代要求！

2．原则与策略

鲁班工坊的建设原则如下：

第一个原则是平等合作。我们不是简单化输出，强制人家做，强制人家要，强制人家配合。中国职业教育长期借鉴学习、吸收消化、本土化创新，办成世界上最大的职业教育。中国的经济发展这么快，外国同行在思考中国职业教育的秘密经验、秘密武器。我们要拿出我们认为最好的东西与人家分享。分享，不是“硬给”，不是“强做”。认同是第一位的！

第二个原则是优质优先。这要求选择的对方学校是优质的，我方学校也是优质的，不仅学校要优质，专业也要优质，整体资源都要优质，只有优质的项目才能做好，只有中国职业教育的优质模式、优质标准、优质装备、优质教材才具备分享的资格。有的国家、有的人喜欢看我们中国的笑话，国际合作项目要稳步推进，重在优质，强在可持续。自信，应该建立在自强基础上！

第三个原则是重能强技。鲁班工坊的主要任务是服务中国企业走出去，服务国际产能合作，是技术技能人才培养的交流。当然，鲁班工坊也是中外人文交流的国际知名品牌，它的人文交流包括了职业技术技能、职业教育模式、职业教育成果以及职业技术文化，特别是成功探索并形成了“技能 +”文化内容模式、“X+ 鲁班工坊”方式。例如“国际论坛 + 鲁班工坊”，“澜湄洲 + 鲁班工坊”等。但是，一个品牌也不能承担各种各样与其主旨不相关的任务，想做什么做什么，那就不是品牌！

第四个原则是产教融合。我们在实施项目的时候，要有校企合作的根基，要有产教融合的平台，要面向合作国当地的中资企业和对方企业的需求。世界性的产教融合，国际化的校企合作，是鲁班工坊的“精髓”所在，是服务“一带一路”的必然要求！

第五个原则是因地制宜。因地制宜是需要的，但是要有限度，有底线。不能因为有了因地制宜，就变成想怎么干就怎么干。鲁班工坊的话语体系是开放的，但是鲁班工坊是有核心要义的。要完善鲁班工坊建设标准，包括项目合作伙伴遴选标准、项目落地揭牌启运标准、教学团队素质能力标准、国际化专业教学标准、教学资源与教材建设标准、项目实施效果评价标准、项目质量保障诊改标准以及项目授权、项目激励、项目退出等政策机制。没有标准，就没有质量！

鲁班工坊发展策略中还有重要一条，是本土化。我们不期待合作国家教师、学生的汉语水平都是一流的，这不现实，也没有必要；我们也不期待中国教师的英语、法语、葡萄牙语、泰语、印尼语都能说，还懂技术应用，又擅长技能培养，这也不现实，也做不到。鲁班工坊的核心要义之一，是让合作国自己的教师学会了，去教他们自己的学生，去培训他们自己的人员，这是最直接的，也是最有效的。泰国人是泰语，柬埔寨人讲柬埔寨语，葡萄牙人讲葡萄牙语，吉布提人讲法语，俄罗斯人讲俄语……中国职业院校教师做不了。我们很少看到，中国学校里的学生学习英语，是让英国、美国老师来教的。同时，鲁班工坊的国际化专业标准只有纳入合作国的国民教育体系，项目合作才是最安全、最长久、最有根基的。本土化，最关键！

五、归结

鲁班工坊，是中国职业教育在国际教育合作、世界产教融合领域开辟先河的大事件，是近代以来中国职业教育发展史上具有里程碑意义的大事变。欧洲鲁班工坊项目建设，对鲁班工坊品牌创建、质量建设及推广应用做出了有益探索，起到了示范性作用。

——摘自《职业教育研究》2021（11）. 吕景泉，李力. “欧洲鲁班工坊项目建设、专业布局及发展策略研究——论坚持鲁班工坊品牌质量，完善鲁班工坊建设标准”

第四节　鲁班工坊建设实施：核心要义认知、践行及致用之道

【此文发表于 2021 年 9 月】

鲁班工坊是中国职业院校和高等院校以跨境办学形式在海外实施学历教育和技术培训，与世界分享中国职业技术教育与培训方案的合作办学实体。2016 年起，由中外教育机构和行业企业合作举办的泰国鲁班工坊、英国鲁班工坊、印度鲁班工坊相继落成。2018 年 9 月，国家主席习近平在中非合作论坛北京峰会上宣布，要在非洲设立 10 个鲁班工坊，向非洲青年提供职业技能培训。2021 年 4 月，埃塞俄比亚鲁班工坊在非盟总部所在地亚的斯亚贝巴揭牌启运，至此，中方院校已经在亚、欧、非洲 17 个国家建成了 18 个鲁班工坊，10 个非洲鲁班工坊建设目标已经完成。2021 年全国职业教育大会提出，要加强国际交流合作，探索职业教育国际化发展模式，为鲁班工坊走出去分享中国技术技能和职业教育发展成果指明了方向。随着更多国内院校的加入，鲁班工坊的发展将步入新阶段。

一、问题的提出

鲁班工坊是在国家现代职业教育改革创新示范区提升职业教育国际化水平的进程中探索发展起来的新型跨境办学项目，其命名源自对鲁班在中华文明发展史上传承文化传统、体现技能特质、彰显工匠精神、蕴含创新智慧的代表性考量。为了更好地指导项目院校开展鲁班工坊建设与运营，以鲁班工坊研究与推广中心和建设院校为代表的机构组织对鲁班工坊的品牌、功能、路径、内涵和建设原则进行了系统性的研究，在全面总结泰国、英国、印度、吉普提等 8 国鲁班工坊初创经验的基础上，将其归纳总结为鲁班工坊的核心要义。这些要

义在指导与规范后续鲁班工坊的建设中起到了重要的作用，成为鲁班工坊建设与发展的核心与灵魂。

2018 年 1 月，鲁班工坊研究与推广中心成立。2019 年，天津鲁班工坊研究与推广中心成立。2020 年底，鲁班工坊建设联盟成立，以鲁班工坊核心要义为基础指导各项目单位开展鲁班工坊建设。这个行动，是鲁班工坊标准化、规范化建设的现实需要，直指鲁班工坊核心要义的致用之道。与语言文化类的跨境办学不同，鲁班工坊是将中国职业技术教育的教学模式、专业标准、技术装备、教学方案与世界分享的平台，所涉及的模式、专业、行业、装备、领域的多样性决定了其建设与运营过程中的特点不尽相同。无论是初始阶段还是后续发展阶段建设的鲁班工坊，都在核心要义的指导下探索走出了各自的建设之路，并且积累了大量的建设经验。如何将这些经验系统、归纳，形成鲁班工坊建设过程中认知与行动的标准化指南、操作规程和解决方案，关系到鲁班工坊规范化可持续性发展，是鲁班工坊在新发展阶段必须解决的关键一环。认知鲁班工坊的核心要义并将其应用到鲁班工坊项目建设与跨境办学的实践，即为鲁班工坊核心要义的致用之道，也是职业技术教育知行合一的根本要求。本文将通过考察鲁班工坊核心要义的认知过程和行动过程来探索其应用和实践中的解决方案。

二、文献综述

有关鲁班工坊的研究起始于泰国鲁班工坊的建设实践。泰国鲁班工坊作为中国境外第一个鲁班工坊，在建设初期就开展了对鲁班工坊的定位、性质、功能、标准、标识、制度等的研究，为后续项目建设可复制、可推广、可持续提供了样本。2016 年以来，相关的研究开始兴起，根据中国知网和百度学术检索结果，相关研究人员以“鲁班工坊”作为主题已经贡献了 230 余篇研究成果。通过引文关系判断，吕景泉教授在 2017 年和 2018 发表的两篇文章奠定了后续研究的基础。这两篇文章系统阐述了鲁班工坊的缘起、内涵和模式，在理论和实践上全面阐述了鲁班工坊这一创新型职业教育国际化服务项目。其随后出版的专著《鲁班工坊核心要义》《鲁班工坊（LUBAN WORKSHOP）解析》（中文版及英国新经典出版社出版的英文版和葡萄牙文版）及发表的相关文章，对鲁班工坊的核心要义做了系统阐释，并提出了鲁班工坊建设的发展策略和管理政策。此外，杨延等也对鲁班工坊建设的动因、内涵和特征进行了分析。

上述研究奠定了鲁班工坊建设与发展的理论基础，为后续的应用研究打下了基础。在鲁班工坊核心要义的具体应用及研究方面，天津市教育科学院的研究人员发挥了重要作用。杨延对鲁班工坊的输出模式进行了研究；王岚等对鲁班工坊参与职业教育国际治理和国际化品牌建设进行了探析；张颖等对鲁班工坊的国际化达成路径进行了探讨；李名梁研究了鲁班工坊的发展路径；戴裕崴等研究了鲁班工坊建设的规范和标准；王凯等对鲁班工坊教学资源的开发与设计进行了探究。此外，程素利、刘妍等学者先后就鲁班工坊建设城市的轨道、中医、商科、物联网等多个具体专业的相关问题进行了研究，鲁班工坊核心要义的研究已经进入到细致的专业建设领域。

纵观鲁班工坊核心要义应用方面的论述，当前的研究多注重于品牌建设、国际化达成、资源建设等专门领域，或针对某一具体专业展开研究，而对于如何应用鲁班工坊核心要义建设一个鲁班工坊，从认知到行动进行过程考察、经验总结、规范梳理和策略构建等方面的研究涉及较少。一个基于过程的整体解决方案的研发对于规模发展时期的鲁班工坊建设具有示范和参照作用，因而有必要结合实际案例对鲁班工坊核心要义的应用过程进行深入探索。

三、对鲁班工坊核心要义的认知

对鲁班工坊核心要义的应用要坚持知行合一。强调理论与知识的应用并不意味着放弃理论与知识的学习。在鲁班工坊建设实践中，通常更容易被忽视的恰恰是对于鲁班工坊建设要义的学习，而实践中诸多关键环节和具体行动的不到位，往往都源于对核心要义的认知不系统和不全面。因而，有必要对鲁班工坊核心要义的认知过程加以全面考察，并建立示范性认知模式或路径，这涉及对核心要义认知内容、认知群体、认知过程和认知结果的解析。

（一）认知内容

鲁班工坊核心要义的致用之道应起始于对其内容的准确认知，这个内容包括鲁班工坊的品牌、功能、路径、内涵和原则。作为一个发端于国家职业教育改革创新示范区，服务促进构建人类命运共同体的跨境办学机构，鲁班工坊首先是一个中国职业教育国际合作和中外人文交流的知名品牌，致力于与国外教育机构合作培养适应当地经济社会发展需要的技术技能人才。在功能上，鲁班工坊作为一个教育机构，在海外开展的是学历教育和技能培训两方面的教育实践。在路径上，鲁班工坊的建设依托的是中外校际合作、国际化校企合作和国家政府间项目合作三个方式。在内涵上，鲁班工坊的教学模式是中国职业教育创新发展的最新成果“工程实践创新项目（EPIP）”，基本依据是教育部主导开发的国际化专业教学标准，主要载体是培养高技能人才的现代化教学仪器及装备，必要保障是师资培训和教学资源开发。此外，鲁班工坊核心要义还阐明了其质量保障体系建设的基本原则，即平等合作、优质优先、重能强技、产教融合和因地制宜。通过对鲁班工坊核心要义的解析可以明确：鲁班工坊是将中国职业技术教育的教学模式、专业标准、技术装备、教学方案与世界分享的实体化平台，这个平台是通过构建教学模式、开发专业标准、依托技术装备、培训本土师资和开发教学资源等行动构建的，其核心目标是培养当地经济社会发展急需的高素质技术技能人才。这些经过系统归纳和总结形成的关于鲁班工坊的内涵与发展要义，应该作为根本的行动指南为中外建设机构与团队所深刻理解，并在实践中加以正确运用。

（二）认知群体

鲁班工坊建设与运营归根结底是以人为主体的社会性实践活动，人在其中起到决定性的作用，因此分类明确核心要义的认知与实践群体对于提升认知效率和行动一致性具有重要意义。一般而言，核心要义的认知群体包括中外方的决策群体、管理团队、专家团队、师资队伍以及鲁班工坊教育对象在内的其他群体。以埃塞俄比亚鲁班工坊为例，在认知和实践核心要义的过程中，决策群体是由双方教育部门和地方行政部门的决策者，合作院校双方的主要校领导、分管校领导及学校决策机构（如理事会）主要成员组成的，这个群体应对鲁班工坊核心要义的品牌、功能和建设原则有着清晰的认知，并且认可鲁班工坊建设的核心目标。管理团队由双方国际合作部门、教学与培训单位、项目专班人员组成，这个群体必须全面掌握鲁班工坊核心要义每一方面的内容，因为这个群体在鲁班工坊建设实践中起到协调、指导、纠正、管理的综合性作用。专家团队包括咨询团队、研究团队和教学资源开发团队，他们分别从不同视角对鲁班工坊的建设提供专业咨询、专项研究和专项研发等服务，因此他们需要在掌握核心要义的基础上重点掌握其四个内涵。师资队伍主要是指为鲁班工坊培养本土骨干师资的中方教师，他们担负着将鲁班工坊要义、理念、教学法与专业技能传授内化于鲁班工坊教育主体的作用，是“培训师的培训师”，因此他们也应该在掌握鲁班工坊核心要义的基础上重点掌握四个内涵，尤其是“工程实践创新项目（EPIP）”教学模式和理念。其他认知群体包括鲁班工坊的本土教师、学生及培训人员等教育对象，他们是在鲁班工坊的教育环境中通过知识与技能的传授而感知、体验和理解鲁班工坊的要义的，对他们而言，鲁班工坊的品牌和内涵是需要认知的重点。总体而言，鲁班工坊建设与运营涉及不同的群体，这些群体应在理解鲁班工坊核心要义的基础上就所担负的职责和从事的教育活动而对要义的不同内容进行重点掌握和认知。

（三）认知方法

从过程和方法方面考察，“工程实践创新项目（EPIP）”是一种以实际工程项目为导引、以实践应用为导向、以创新能力培养为目标、以项目实践为统领的人才培养途径，是“干中学”在经济社会新常态下具化的教育实践模式，也是认知与实践鲁班工坊核心要义的有效方法。埃塞俄比亚鲁班工坊建设过程就是以工坊项目为导引，以工坊建设与运营实践为导向，以参与人员建设创新能力培养为目标，以决策、管理、咨询、研发、教学等子项目实践为统领的建设运营团队能力培养和提升的过程。

鲁班工坊核心要义的具体认知环节和方法包括知识学习、实地体验、项目开发与实施等。在知识学习环节，项目参与人员需根据职能不同在系统掌握鲁班工坊核心要义的基础上重点关注与自身职能相关的重要内容，这个环节要求对《鲁班工坊核心要义》相关论述、政策文件、规程及实施要求等有一个由浅入深、由全面到焦点、由系统到核心的学习与研究过程，这对中方参与人员尤其重要，因为这涉及向合作方解释理念和执行相关规程的问题。实地体验包括对中方合作院校教学设施及教学过程的观摩与参与、对已建成鲁班工坊建设成果与运营过程的考察与学习、对鲁班工坊体验馆所展示成果与经验的直接感悟，这不但对中方人员是一个理论与实践相印证的过程，更是一个向合作方展示、示范与推广的过程。实际上，在埃塞俄比亚鲁班工坊建设过程中，中外方人员就是在这种理论与实践多次相结合、相印证的过程中掌握和加深对核心要义的认知的。基于“干中学”的项目开发与实践环节，则是将对鲁班工坊核心要义的认知提升到与实践相结合、提升认知水平和创新研发能力的阶段，在这个阶段实现了对鲁班工坊核心要义认知的质的飞跃。只有实现了这个飞跃，项目决策团队才能做出正确的新决策，管理团队才能根据实践构建新的协同机制，专家团队才能提出符合实际的具体建议并研发出符合鲁班工坊建设目标的教学资源，师资团队才能培养出符合当地实际的骨干教师并赋予其鲁班工坊教育教学方法和技术技能，教育对象才能更好地学习和掌握鲁班工坊所传授的新知识和新技能。无论是决策的做出、管理模式的构建、解决方案的提出、教学资源的研发，还是本土师资能力的塑造和教学活动的开展，究其本源和过程都是一种创新。这种环环相扣螺旋上升过程所形成的项目建设创新能力是鲁班工坊核心要义认知过程的终极目标。

对鲁班工坊核心要义认知内容、认知群体和认知过程的梳理与考察，有助于上下、内外各方统一认识和行动，在鲁班工坊建设实践中形成观念和行动上的合力，因而是必不可少的。

四、应用鲁班工坊核心要义的行动过程

鲁班工坊的建设是对核心要义学以致用的行动过程。考察这个过程，要从鲁班工坊的本质和核心功能开始。从根本上讲，鲁班工坊首先是一个教育机构，以学历教育和技术培训为当地培养技术技能人才。因此，鲁班工坊的建设与运

营等行动过程必然与教育场景的搭建、教育内容的开发、教育者的培养、受教育者的招募、教育活动的实施等教育要素密切相关并且环环相扣，而这些教育要素的整合行动是鲁班工坊核心要义在实践中的应用和体现。

（一）搭建教育场景

鲁班工坊教育场景的搭建遵循的是核心要义对于品牌、路径、内涵和合作原则的规定，并着重体现在选址、合作方、场地与设施等方面的建设上，其蕴含的教育理念是“工程实践创新项目（EPIP）”教学模式。遵循这些要求，埃塞俄比亚鲁班工坊选址于非洲联盟总部所在地，也就是埃塞俄比亚首都——亚的斯亚贝巴。在这一选址地办学，能够辐射整个非洲，并且重点面向东非各国开展教育活动，对于鲁班工坊国际合作和人文交流品牌效应的发挥具有重要作用。在合作方上，中方院校是中国最早建立的职教师资培养院校——天津职业技术师范大学，外方院校是在中方援助下成立发展起来的职教师资培养院校——埃塞俄比亚技术大学，该校面向东非培养职教师资和技能人才。两校在传统合作、培养目标、办学理念和办学模式等方面具有诸多的契合之处，在合作专业、模式、理念、沟通磋商等方面具备建设鲁班工坊的良好基础。此外，埃塞俄比亚总理办公室、外交部、科学与高等教育部、职业教育局、亚的斯亚贝巴市政府等也参与了项目的建设，并对鲁班工坊品牌的打造做出了贡献。

在多方考察论证与磋商的基础上，合作双方院校确定了鲁班工坊的合作领域及建设方式，并以谅解备忘录的方式加以确认。在对埃塞俄比亚当地和东非地区产业行业发展状况考察的基础上，两校结合各自的优势学科专业将鲁班工坊定位于人工智能领域，确定建设目标为致力于提升人工智能领域人才培养能力，培养高质量的职教师资和高技能人才，为当地产业和经济发展提供人力和技术支持。为此，埃塞技术大学将机电楼整层改造成鲁班工坊运营场地，建设了工业控制区、传感器区、工业机器人区、机电一体化区、多媒体教学区、教学研讨区和办公场所。双方组建了以行业和专业领域重要专家为主的合作团队，遵循“工程实践创新项目（EPIP）”教学模式，按照世界先进、行业领先、兼顾实际和训练等标准对埃塞俄比亚鲁班工坊的教学设备进行科学论证并确定了选型方案，主要教学设备包括传感器检测与应用训练装置、工业控制实训装置、机电一体化训练装置、工业机器人控制设备等，设备设施和配套软硬件等均达到中国乃至全球一流水平。

（二）开发教育内容

如果说由教育场地和教学设备设施等搭建起来的教育场景是对鲁班工坊核心要义中关于品牌、路径、内涵和建设原则在硬件方面的体现和应用，那么以教学模式、专业与方向、课程标准、教材等为主要内容的教育方案的开发与应用则是鲁班工坊核心要义中功能、内涵在软件方面的体现和应用。埃塞俄比亚鲁班工坊采用“工程实践创新项目（EPIP）”教学模式开展教育教学活动，在人工智能领域对接当地院校的机械制造、电子与信息通信、电气－电子技术3个本科专业，聚焦于工业传感器、机电一体化、工业控制、工业机器人4个技术方向，向当地学生和企业员工提供学历教育和技术培训。双方的专家团队以培养人工智能领域高技能人才为目标，将鲁班工坊课程标准与当地院校相关本科专业标准相融合，以“工程实践创新项目（EPIP）”为指导开发制定了电气－电子技术、电子与信息通信、机械制造3套国际化专业教学标准手册，《传感器技术》《工业控制技术》《机电一体化技术》《工业机器人技术》4套双语专业教材以及4套专业课程教学方案。其他相关核心和配套教学资源将在后续建设中根据实际需要陆续进行开发。这些以教材、标准和方案等为载体的教学资源开发行动在理念上遵循的是鲁班工坊核心要义的四个内涵，即以“工程实践创新项目（EPIP）”为教学模式，以国际化专业教学标准的制定为依据，以现代化教学仪器及装备为载体，以师资培训和教学资源开发为保障，将鲁班工坊教育场景的应用与实施赋予了强大的操作系统与灵活的应用体系。

（三）提升教育者能力

教育者，即教师或培训师，是教育活动中人的因素之一，是开展教育活动的主体。鲁班工坊建设与运营的一个重要理念是培养本土师资，以本土师资为主在当地开展教育教学活动，这不仅有效解决了专业领域的交流沟通效率问题，还从规模上提升了鲁班工坊教育及传播效率的量级，并为鲁班工坊可持续性发展建立了有效的主体蕴养机制。因此，鲁班工坊的建设重视本土师资队伍的培养，将本土教育者能力的提升作为重要建设内容。在鲁班工坊核心要义中，师资培训被列为建设与运营的必要保障，是四个内涵的支撑之一。

在埃塞俄比亚鲁班工坊的建设中，教育者能力提升是通过对本土教师的标准化进阶式 EPIP 培训和来华留学学历教育实现的。在进阶式培训方面，中方合作院校组建了由国家级技能大师牵头团队和在埃塞俄比亚境内的中方教师为主体的培训团队，按照“工程实践创新项目（EPIP）”教学模式就相关专业及设备的实践教学和技术应用向埃塞俄比亚教师讲授专业知识、教学方法并指导技能操作，先期对鲁班工坊十余名骨干教师进行了两期培训，并根据鲁班工坊的运营需要与发展规划制订了后续定期轮训计划。另一方面，根据合作双方的磋商结果，两校校际合作框架下的来华留学生教育将重点向鲁班工坊师资培养倾斜，招收埃塞俄比亚技术大学在职教师来华攻读相关专业的硕士、博士学位，学成回国后到鲁班工坊任教。此外，埃塞俄比亚鲁班工坊还将发挥教育的公共产品属性及作用，为非洲地区各鲁班工坊师资培训提供平台。

（四）招募教育对象

教育对象，即在教育场景中学习知识、技能的学生和被培训者，是教育活动中人的因素中的另一方面，是教育教学活动所指向的标的。鲁班工坊的建设与运营，核心目标是为当地培养技术技能型人才，核心要义中以两个功能对教育对象进行了界定，即参加学历教育的专业学生和参加技术培训的行业企业人员。教育对象的招募、培养与培训才是鲁班工坊运营的重中之重，这又涉及教育对象招募的素质要求、教育层次及教育方式等。在教育对象的素质方面，鉴于“培养职教师资和高技能人才”的相似使命，合作两校将鲁班工坊的主要教育对象确定为以埃塞俄比亚为主的东非各国职业院校的教师及制造业技术人员，以此服务职业技术教育和产业行业。为此，在教育层次上，埃塞俄比亚鲁班工坊将人工智能领域的专业教育教学活动嵌入埃塞俄比亚技术大学本科和研究生教育体系，以及面向职教师资和行业企业技术人员的行业培训和继续教育体系，在教育对象上可以分为博士研究生、硕士研究生、本科生、职教师资培训人员、行业企业技术人员等，据此针对不同的教育对象采用鲁班工坊的教育场景、师资和教学资源开展“工程实践创新项目（EPIP）”教育教学活动，实现鲁班工坊的建设与运营宗旨。

（五）实施教育活动

教育活动是教育者在既定的教育场景下采用相应的教育方法向教育对象传授知识、技能与态度的社会性活动。教育活动的开展除了涉及教育场景、教育内容、教育者和教育对象外，还与教育方法和活动设计有关，其中教育方法主要指教育活动中所采用的教学模式、教学理念等，而活动设计则是指采用这些方法所开展的具体的教育活动，如学历教育、技术培训、技能鉴定、技能比赛、科学研究与专业咨询等。根据鲁班工坊核心要义的规定性，鲁班工坊的教育活动所采用的教学理念和教学模式是基于“工程实践创新项目（EPIP）”而设计的，这个模式贯穿于鲁班工坊建设与运营的始终。埃塞俄比亚鲁班工坊的教育活动也是依据相关要义设计和开展的。

学历教育和技能培训作为鲁班工坊的两个主要功能，是埃塞俄比亚鲁班工坊运营的基础。在学历教育方面，埃塞俄比亚鲁班工坊嵌入埃塞俄比亚技术大学相关专业的本科和硕士研究生教育，面向当地和东非国家职业院校和行业企业培养职教师资和技能人才，教育层次在未来将提升至博士研究生教育。在技术培训方面，一方面面向东非特别是埃塞俄比亚本土职业院校师资开展职业教育师范能力培训；另一方面面向东非各国制造业等行业企业开展人力资源技术培训。在培训方面，埃塞俄比亚鲁班工坊还计划就非洲地区鲁班工坊师资能力提升问题开发专题培训项目，以此服务于整个非洲的鲁班工坊建设。

除了学历教育和技能培训，埃塞俄比亚鲁班工坊还在校企合作、技能开发与交流、技术成果转化、科学研究等方面开展相应的运营活动。在校企合作方面，鲁班工坊将与中资企业和当地行业企业合作，以开发面向高技术关键岗位人才培养项目、承接企业委托科技成果转化项目、建设校外实习实训基地等方式，实现鲁班工坊与行业企业的融合发展。在技能开发与交流方面，鲁班工坊将参与当地职业标准的制定，承接职业技能鉴定任务，并依托埃塞俄比亚科学与教育部在该校设立的“东非技能转化与区域整合中心”，推动相关领域技能鉴定与开发工作的国际交流与合作。在技能竞赛方面，中方院校将组织世界技能大赛中国研究中心专家团队指导鲁班工坊承办埃塞俄比亚各级技能大赛并开展竞赛研究，探索组织两国选手互相参加对方赛事的工作机制，以及合作开展世界技能大赛赛事研究，以此促进鲁班工坊在技能开发方面的作用。在技术成果转化和科学研究方面，鲁班工坊将依托两校合作设立的“科技成果转化中心”，开展科技成果在当地的研发与转化工作，就技术服务与专业咨询、职业教育教学法研究、技能养成过程研究等方面开展合作与交流。

以上，就是将鲁班工坊核心要义的认知应用于项目建设与运营的过程，即核心要义的致用之道。这个致用之道是在教育活动的行动框架内实现的，也就是说，鲁班工坊核心要义的应用体现在教育场景的搭建、教育内容的开发、教育者能力的提升、教育对象的招募以及各类教育活动的开展与实施上。

五、鲁班工坊核心要义的致用策略

鲁班工坊核心要义的认知与应用是鲁班工坊建设、运营与发展的根本，在具体的实践中还应辅以一定的策略和解决方案。

第一，鲁班工坊的建设是核心要义的知行合一，要重视解决认知的问题。鲁班工坊核心要义对于鲁班工坊的建设与运营具有根本指南的作用，对于这个指南的认知与应用必须统一，也即在充分认知的基础上开展相关行动，因此，鲁班工坊建设是一个知行合一的过程。在实践中，鲁班工坊的建设涉及项目研发、方案设计、人员培训、沟通交流等诸多方面，需要一个总的指导思路和顶层机制设计，这一切都应以核心要义作为基础，而鲁班工坊建设与运营过程中遇到的不少困难、弯路、失误都是由于对核心要义的认知不足造成的。因此，必须重视从认知内容、认知群体和认知方法等方面切实解决对鲁班工坊核心要义的认知问题。

第二，鲁班工坊的运营是一个系统工程，在实践中要针对核心要义的内涵在教学设施、教学资源开发与师资能力开发方面完成必要的建设任务。作为开展教育教学活动的必备要素，场地建设的完成、教学设备的选配、教师能力的提升、教材和课程方案的开发、专业标准的制定均是鲁班工坊启动运行的基本要求，是筹建启动阶段必须重视和完成的项目。

第三，“工程实践创新项目（EPIP）”是鲁班工坊建设与运营的核心理念，应贯穿于核心要义认知和应用的全过程。无论是对鲁班工坊的认知，还是具体的建设过程，乃至教育教学活动的实施，都应以“工程实践创新项目（EPIP）”理念为指引，将其贯穿到鲁班工坊建设的全过程。此外，“工程实践创新项目（EPIP）”作为中国职业教育改革创新发展的最新成果，应通过鲁班工坊等国际合作平台分享与推广，通过培养境外学生验证其国际化应用效能，通过与境外教育机构和行业企业合作提升其国际化水平和应用范围。

第四，鲁班工坊核心要义的认知与应用应突出鲁班工坊在教育国际合作与国际传播中的技术技能属性。对于鲁班工坊技术技能合作属性的突出强调有助于提升合作方政府、行业与社会各层级对鲁班工坊的认可程度、评价高度以及支持力度。作为跨境办学机构，鲁班工坊分享与传播的是中国的教育教学模式、专业标准、技术装备和教学方案，开展的是以技术技能为核心的教学、培训、鉴定、竞赛和研究等办学活动，培养的是当地产业行业所需的技术技能人才，这种基于技术技能的教育教学活动，小而言之能够提升教育对象的职业发展能力，中而言之能够满足当地行业企业发展所需的技能人才，大而言之则能够通过提升人力资源开发水平服务所在国家和地区的经济建设和产业发展。这些良好预期是从鲁班工坊教育教学活动嵌入所在国家国民教育体系，与当地行业企业开展产教融合和校企合作，通过技能鉴定、竞赛、成果转化等参与当地行业企业生产实践而实现的，因而必须重视鲁班工坊的技术合作属性，并在其国际推广和国际传播中通过一定的叙事方式和话语体系加以强调。此外，遵循法律法规、文化和公序良俗也是鲁班工坊国际合作与技术传播中需要严格执行的要求。

第五，重视鲁班工坊核心要义中对于鲁班工坊核心目标的规定，致力于为当地培养经济社会发展所需的技术技能型人才。鲁班工坊不是将中方的教学模式和设施生搬硬套到境外办学，而是结合当地经济社会发展需要开设专业、搭建教学环境、开发教学资源以及培养教育者，所有的建设与运营都是围绕服务当地经济社会发展、培养技术技能型人才而开展的。就非洲而言，各国均有不同的经济社会发展目标和产业发展规划，整个非洲还有“非洲 2063 愿景”，这些都是鲁班工坊建设与发展的历史机遇和经济基础。

第六，鲁班工坊核心要义的认知和行动需要解决好鲁班工坊的可持续发展问题。分析鲁班工坊核心要义中关于建设路径和建设原则的表述会发现，鲁班工坊的建设是依托政府、行业企业与院校而开展的多方合作，开展的是以教学场地、设施与耗材作为物质投入，以教师作为人力投入，以学生作为产出的教育活动，如何设计和完善整个机构的投入产出模式和运营机制，并协调利益相关者的主体诉求，使得办学成本得以弥补，教育设施得以充分应用并得到良好的维护和更新，教师能力得以持续提升，学生招募规模得以保持，办学风险得以有效控制等，这些都是鲁班工坊启动运营后需要继续努力解决的问题。

鲁班工坊作为中国教育走向世界分享中国教育创新发展成果的一个新的国际品牌，在提升中国职业教育和高等教育国际化合作水平，推动中国教育机构走出去参与国际教育市场，服务国际产能合作等方面具有重要的意义。鲁班工坊核心要义对建设鲁班工坊的品牌、功能、路径、内涵和原则等做了充分的阐释和理论总结。本研究在研究鲁班工坊核心要义的基础上，从认知和行动两方面探析了核心要义的致用之道，并提出了相应的应用策略。研究中可能的贡献在于：一是提出建设与运营鲁班工坊应重视对核心要义的知行合一，强调应更加注重认知过程，并从认知内容、认知群体和认知方法等方面阐述了认知方案；二是在教育场景、教育内容、教育者、教育对象和教育活动等教育要素框架下对鲁班工坊建设与运营中如何应用核心要义进行了探索，并结合埃塞俄比亚鲁班工坊的建设实践构建了应用方案；三是从知行合一、建设体系、核心理念、技术属性、核心目标以及可持续发展等方面对鲁班工坊核心要义的致用之道提出了策略建议。在新的国际环境和教育发展态势下，鲁班工坊面临规模扩张和可持续发展的挑战，因而对于其核心要义的认知和应用的把握和实践尤其重要，相关的规程制定、标准开发和理论研究需进一步开展。

——摘自《职业教育研究》2021,(09).张磊，吕景泉，翟风杰．“鲁班工坊核心要义的致用之道：认知、行动与策略——以埃塞俄比亚鲁班工坊为例”

第三章

鲁班工坊的发展脉络

从2015年开始，经过国家职业教育改革试验区、国家职业教育改革创新示范区累积10年的成功建设，天津职业教育步入了国家现代职业教育改革创新示范区建设阶段。天津职业教育国际化发展也已经走过了单纯借鉴引进、学习了解国外职业教育理念和教学经验模式的初级阶段，步入了从低水平国际交流与合作迈向高水平国际交流与合作的发展阶段，国际优质职业教育资源的输入和天津职业教育优质资源的输出成为这一发展阶段的基本特征。

在输入方面，一是继续以提升国际化综合要素深度融入教育教学全过程为着力点，将国际先进工艺流程、产品标准、技术标准、服务标准等融入教学，推进国际化职业院校的建设。二是继续学习借鉴世界技能大赛、国际化技能赛事的比赛制度和运行模式，加强全国职业院校技能大赛国际化环境建设。到2020年，建设并实施100个国际化专业教学标准，培养大批具有国际竞争力的技术技能人才。

在输出方面，一是要围绕国家“一带一路”倡议，配合中国装备“走出去”和国际产能合作，开发配套教学标准和教学资源，培养具有国际视野、通晓国际规则的国际化技术技能人才，为国家海外发展战略输送人才。二是以天津市职业教育资源为依托，通过合作办学等形式将天津的优秀职业教育技术和职业文化，采取学历教育与职业培训的方式输出国门与世界分享，搭建天津市职业教育与世界对话与交流的桥梁；同时，借助海外办学，使其成为天津职业教育在国外的一种技术技能服务、技术文化传承交流合作的展示窗口，直接促进输入国对我国技术技能、企业标准的认知、理解与接纳，助推中国企业提升国际竞争力。到2020年，通过鼓励有条件的学校积极拓展海外职业教育市场，在境外建设10个左右“鲁班工坊”。

第一节　五大理念，引领国家现代职业教育示范区发展

【此文发表于2016年1月】

党的十八届五中全会提出的“创新、协调、绿色、开放、共享”发展理念，是我国“十三五”乃至更长时期的发展思路、发展方向和发展着力点。“五大理念”是一个有机整体，创新是发展的基点，协调是发展的节奏，绿色是发展的底色，开放是发展的格局，共享是发展的目标。

2015年，在刘延东副总理的见证指导下，天津继国家第一个职业教育试验区、国家唯一的职业教育示范区之后，天津市政府和教育部又签署了国家职业教育示范区升级版协议。“国家现代职业教育改革创新示范区”建设将会成为天津职业教育“十三五”发展建设的重要任务和光荣使命。

示范区升级版建设的总目标是“服务国家发展战略和区域经济社会发展需求，在健全职业教育体制机制、创新职业教育模式、完善职业教育制度、建设现代职业教育体系方面走在全国前列，努力实现职业教育与经济、社会同步规划、与产业建设同步实施、与技术进步同步升级，创造可复制、可借鉴、可推广的经验做法，成为制度创新的新高地、体系建设的新引擎、国际合作的新窗口、区域协同的新平台、质量提升的新支点，为建设具有中国特色、世界水平的现代职业教育做出新的贡献。”我们将它归纳为“4前列 –3同步 –3可 –5新”。4前列是实现目标的制度机制要求，3同步是实现目标的产教路径要求，3可是完成目标的成果标准要求，5新是完成目标的引领示范要求。

我们认为，五大理念既是指引我国未来发展全局的核心理念，也是天津市职业教育改革发展、建设国家现代职业教育改革创新示范区的指导思想和基本原则，具有重大的现实意义和深远的历史意义。

一、以创新发展理念引领天津职教的体制机制创新

全会提出，坚持创新发展，必须把创新摆在国家发展全局的核心位置，不断推进理论创新、制度创新、科技创新、文化创新等各方面创新，让创新贯穿党和国家一切工作，让创新在全社会蔚然成风。必须把发展基点放在创新上，形成促进创新的体制架构，塑造更多依靠创新驱动、更多发挥先发优势的引领型发展。

因此，体制机制创新是天津职业教育实现教育发展创新的关键，其重点包括加强统筹管理，完善办学体制和保障制度，建立有效机制等。

（一）发挥政府推动和市场引导，探索职教集团化办学

天津自 2003 年建立第一个职教集团，以“共建（自愿协约联合体）、互补（功能互补联合体）、共享（利益共享联合体）、双赢（持续发展联合体）”为原则，已先后组建 19 个中、高职教育教学相衔接，学历教育与职工培训相结合的“集约化、规模化”行业型、区域型、社区型职教集团，每个职教集团的在校生规模都达到万人以上，有力地支撑了天津经济社会升级转型发展。实践证明，开展职业教育集团化办学是深化产教融合、校企合作，激发职业教育办学活力，促进优质资源开放共享的重大举措；是推进现代职业教育体系建设，系统培养技术技能人才，完善职业教育人才多样化成长渠道的重要载体；是服务经济发展方式转变，促进技术技能积累与创新，同步推进职业教育与经济社会发展的有力支撑。

发展现代职业教育，要把深入推进集团化办学作为重要方向。

充分发挥政府对职业教育集团化办学的统筹规划、综合协调、政策保障和监督管理作用，鼓励多元主体组建职业教育集团，进一步扩大职教集团的覆盖面，转型升级职教集团，提升集团的人才培养水平、经济贡献份额和协同发展能力，是天津实施国家职教示范区升级版建设任务的重要路径。依托天津职业院校、行业部门、企业、科研院所和社会组织，组建能够服务区域经济社会发展，与天津产业结构和社会发展特点相适应的职业教育集团，大力发展面向现

代农业、先进制造业、现代服务业、战略性新兴产业的职业教育集团，建设一批由大型企业和行业龙头企业与职业院校共同牵头组建的行业主导型职业教育集团，依托京津冀三地的职业教育资源，组建若干个服务国家重大发展战略的跨区域、跨行业的复合型职业教育集团，增建服务终身教育的区域性职教集团。到 2020 年，初步建成 10 个左右国家骨干性职教集团，新增 2 ～ 3 个社区型区域职教集团，全市职教集团达到 30 个，带动形成 30 个教育学习型企业。

坚持天津行业企业办学主体地位，健全职业教育集团运行机制，完善职业教育集团的内部治理结构和决策机制，提升内部聚集能力，促进集团成员的深度合作和协同发展是关键。

（二）构建“两完善一增长一加强”行业办学的管理运行机制

1999 年，天津市按照中央的部署进行政府机构改革，使一些行业主管部门退出政府序列，转制为企业性质的集团公司。市政府提出各职业院校继续依托行业企业管理的体制不变，财政性教育经费的渠道不变，经费额度不减，由教育行政部门加强统筹和宏观管理。体制改革中，形成“两不变、一不减、一加强”，使天津市以行业企业办学为主的职教办学体制特色得以保持。

但是，随着天津职业教育的发展，这种体制机制也越来越呈现出瓶颈性制约，部分行业企业对于谋划院校发展、改革教学管理、加强班子建设、紧密产教融合、增加经费投入等方面，缺乏主动性和自觉性，随意性较大，缺乏制度性约束。例如，有的行业企业对于职业教育的发展和管理不甚了解；有的行业企业效益不佳，对主管院校所培养人才需求度不高，谋划发展被疏忽；有的行业企业在院校班子建设方面，存在着人员配置不符合领导职业教育教学发展的素质、能力要求等现象。

进一步完善以行业企业办学为主的办学体制，完善以财政经费投入为主的保障体制，建立职业院校生均经费或公用经费动态增长机制，加强教育行政部门统筹管理，建立“两完善、一增长、一加强”的行业办学体制是大势所趋。

针对“两不变”，即“依托行业企业管理的体制不变，财政性教育经费的渠道不变”，探索“两完善”。探索建立完善行业企业主体办学的有约束力的符合现代职业教育发展要求的业绩政绩考核制度。强化行业企业对于所管院校发展的责任，强化院校领导班子选聘、调整、考核商会教育行政部门意见机制，加强在同类院校间领导班子成员的调整和交流力度。探索完善在保持财政性教育经费的渠道通畅的基础上，强化行业企业结合考核对于院校的经常性可持续经费和政策支持，健全政府、行业、企业及其他社会力量依法筹集经费的多元投入机制。

针对“一不减”，即经费额度不减，探索“一增长”。按照教育部和财政部要求，生均经费拨款参照经济社会发展，每年适量递增。探索以改革和绩效为导向的职业院校生均拨款制度，在逐步提高生均拨款水平基础上，根据职业院校实际，以专业教育成本核算为依据，实行差异化生均拨款，形成激励相容、奖优扶优的机制，充分发挥财政资金的激励导向作用。

针对“一加强”，即继续加强教育行政部门对于行业企业主管院校的考核、指导、统筹和管理。探索加强职业院校办学水平、教学质量、学校管理等方面的第三方评价机制，加强评估的客观性、专业性和权威性，这是协调与调整的主题。

（三）创新发展本科层次职业教育，加快构建现代职教体系

在天津市委、市政府和教育部的领导下，借助国家现代职教示范区优势，2015 年 11 月，教育部正式批准“天津中德应用技术大学”成立，这是我国第一所应用技术大学，更是我国在职业教育体系内创新设立的第一所大学。

学校定位于培养区域经济社会发展所需要的应用型、技术技能型人才，既实施本科层次应用技术教育，又实施专科层次高等职业教育；重点探索中职、高职、本科职业教育的人才培养通道，为构建和完善天津现代职教体系服务；创新人才培养模式，实施高端技术技能人才协同培养计划，办出特色，办出水平，为天津市的经济发展和社会进步作贡献。对于它的发展要素归纳为：

（1）服务创新发展高等职业教育，学校将发展紧紧围绕本科层次职业教育的探索。“十三五”期间，以高素质的技术应用型和职业技能型专门人才培养目标为依据，加强院校建设，开展国际一流、校企融合、服务产业内涵建设，

同时，实施“合作联盟制、专业组群式、动态遴选型”，创造条件，积极探索校校合作协同育人。

（2）服务构建现代职教体系，学校将紧紧围绕“中高本硕衔接”系统化技术技能人才培养发展。“十三五”期间，重点加强“3+4”中职本科、“3+2”高职本科衔接培养，探索现代职教体系中的本硕衔接培养。

（3）服务优势专业对接产业，学校将紧紧围绕装备制造类、信息通信类、航空航天等产业开展专业建设。“十三五”期间，形成机械、自动化、信息、航空等专业组群，优先发展校校合作协同育人联盟中条件好、需求大、质量高的专业群。

（4）服务人才培养模式改革，学校将紧紧围绕国际水平的“双元制”高端技术技能人才培养发展。“十三五”期间，以形成校企合作、协同育人、共同发展的长效机制为着力点，联合国际知名企业共建工程实践创新中心、研发中心和创新创业孵化器，推行项目教学、工作过程导向教学等模式，广泛开展国际化专业办学。

天津中德应用技术大学是国家示范区升级版建设中本科层次职业教育人才培养的一种创新探索。天津还将继续推动部分本科高校向应用技术型高校转型发展，培养高端制造业和现代服务业发展急需的高层次应用技术人才，探索中国特色应用技术大学发展道路，为全国其他地区提供经验和示范。到 2020 年，建设 8 ～ 10 所对区域产业转型升级、创新驱动发展有重大支撑作用的应用型大学，一批普通本科院校应用型专业、若干个专业学位研究生学位点的基本格局。加大推进力度,实施“产教融合工程”的高端技术技能人才协同培养计划。

二、以协调发展理念引领天津职教自身与外部的协调发展

全会提出，坚持协调发展，必须牢牢把握中国特色社会主义事业总体布局，正确处理发展中的重大关系，在增强国家硬实力的同时注重提升国家软实力，不断增强发展整体性。增强发展协调性，必须在协调发展中拓宽发展空间，在加强薄弱领域中增强发展后劲。

协调是持续健康发展的内在要求，现代职业教育体系的建设要求从教育事

业发展的总体布局出发，正确处理发展中的重大关系，推动职业教育自身与外部的协调发展，包含三层含义：不同层次职业教育之间的协调发展，职业教育与经济社会发展之间的协调发展，职业教育与现代教育体系内部不同层次不同类型教育之间的协调发展。

（一）职业教育自身及其与各级各类教育之间的协调发展

《现代职业教育体系建设规划》提出，我国未来职业教育改革发展的目标是：形成适应发展需求、产教深度融合、中职高职衔接、职业教育与普通教育相互沟通，体现终身教育理念，具有中国特色、世界水平的现代职业教育体系。职业教育自身及其与各级各类教育之间的协调发展，关键是要明确不同层次职业教育的功能定位，搭建职业教育自身、职业教育与普通教育、职业教育与终身教育之间相互衔接与沟通的桥梁。

职业教育自身的协调发展。建立和完善从中职、高职、应用型本科到专业学位研究生教育的技术技能人才系统化培养体系，探索符合职业教育特点的学位制度和人才培养模式改革；深化招生考试制度改革，加快推进高等职业教育分类招考，探索和完善自主招生、中高职贯通培养等考试招生办法以及多种模式的中、高、本、硕衔接培养机制，提高高等职业院校招收中等职业学校毕业生和本科高等学校招收职业院校毕业生的比例，使职业学校与普通学校毕业生拥有同等升学机会，打通职业院校学生从中职、专科高职、应用型本科到专业学位研究生的上升通道。

职业教育与普通教育协调发展。优化职业教育与普通教育比例结构，实现普通高中与中等职业学校招生规模大体相当。积极探索综合高中试点工作。通过建立弹性学制与学分转换制度，促进普通高中和中职教育学生的有序流动。

职业教育与终身教育协调发展。以开放大学为平台，以区县政府为责任主体，以社区型区域职教集团为骨架，以区县社区学院或职成教中心为骨干，以街道社区学校或乡镇街成人文化技术学校为支撑，形成时时能学、处处可学、人人皆学的终身教育体系。推动开放大学和职业院校向社会开放学习资源，与社区深度融合，建立职业院校与社区联动机制，促进职前教育和职后教育有效衔接。

（二）职业教育与经济社会之间的协调发展

天津职业教育与外部协调发展包含与天津市经济社会协调发展和与京津冀区域协调发展两个方面。

与天津市经济社会协调发展的重点在于，充分利用天津市的职业教育资源，围绕天津市主导产业、现代服务业和战略新兴产业的发展，对接重大工程、重大建设项目，强化专业群对接产业群建设，为天津市优势主导产业，培养高素质应用型技术技能人才。围绕天津市新的城市功能发展定位，优化职业教育的专业结构和布局，加强服务类专业建设，解决目前服务类专业建设不足的问题。

与京津冀协调发展的关键在于，围绕京津冀协同发展规划纲要，加速推进京津冀三地职业教育在资源建设、人才培养、师资培训、质量评价和院校管理等方面的协同发展，有序承接北京的优质教育资源外迁，实现京津冀职业教育互利共赢、协同发展。主要任务包括：进一步完善和提升在天津构筑的京津冀协同发展装备制造业、现代服务业、养老健康业、新能源等 8 个现代职业教育产教对接平台，继续搭建区域间的文化产业、民族教育等 12 个产教对接平台；构建京津冀协同发展现代职业教育的对话交流合作机制、项目协同创新机制、校企合作联动机制，消除职业教育跨区域发展壁垒，推动三地在现代职教重大理论、发展战略、发展规划、关键举措和实践探索方面合作协商，建立共研、共建、共用、共享、共赢的协同机制和交流平台。

三、以绿色发展理念引领天津职教的内涵质量发展

绿色是永续发展的必要条件和人民对美好生活追求的重要体现。天津市职业教育的绿色发展，就是要遵循学生教师的成长规律、职业教育的发展规律和天津经济社会转型的升级规律，培养具有强烈社会责任感和可持续发展能力等、适应经济社会需求的短过渡期或无过渡期技术技能人才。

（一）坚持立德树人，实施素质教育

培育和践行社会主义核心价值观，全面加强职业精神和职业道德教育，把中华优秀传统文化和创新创业教育内容，纳入学生发展核心素养和学业质量标准，推动其进教材、进课堂、进头脑。结合职业教育教学的特点，推动德育与专业教学和诸育的有机融合，促进知识体系和价值体系的有机统一、专业内容和科学方法的有机统一，培养有社会责任感，有创新精神，有实践本领的一代新人。

（二）注重内涵发展，提高教育质量

国务院印发《关于加快发展现代职业教育的决定》明确提出要建立符合职业教育特点的学位制度，原则上中等职业学校不升格为或并入高等职业院校，专科高等职业院校不升格为或并入本科高等学校，形成定位清晰、科学合理的职业教育层次结构，这一决定是落实现代职业教育体系建设的要求，也是对过去职业院校盲目升格的一种纠偏。天津职业院校要坚持国际合作依托、校企合作支撑、信息职教互加，瞄准需求定位，瞄准特色优势，深谋专业布局，深播产教要素，精致打造品牌，精心锻造文化，办一流职教。

到 2020 年，天津职业教育将通过现代化建设和国际化提升工程，建设 20 所左右世界先进水平的职业院校。

（三）开展实践探索，提升社会贡献度

提高对经济社会发展贡献度是天津职业教育发展的重中之重。

要深化人才培养模式改革，推进校企合作办学、合作育人、合作发展平台建设，开展校企联合招生、联合培养现代学徒制试点；改革职业教育教学模式，推行项目教学、案例教学、工作过程导向教学和工程实践创新项目教学；提高专业建设和课程建设标准，以人才培养对接用人需求、专业设置对接产业需求、课程内容对接职业标准、教学过程对接生产过程、毕业证书对接职业资格证书为切入点，深化教学内容改革，完善专业课程体系。

加强高素质“双师型”教师队伍建设，制定职业教育专业领军人物条件标

准，重点推进专业组群领军人物培养，选聘“能工巧匠”式创新拔尖人才作为专业组群领军人物。建立职业院校教师与企业工程技术人员的双向聘用机制。加大职业教育境外招才引智力度，打造国内外专兼结合的教学团队，优化教师结构；完善职业院校教师管理制度，制定与职业教育发展相适应职业院校教师评聘管理制度和教师培训制度，全面提升职业院校师资队伍的建设水平。

到 2020 年，重点打造 150 个优质特色专业，建设 1 000 门优质特色课程，开发 800 种优质特色教材。重点建设 150 个示范性校外实习实训基地。重点培养 20 位“名校长”和 200 位左右“名师”。选聘 3 000 名“能工巧匠”到职业院校任教。

四、以开放发展理念引领天津职教的开放办学与国际化进程

全会提出，坚持开放发展，必须顺应我国经济深度融入世界经济的趋势，奉行互利共赢的开放战略，发展更高层次的开放型经济，积极参与全球经济治理和公共产品供给，提高我国在全球经济治理中的制度性话语权，构建广泛的利益共同体。开创对外开放新局面，必须丰富对外开放内涵，提高对外开放水平，协同推进战略互信、经贸合作、人文交流，努力形成深度融合的互利合作格局。

职业教育作为与经济社会发展联系最为紧密的一种类型教育，人才培养目标、办学模式、教学内容等各个要素都要与经济结构、产业结构和职业结构的调整变化相适应，都要与技术进步、岗位升级、社会发展相协调，因此向全社会开放办学，建立广泛的国际交流与合作是职业教育的发展趋势和责任要求。

（一）提升职业教育国际化水平

天津职业教育经过国家职业教育改革创新试验区和示范区连续十年的建设，职业教育的国际化发展已经走过了单纯借鉴引进、学习了解国外职业教育理念和教学经验模式的初级阶段，步入了从低水平国际交流与合作迈向高水平国际交流与合作的发展阶段，国际优质职业教育资源的输入和天津职业教育优质资源的输出成为这一发展阶段的基本特征。

在输入方面，一是继续以提升国际化综合要素深度融入教育教学全过程为

着力点，将国际先进工艺流程、产品标准、技术标准、服务标准等融入教学，推进国际化职业院校的建设。二是继续学习借鉴世界技能大赛、国际化技能赛事的比赛制度和运行模式，加强全国职业院校技能大赛国际化环境建设，把天津的全国职业院校技能大赛主赛场建设成为职业院校教学成果的展示中心、新技术新工艺新设备新技能的体验中心、产教融合校企合作的重要载体，提升大赛的国际参与度和影响力，并建设我国职业院校参加世界技能大赛的培训基地。到 2020 年，建设并实施 100 个国际化专业教学标准，培养大批具有国际竞争力的技术技能人才。

在输出方面，一是要围绕国家“一带一路”倡议，配合中国装备“走出去”和国际产能合作，开发配套教学标准和教学资源，培养具有国际视野、通晓国际规则的国际化技术技能人才，为国家海外发展战略输送人才。二是以天津市职业教育资源为依托，通过合作办学等形式将天津的优秀职业教育技术和职业文化，采取学历教育与职业培训的方式输出国门与世界分享，搭建天津市职业教育与世界对话与交流的桥梁；同时，借助海外办学，使其成为天津职业教育在国外的一种技术技能服务、技术文化传承交流合作的展示窗口，直接促进输入国对我国技术技能、企业标准的认知、理解与接纳，助推中国企业提升国际竞争力，服务国家“一带一路”发展。到 2020 年，通过鼓励有条件的学校积极拓展海外职业教育市场，在境外建设 10 个左右“鲁班工坊”。

（二）面向全社会开放办学

面向社区开放学习资源，服务终身教育。通过举办各种形式短期职业教育、继续教育和文化生活类课程，实现职业教育与社区发展融合。到 2020 年，建立学习认证、学分银行公共服务平台，提高社区型职教集团信息化建设水平，构建城乡一体化的终身学习体系。

面向普通教育开放，推进普职教育深度融合。将职业院校建设成为职业素养、职业技术、职业技能的学习和体验中心、校外教育服务中心，支持普通高中有计划地开设职业体验、职业生涯规划等课程。到 2020 年，支持建设 1 000 个职业教育体验项目和工程实践创新项目。

面向企业开放技术培训，服务产业发展。推进“百万技能人才培训福利计划”，建立以“职业培训包”为基础的培训制度，提高培训质量和效率，形成促进经济转型升级、提高劳动者素质、稳定就业、改善民生的新局面。到2020年，职业院校完成高水平标准化社会培训60万人次以上。

五、以共享发展理念引领天津职教的均衡发展与区域合作

全会提出，坚持共享发展，必须坚持发展为了人民、发展依靠人民、发展成果由人民共享，作出更有效的制度安排，使全体人民在共建共享发展中有更多获得感，增强发展动力，增进人民团结，朝着共同富裕方向稳步前进。

教育公平是社会公平的基础，提供相对均衡、相对优质的职业教育，实现国家示范区升级版建设成果在全国范围内互鉴推广应用，是共享理念在天津职业教育发展上的基本体现，包括共享平台的建设与共享机制的完善。

（一）建立健全共享机制

深化天津海河教育园区资源共享机制建设与改革，实施园区资源共享建设计划，深化校际间优势资源互补协同合作，开展专业群对接产业群建设，整体优化园区内院校专业结构布局。同时，建立天津不同区县之间职教资源共享机制，实现天津优质职业教育资源在天津市不同区县之间、城乡之间的合理分享、科学流动，带动相对弱势区域特别是涉农区县提高职业教育水平；建立天津与其他省市之间职教资源共享机制，将天津国家职业教育改革创新示范区的建设经验和成果与其他地区（河北、宁夏、辽宁等12个省、自治区、直辖市）实现共享共用共赢。

（二）建设和完善共享平台

充分利用国家现代职业教育改革创新示范区的职业教育资源，实施职业院校信息化基础设施建设计划，建立国家级数字化资源开发与制作基地，形成为国家示范区服务的数字化资源平台群；结合职业院校科学化、规范化、精细化管理，建设职业教育信息化管理平台，实现职业院校在教学、实训、科研、管理、服务等方面的资源共享。

建设京津冀职业教育共享共建平台，一是建立教学资源合作开发平台，推动京津冀三地职业院校合作开发职业教育的专业课程，编写教材；利用现代信息技术，建设职业教育数字化课程资源库，实现优质职业教育教学资源在京津冀三地的全覆盖。建立教学资源开放共享平台，实现三地的图书文献、数据、实习实训基地的共建共享共用，建设区域性实践教学虚拟仿真教学平台，提高资源利用效率。

建立国家职业教育实验区（示范区）联盟的信息交流平台，完善职业教育协同发展联盟组织和运行机制，通过定期召开职业教育协作发展论坛、职业院校产教融合对接会；建立职业教育协同发展网站，畅通信息交流，分享就业市场信息、实习岗位信息、学校动态信息、科研项目信息等，为联盟职业院校间的合作，为联盟的政、行、企、校、研要素融合提供支撑。未来 5 年，在天津重点建设国家职业教育发展博物馆、全国职业院校技能大赛主赛场，建设国家职业教育数字化教学资源开发与制作中心、国家职业教育质量监测评估中心、国家中西部地区职业教育师资培训中心等项目。

在新常态下，贯彻落实发展新理念，扎实推进工作新实践。

天津职业教育站在了新的发展起点，面临新机遇和新挑战。制定并实施好“十三五”职业教育规划和国家示范区升级版建设方案，将国家战略需求、示范升级契机、职教探索需要、天津职教实际、区域产业转型、资源优化集聚，以国际化、校企化、体系化、系统化、终身化、协同化“六化”为视野，从职业院校院校品牌建设、专业组群建设、课程资源建设、师资团队建设、基地条件建设、赛项平台建设“六项建设任务”入手，形成整体合力推进国家现代职业教育改革创新示范区又好又快建设发展，转变思想观念，学习贯彻落实“创新、协调、绿色、开放、共享”五大发展理念至关重要。

——摘自《天津职业院校联合学报》2016,(01). 吕景泉.“五大理念”引领国家现代职业教育改革创新示范区发展

第二节　鲁班工坊：中国职业教育国际化发展的新支点

【此文发表于 2017 年 1 月】

伴随世界经济全球化的不断深入，以及国家“一带一路”倡议的实施，教育的服务功能日益重要，为此国家相继出台系列文件，推动我国教育的国际化发展，中办、国办发布《关于做好新时期教育对外开放工作的若干意见》，教育部发布《推进共建“一带一路”教育行动》，明确提出要大力提升教育对外开放治理水平，完善教育对外开放布局，加强与大国、周边国家、发展中国家、多边组织的务实合作，充分发挥教育在“一带一路”建设中的重要作用，形成重点推进、合作共赢的教育对外开放局面。作为国家现代职业教育改革创新示范区，天津职业教育努力开拓创新，加快推进职业教育国际化，快速提升职业教育国际化水平，为我国职业教育改革探索可复制、可借鉴、可推广的职业教育国际化经验。

一、从低水平迈向中高水平，天津职教国际化发展步入新阶段

经过国家职业教育改革创新试验区和示范区连续十年的建设，以及国家现代职业教育改革创新示范区建设的逐步深化，目前，天津职业教育的国际化发展已经走过了学习了解国外先进职业教育理念和教学模式的初级阶段，步入了从低水平国际交流与合作迈向中高水平国际交流与合作的发展阶段，国际优质职业教育资源的输入和天津市职业教育资源的输出成为目前阶段的基本特征。

在输入方面，以提升国际化综合要素深度融入教育教学全过程为着力点，将国际先进工艺流程、产品标准、技术标准、服务标准等融入教学，推进国际化优质示范性职业院校的建设。同时，学习借鉴世界技能大赛的比赛制度和运

行模式，加强全国职业院校技能大赛国际化环境建设，将天津主办的全国职业院校技能大赛主赛场建设成为职业院校教学成果的展示中心、新技术新工艺新设备新技能的体验中心、产教融合校企合作的重要载体，有效地提升了大赛的国际参与度和影响力，并将其建设成为我国参加世界技能大赛的培训基地。

在输出方面，围绕国家“一带一路”倡议，配合中国装备“走出去”和国际产能合作，开发配套教学标准和教学资源，培养具有国际视野、通晓国际规则的国际化技术技能人才，为国家海外发展战略输送人才，并以天津职业教育的资源为依托，探索创新国际合作与交流的新模式。

二、创建鲁班工坊，打造国际合作与交流新窗口

2016年3月，天津渤海职业技术学院与泰国大城府大城学院共同建立了“鲁班工坊”，这是我国在海外设立的首个职业教育领域的“孔子学院”。标志着天津国家现代职业教育改革创新示范区，围绕国家“一带一路”倡议，配合中国装备“走出去”和国际产能合作，正式启动把天津市的优秀职业教育成果输出国门与世界分享计划。

鲁班工坊是天津市教委依据教育部与天津市共建《国家现代职业教育创新改革示范区》的协议要求，提出的一个旨在助力天津职业教育走出去，服务企业走出去的创新型国际化职业教育服务项目，是以鲁班的“大国工匠”形象为依托，采取学历教育与职业培训的方式，将天津作为国家现代职业教育改革创新示范区的优秀职业技术和职业文化，输出国门与世界分享，搭建起的天津职业教育与世界对话与交流的实体桥梁。

鲁班工坊的发展定位在于，服务于输入国的社会经济发展，增进人类福祉；服务于我国企业的产能输出和服务输出，助力国家发展；服务于天津市职业教育国际化发展，推动职教交流；服务于职业院校师资和专业建设，提升内涵质量。鲁班工坊作为国际性的职业教育与职业培训机构，将结合我国的输出产品和输出服务，采取多种方式，在输入地开展职业教育和技术技能培养培训，提高当地的技术服务水平，促进我国企业的服务输出和产品输出。

作为我国职业教育在国外的一种技术技能服务、技术文化传承的交流合作

窗口，鲁班工坊的意义是巨大的，其建设与发展将直接促进输入国对我国技术技能、企业标准的认知、理解与接纳，提升中国企业在国际上的竞争力，服务国家“一带一路”发展，以及落实《中国制造2025》规划中国家重点产业国际化布局战略。

三、集中优质资源，创立中国职教国际品牌

天津首个泰国鲁班工坊是以工程实践创新项目建设为核心理念和主线建设的，致力于培养学生的职业素质、综合实践能力和创新能力。泰国鲁班工坊集中了天津的优质职业教育资源，充分反映天津职业教育改革创新示范区的现代教学组织理念，突出天津职业教育校企合作、国际合作内涵性成果，呈现“互联网+”现代智能制造的教学载体应用，形成了独具中国特色的、具有国际竞争力的职业教育品牌。

泰国鲁班工坊的教学是依托天津职业院校国际化专业建设的国家级教学成果奖的获奖成果——“工程实践创新项目”来进行设计的。课堂教学选用天津职业院校开发的“工程实践创新项目教程”双语国际化教材，并根据泰国大城学院现有专业特点，由中泰两国的专业教师共同开发教学项目并组织实施教学。教学活动以工程实践创新项目为载体实现综合职业能力的培养，分四大部分：能力源创新课程套件，实现培养学生创新能力，动手能力、协作能力的综合训练；机器人部分，主要是安全生产、智能生成机器人的应用能力培养，包括救火机器人、防化工泄露机器人、引导机器人、仿生机器人的使用和调试等；电脑鼠走迷宫项目是将电脑鼠走迷宫项目融入单片机课程中或者相关课程之中，培养学生自主创新意识和创新思维；自动化生产线装备，软件仿真、硬件仿真和实物制作多项功能融合为一体的目的，则是为培养学生创新能力搭建硬件平台。

鲁班工坊的设计采用人性化的设计和布局方式，工坊内的背景设计、摆件和音乐都是中国元素，突出融入中国文化特色。工坊分室内与室外两个部分，室内部分为工程实践创新教学区，整个教学活动又分成多个独立的小区域，分别是仿生机器人学习体验区、电脑鼠走迷宫学习竞赛区、POWERON

创新套件实训区、自动化生产线教学区和中泰教师教研办公区。室外部分则是新能源技术区，配备有全国职业院校技能大赛主赛区使用的天津职业院校和科技型企业共同研发生产的新能源汽车和充电桩等整套服务装备，所有项目的技术标准都达到了相关领域的国际先进水平。

四、高标准培养人才，扩大职教海外影响力

为了保障泰国鲁班工坊的教育质量，天津渤海职业技术学院不仅在教学设计、课程设置、教材开发、师资培训等方面上给予全方位的质量保障，同时借助现代信息技术，在泰国的鲁班工坊内设立空中课堂，视频微课，实现天津渤海职业技术学院的课堂跨区域与泰国鲁班工坊课堂教学相同步化，保证了泰国鲁班工坊的高标准人才培养质量。今年 11 月，泰国大城学院的师生代表队通过“鲁班工坊”自动化装备训练，获得第十一届东盟职业技能大赛一等奖。截至目前，泰国鲁国工坊的培训规模已达到千余人次，不仅泰国大城学院以及所在地的其他学校的学生获得了高质量的中国职业教育，而且还吸引了周边其他国家的学生慕名前来求学，形成了强大的影响力。

在建设定位上除了教学功能以外，承接技能大赛也是鲁班工坊的重要功能，泰国大城学院的鲁班工坊不仅是当地区域进行职业教育教学活动的场所，同时也是我国每年一度的职业院校技能大赛的延伸场馆。鲁班工坊相关设备的技术水平与国内或国际相关项目的竞赛标准是等同的，具备开展国际邀请赛、对抗赛和友谊赛的条件，鲁班工坊因此成为泰国及其周边国家培养和选拔优秀技术技能人才的场所，同时借助这一方式也进一步推动了我国职业院校技能大赛的国际化发展。

五、扩大规模丰富内涵，探索鲁班工坊的多种发展模式

鲁班工坊是我国职业教育走向国际的重要载体，是我国职业院校海外办学和国际合作办学的独特形式，因此，扩大建设规模是鲁班工坊未来发展的重要任务。目前，第二个高职教育的鲁班工坊正在建设中，天津市已将鲁班工坊项目列入天津市教育发展的重点工程，在《天津市人民政府关于加快发展现代职

业教育的意见》明确提出，要鼓励有条件的学校积极拓展海外职业教育市场，到 2020 年天津要在境外建设 10 个“鲁班工坊”。

除了规模扩大之外，拓展鲁班工坊的建设内涵也是鲁班工坊未来发展的重要任务。在未来的发展过程中，天津海外鲁班工坊的建设内容还将包括基于输入国社会经济发展需求的技术技能培训，中国国家职业资格培训，所在国职教师资培养培训，与天津职业院校相近层次的学历教育等多项内容。多种多样的建设模式将包括以下几种：

依托职业院校间的校际合作。在天津职业院校国际合作办学和国际合作交流的基础上，与输入地的院校合作创建鲁班工坊。

依托中国企业和产品走出去。与承揽海外大型工程的企业或国（境）外办厂、收购的企业合作，在国（境）外的适宜职业院校和机构创建鲁班工坊，致力于培养本土化的技术技能人才，满足国（境）外企业发展的需要。

依托留学生教育。加大留学生奖学金的支持力度，改革和创新留学生的招生模式，与国（境）外院校联合培养留学生，在联合培养院校建立鲁班工坊，承担留学生教育的部分职能。

依托政府间的战略合作。从国家层面，将鲁班工作坊建设纳入中国外交战略，通过政府间的战略合作和政策来推动鲁班工坊的创建。

依托实践教学资源的输出。通过职业教育的教学仪器设备和实训设备的输出，与输出地的职业院校与职业培训机构建立基于项目合作的鲁班工坊。

六、实施综合改革，保障鲁班工坊的可持续发展

迈向国际化的鲁班工坊，其核心竞争力源自职业教育与职业培训的教育教学水平，源自支持其可持续发展的制度保障，因此，教育管理、教学资源、师资质量等相关制度建设至关重要，需要实施综合化的改革。

（一）强化政府统筹管理，完善顶层设计

受到政治、经济、文化和宗教信仰等因素的影响，在国外办学有很多不确定性因素，要求在办学体制机制、管理方式和管理制度等方面适应所在国家社

特点，确保我国职业教育的教育项目输出。天津市教委通过强化政府的统筹管理职责，整合了天津市高职院校的各种教育资源以及科研力量，根据鲁班工坊建设的实际需求，出台鲁班工坊的具体实施方案，明确鲁班工坊建设必须坚持的四个基本原则，有效地保障了鲁班工坊项目的顺利实施，四个基本原则包括：

平等合作原则。平等合作是我国国际教育合作的重要原则，是保持合作双方独立性和平等性的重要方式。鲁班工坊的建设过程以平等合作为准则，共同商讨合作方式、项目实施等问题。

因地制宜原则。各个国家的经济发展水平、技术技能水平和政治环境都存在巨大差异，鲁班工坊的具体建设标准将积极吸纳合作单位的诉求，不断形成和完善统一建设标准。

优质优先原则。优质的国际化教育资源和技术技能是树立鲁班工坊品牌的重要影响因素。在项目实施初期，职业教育资源合作与输出，将优先围绕国际化的优质专业、优质课程、优质教师、优质资源和通用性技术技能资源，优先向天津职业院校合作基础好的不同国别的院校单位推行，扎实实施，保障鲁班工坊的教育质量和品牌。

强能重技原则。实践训练是职业教育发展的核心，也是鲁班工坊增强吸引力的重要方面，在技术和装备的输出基础上，要坚持将理论与实践训练等优秀的教育教学模式进行不断强化和运用，满足需求方国家对技术技能型人才的需求。

正是由于完善的顶层设计，使得鲁班工坊建设过程中，其在发展定位、内涵意义、建设原则、发展模式、保障机制与配套政策都有据可依，有效地提高了鲁班工坊的国际化管理水平，保障了海外鲁班工坊的建设规范化、科学化。

（二）开发国际化专业，提升国际输出能力

鲁班工坊的建设离不开相关专业建设的支持，高水平国际化的专业是鲁班工坊发展的基础，天津市在国际化专业建设过程中已经取得了初步成效。按照教育部《关于借鉴国外先进经验开展职业教育部分专业教学标准开发试点工作的通知》（教职成司函〔2012〕86号）要求，天津市教育委员会以天津市高等

职业教育为主体，以提升国际化综合要素深度融入教育教学全过程为着力点，将国际先进工艺流程、产品标准、技术标准、服务标准等要素与我国职业教育教学相互结合，参照国际先进专业建设标准、课程标准、资格证书标准，研究制定国际化的专业教学标准。经过 3 年的开发与实践，遴选了 50 个紧贴先进制造业、战略性新兴产业、现代服务业等重点领域的专业，目前已经完成这些专业的国际化专业教学标准的开发工作。

十三五期间，天津市还将启动新一轮国际化专业建设工程，到 2020 年，天津国际化专业建设的规模将达到 100 个左右，这将为鲁班工坊开展技术技能培训与学历职业教育奠定雄厚的基础。

（三）深化中外合作，完善综合服务体系

除了需要有国际化的专业教育体系，鲁班工坊的发展还需要有服务体系的支持，管理问题、师资问题、语言问题、教材本土化问题等都是影响鲁班工坊持续发展的主要因素，因此，开发建设完善的综合服务体系是鲁班工坊发展的关键。一是师资培养，天津泰国鲁班工坊在建设之初，采取国内教师直接到泰国任教和泰国教师来国内集中培训两种方式，完成鲁班工坊指导教师的培训工作，有效地保障了师资水平；二是教材的再开发，泰国鲁班工坊的工程实践创新项目教材是以天津高职院校的教学水平和学生能力水平为依据开发的，与泰国目前的教学水平和学生能力有一定差异，为此泰国专业教师与天津高职学院教师通力合作，从泰国职业教育的实际出发对原有教材进行了调整，编制出泰文版的相应教材，有效地保障了鲁班工坊的教学顺利实施。

（四）强化科研引领，促进鲁班工坊的成果深化与交流推广

注重科研引领是鲁班工坊建设的重要特征，在天津市教委的直接领导下，成立了由高职院校、市教育科学研究院和市职教中心等组成的专业研究团队，围绕鲁班工坊的实施与成果推广设立专项课题，并列入天津市教育科学十三五发展规划。在学校层面则通过设立研究中心来强化科研，如随着泰国鲁班工坊合作项目的不断深化，在天津渤海职业技术学院建立了中泰职业教育研究中心（以下简称研究中心），研究中心由天津和泰国的职业教育研究专家、学者共同

组成研究开发团队，双方共同开展中泰职业教育领域的研究，开发中泰职业教育国际化标准。同时，研究中心还为中泰职业教育国际化专业建设提供决策咨询、推广和宣传等服务，并通过组织开展中泰职业教育学术、教学交流活动等推广先进技术教育，推动中泰两国职业教育的交流与发展。

——摘自《中国职业技术教育》2017,(01).吕景泉,杨延,芮福宏,等.“‘鲁班工坊’—职业教育国际化发展的新支点”

第三节　鲁班工坊：职业教育服务“一带一路”的新作为

【此文发表于 2018 年 1 月】

“鲁班工坊”是天津市教委贯彻落实习近平总书记关于职业教育的重要指示精神，依据“国家现代职业教育创新改革示范区”建设协议，在教育部职成司王继平同志具体策划指导下，探索优质职业教育走出去，服务国家“一带一路”，配合国际产能合作，培养当地合作国家熟悉中国技术、了解中国工艺、认知中国产品的技术技能人才，是一种创新型职业教育国际化服务项目。

鲁班工坊创立之初就得到了刘延东副总理和教育部领导、市委市政府的大力支持和肯定。

2016 年 12 月 2 日，在北京召开“推进职业教育现代化座谈会”，刘延东副总理对国家现代职教示范区，在境外建设首个“鲁班工坊”给予肯定。2017 年 5 月 8 日，刘延东副总理在天津参加全国职业院校技能大赛开赛式，接见泰国鲁班工坊建设项目的两国院校长，并提出“鲁班工坊”是中国对外人文交流机制的组成部分。

2016 年 12 月 12 日，陈宝生部长在福州召开“现代职业教育发展推进会”上提出，美国有爱因斯坦，也有爱迪生；中国要有孔子，更要有鲁班，对于“鲁班工坊”给予肯定。

一、鲁班工坊的缘起

2015 年 7 月，在刘延东副总理见证下，教育部与天津市人民政府共同签署共建“国家现代职业教育改革创新示范区”协议，围绕国家“一带一路”，确立了示范区建设任务之一是提高职业教育国际化水平，创建职业教育国际化新窗口。鲁班工坊国际化项目便是在此背景下产生的。

2015 年 9 月，在教育部职成司指导下，天津市教委正式启动在海外设立“鲁班工坊”前期研究和方案设计工作，天津市教委直接领导，成立由高职院校、市教育科学研究院和市职教中心等科研力量组成的研究团队，出台鲁班工坊实施方案，明确了鲁班工坊发展定位、主要任务、建设原则和保障措施。

2016 年 3 月 8 日，中国第一个境外“鲁班工坊”在泰国大城技术学院正式落成启运。

二、鲁班工坊的内涵

（一）发展定位

鲁班是中国 2500 年前的工匠、发明家，已成为古代劳动人民勤劳、智慧的象征，是中国古代技能大师的代表。

鲁班工坊将天津作为现代职教示范区的优秀职业技术和教学成果，采取学历教育与职业培训的方式输出国门与世界分享，搭建起中国职业教育与世界合作交流的实体桥梁。

鲁班工坊紧紧围绕所在国家的产业和我国“一带一路”建设对接需求，以天津“国家现代职业教育改革创新示范区”优质资源为支撑，以建立院校合作基础上的技术技能人才培养项目机构为载体，以天津研发的国际化专业教学标准为依据，以工程实践创新项目为教学模式，将中国优质职业教育和中国优质产品技术向合作国输出，培养当地熟悉中国技术、产品、标准的技术技能人才。

（二）建设原则

鲁班工坊建设秉持平等合作、开放包容、互学互鉴、互利共赢的精神，坚持共研、共建、共享、共用、共赢的“五共”机制，其建设原则包括：

平等合作原则。基于合作方对于中国职业教育和技术装备、专业标准认同，双方平等合作，共同商讨合作方式、项目实施与专业建设。

因地制宜原则。根据不同国家的政治、经济、社会环境以及技术技能水平，在统一标准框架下，充分考虑合作方的合理诉求，建设国别特点鲜明的“鲁班工坊”。

优质优先原则。优先选择国际化水平较高的优质专业、优质课程、优质教师、优质资源和通用性技术技能率先输出，保障鲁班工坊的教育质量和品牌。

强能重技原则。在遴选优质技术装备基础上，强化国赛装备输出，强化中国职业院校技能大赛与当地院校合作，强化中国职业教育理念模式认同基础上的相互借鉴，为所在国家培养急需的技术技能人才。

产教融合原则。发挥天津职业教育行业办学优势，实施产业、行业、企业、职业、专业的“五业联动”，发挥政、行、企、校、研的“五方携手”，凝聚合力，高标准、品牌化实施项目。

（三）教育模式

依托天津职业院校国际化专业教学标准和国家级教学成果奖成果经验（工程实践创新项目教学模式）进行设计，天津职业院校对外方教师进行团队化项目集训，境外鲁班工坊主体由合作国家院校按照中国标准和要求组织实施，采用中国现代职教理念，突出天津职教校企合作、国际合作内涵性成果运用，呈现“互联网+”职业教育的远程教学实践，致力于培养当地学生的专业职业能力、综合实践能力和创意创新能力。

三、鲁班工坊的模式

鲁班工坊的任务是要服务“一带一路”，服务国际产能合作和中国企业走出去，培养高素质的国际化技术技能人才，同时，分享中国职业教育成果和中国特色职教办学模式。鲁班工坊的建设模式主要有：

（一）依托职业院校校际间国际合作创办“鲁班工坊”

在天津职业院校对外国际合作办学、合作交流的基础上，在海外遴选优质合作院校创建鲁班工坊。首个泰国鲁班工坊采用此种模式。

（二）配合中国企业和产品走出去战略创设“鲁班工坊”

与承揽海外大型工程的企业或国（境）外办厂、收购的企业合作，在国（境）外的适宜职业院校和机构创建鲁班工坊，致力培养本土化的技术技能人才，满足国（境）外企业发展的需要。印度鲁班工坊建设就是伴随国有大型企业走出去的，在设立之初就实现国际背景下产教融合，与五家印度的中资企业同时签署职业教育订单培养协议。

（三）依托政府间的战略合作创建“鲁班工坊”

“鲁班工坊”建设纳入国家外交和政府间合作的战略规划，充分发挥其作为人文交流机制的重要作用，通过政府间的战略合作和政策来创建“鲁班工坊”。明年，筹划建设“澜湄合作”框架下的柬埔寨职业教育项目属于此列。

四、鲁班工坊的效果

（一）鲁班工坊的建设进程

天津自海外建设首个鲁班工坊以来，加快鲁班工坊的建设布局和步伐，截至目前，正式建立 4 个鲁班工坊：

2016 年 3 月 8 日，天津渤海职业技术学院依托渤海化工集团在泰国大城技术学院设立第一个鲁班工坊。

2017 年 5 月 18 日，天津市第二商业学校依托天津食品集团在英国奇切斯特学院设立鲁班工坊。

2017 年 12 月 8 日，天津轻工职业技术学院和天津机电职业技术学院依托天津渤海轻工集团、天津百利机电集团在印度金奈理工学院设立鲁班工坊。

2017 年 12 月 12 日，天津市东丽区职业教育中心学校依托行业企业在印尼东爪哇省波诺罗戈市职业学校建立印尼鲁班工坊。

（二）鲁班工坊的建设成效

1. 泰国鲁班工坊

天津渤海职业技术学院先后选派了 2 批专业骨干教师到泰国开展教学培训、技术培训和现场指导，共组织了 60 余名师生到泰国开展技术交流和访学。同时，在天津为泰国院校培养了“机电一体化技术”专业骨干。在天津渤海职业技术学院成立了“中泰职业教育研究中心”，在泰国大城学院成立了“工程实践创新项目教学研究中心”，由天津和泰国的职教研究专家、教师共同组成团队，开展中泰职业教育领域的研究，开发中泰职业教育国际化专业标准。2016年，泰国大城府省长布拉雍，泰国大城工业联盟总裁叟穆王等泰国政府、企业代表和泰国13所职业院校，天津市教委及相关委局、天津10所院校、20余家企业达成“天津共识”，协同共建工程实践创新项目基地。借助“鲁班工坊”，多家企业与泰国职业院校签订了科技服务协议。

泰国诗琳通公主、泰国大城府布拉雍省长、泰国国家职业教育委员会秘书长等官员全力支持鲁班工坊的开发建设，2017年向天津市教委吕景泉副主任和天津渤海职业技术学院颁发了“诗琳通公主纪念奖章”，以表彰泰国鲁班工坊为20多所当地职业院校和东南亚许多国家的职业教育培养技能人才发挥了重要作用。

泰国鲁班工坊除为泰国师生学习训练外，还对东盟国家职业院校师生开放，目前已累计交流培训319人。马来西亚和印度尼西亚学生专门来“鲁班工坊”学习电脑鼠和自动化生产线技术，学生回国后参加国家自动化生产线技能大赛获得一等奖。两名泰国学生在“鲁班工坊”学习后，获得2016年11月在马来西亚吉隆坡举办的第11届东盟技能大赛“工业自动化系统”竞赛奖牌。目前，泰国鲁班工坊在整个东南亚地区产生了巨大示范效应。

2017年8月28日，泰国职业教育委员会（教育部）组织专家审评，天津渤海职业技术学院的“机电一体化专业”教学标准获得一致通过，成为泰国教育行政部门认可的学历教学标准。

2．英国鲁班工坊

2017年5月，由天津市第二商业学校（天津市烹饪技术学校）和英国奇切斯特学院合作建立的“鲁班工坊”正式揭牌启运。这是天津在海外建立的第二个“鲁班工坊”，也是在欧洲建立的首个“鲁班工坊”，学校开展“中餐烹饪技术”专业教学。

英国奇切斯特学院是英国顶尖的职业学校。天津市第二商业学校凭借5位国家级烹饪大师、5 位市级烹饪大师，对英籍教师开展专项培训，开发了 1 032 学时的国际化数字教学资源，建立了空中课堂。天津食品集团的优质产品也随鲁班工坊登陆英国。

2017 年 8 月，英国学历资格认证机构专家一行来津，最终确定“中餐烹饪技术”专业教学标准符合英国教学质量体系，颁发了国家学历资格认证证书，这标志着“中餐烹饪技术”正式进入英国学历教育。“中餐烹饪技术”将于 2018 年 4 月在英国国家职业教育框架中正式上架。学生获得的相关文凭证书将有“鲁班”二字标识，名称为鲁班中餐烹调师三级学历。英国国家职业教育资格体系存在于欧洲学历资格体系中，因此，该学历将自动获得欧洲诸国的承认。

3. 印度鲁班工坊

在印度金奈理工学院建立的“鲁班工坊”设置机械设计与制造（3D 制作）、数控设备应用与维护、工业机器人技术和光伏发电技术与应用 4 个专业，是世界上两个最多人口发展中国家的职业教育合作项目。经过一年多紧张建设，2017 年 12 月 8 日，隆重举行揭牌启运仪式。首批建设的两个国际化专业已经得到印度教育行政部门的认可，印度“鲁班工坊”与中国在印度的 5 个国有大型企业中材国际工程印度公司、中国天津市天锻压力机有限公司，上市公司巨轮（印度）有限公司，中天科技印度公司、异龙生物科技（印度）有限公司签署了学生订单培养协议书，共同培养当地熟悉中国技术、产品、标准的，企业急需的技能人才。

4. 印尼鲁班工坊

2013 年 10 月，习近平主席在印尼首次向世界发出共建“21 世纪海上丝绸之路”的倡议。

通过一年半时间交流、协商、教师培养和管理培训，在项目启动仪式上（12 月 12 日），印尼鲁班工坊以“汽车技术”中等职业教育为依托，同时布局了新能源、智能制造、EPIP 等项目，成为印尼教育行政部门、行业企业界、职校师生、印尼华人的追捧“明星”，成为合作方波诺罗戈市职业学校的最大

"骄傲"。

鲁班工坊建设着眼于服务国家战略，依托于天津行业企业办学优势，通过项目实施，提升了职业院校的国际合作能力，拓宽了院校管理者、教师和学生的视野，增强了中国职业教育的自信，带动了职业院校的内涵质量建设，加强了国际视野下的校企合作、产教融合能力；更为重要的是，通过实践，落实了教育部关于职业院校要服务国家战略，服务中国制造2025的要求，在新时代彰显了职业教育的作为，天津国家示范区的作为。

五、面临的问题

其一，鲁班工坊在海外办学不仅承担着职业教育"走出去"，对外分享我国职业教育经验成果，提升企业海外员工素质，服务当地国家技术技能人才培养与培训；同时承担着传递中国职业文化、中国职教理念、教学模式的任务。鲁班工坊项目需要政府部门的协同支持，通力合作。

其二，规划设计在境外一个国家原则上建立一个鲁班工坊，目前，鲁班工坊的项目经费主要由被输入国的合作学校、国内外企业和中方学校承担。其中，中方学校承担国内教师的海外费用、补贴以及外方师资培训费等，中国相关的国内外企业以最大的优惠方式（或者赠与）为海外合作学校提供教学设备，外方合作学校提供场地以及工坊校舍的建设费用等。作为一种全新的海外办学模式，鲁班工坊的建设面临初期开办的设立资金以及后期运营发展资金两个方面的需求。

其三，鲁班工坊的建设与发展，需要构建相应的质量评价指标体系，定期开展对海外鲁班工坊建设情况和人才培养状况的评价工作，以确保其优质高效运行。

六、进一步工作

根据中共中央办公厅、国务院办公厅《关于做好新时期教育对外开放工作的若干意见》，教育部关于《推进共建"一带一路"教育行动》，以及《天津市人民政府关于加快发展现代职业教育的意见》，天津市将采取有力措施鼓励有条件的职业院校到海外建立鲁班工坊，输出和分享国家现代职业教育改革创新示范区优质成果，服务国家“一带一路”。

几项具体工作：

（一）落实市政府要求，围绕“一带一路”，加强并完成“鲁班工坊”海外布局和建设任务

落实《天津市人民政府关于加快发展现代职业教育的意见》提出的要求，围绕“一带一路”，加强“鲁班工坊”海外布局，到2020年，完成在境外建设10个左右高水平“鲁班工坊”的任务。

（二）建立相应的组织管理和服务措施

建立相应的组织管理和服务措施。强化统筹协调，建立国家现代职业教育改革创新示范区推进“鲁班工坊”建设工作小组，天津市教委牵头，相关单位和行业企业共同组成，建立工作联动推进机制，形成绿色通道。

（三）健全政策支撑和保障体系

将开展“鲁班工坊”建设作为天津市委市政府“双一流”建设中,建设“世界一流职业教育”评价职业院校国际化水平的重要标度，并作为职业院校提升办学能力建设项目的主要绩效指标；为“鲁班工坊”建设校每年分配享受政府全额奖学金的留学生名额;扩大职业院校教师对外合作和交流的规模;加强“鲁班工坊”的理论研究和宣传工作。

（四）启动专项支持和长效保障

在职业教育专项经费中增加“鲁班工坊”专项建设资金，按照每个“鲁班工坊”，支持输出校提升承担海外合作方师资培训和学生交流的能力；在教育信息化专项经费中设置专项资金,已经启动“鲁班工坊信息化管理与服务平台”建设。对已建成“鲁班工坊”，每3年实施一次绩效评价，评价合格的给予输出校相应奖励。

（五）加强国际化专业教学标准建设

高水平国际化专业教学标准是鲁班工坊发展的基础。天津市在教育部《关于借鉴国外先进经验开展职业教育部分专业教学标准开发试点工作》的基础上，以提升国际化综合要素深度融入教育教学全过程为着力点，加大鲁班工坊课程、教材和资源建设力度，到2020年，天津国际化专业教学标准的规模将达到100个左右，为鲁班工坊开展学历职业教育和培训奠定雄厚基础。

（六）创设鲁班工坊研究与推广中心

在教育部职成司指导下，天津市教委在天津渤海职业技术学院设立一主体、多支点、国内国际联动的政策研究、资源开发、指导评价机构，对鲁班工坊需求与流程、规范与标准、模式与机制、质量与评价、宣传与推广等进行系统研究，持续优化建设。同时，在泰国鲁班工坊建立中泰职业教育教学研究中心、天津职业院校学生海外（泰国）实践拓展基地的基础上，着力建设中英、中印、中国和印尼职业教育教学研发中心，开展中外职业教育教学比较研究。

（七）探索构建以境外“鲁班工坊”为依托，以英国中职教育、泰国高职教育、印度应用本科职业教育为骨架的“中高本硕”贯通的国际化技术技能人才培养体系，搭建国内外技术技能人才培养交流与合作平台

2018年，将支持天津铁道职业技术学院，联合轨道交通企业在非洲建立“鲁班工坊”；支持天津中德应用技术大学，借助“澜湄职业技术培训中心”项目在柬埔寨理工学院设立“鲁班工坊”；支持天津现代职业技术学院，联合相关企业在巴基斯坦建立“鲁班工坊”，并进一步构建在欧洲、非洲、美洲等地建立项目布局。

2017年3月，天津市颁布了《加快融入丝绸之路经济带和21世纪海上丝绸之路建设行动方案》的通知，争取外交部和教育部支持，在天津海河教育园的天津机电职业技术学院（国家中西部地区职业教育师资培训中心总服务平台）设立中国—东盟职业教育师资培训中心项目。

（八）服务天津作为全国职业院校技能大赛永久主赛区，推进“国赛”对接“世赛”，探索赛项国际化

服务天津作为全国职业院校技能大赛的永久主赛区，推进“国赛”对接“世赛”，探索赛项国际化。在泰国的“鲁班工坊”已经连续两届成为中国职业院校技能大赛的延伸赛场，2018 年，印度鲁班工坊也将成为国赛的延伸赛场。同时，发挥“全国职业院校技能大赛成果转化中心”作用，进一步提升技能大赛的国际影响。

——摘自《天津职业院校联合学报》2018,(01). 吕景泉.“服务‘一带一路’，职业教育的新作为——‘鲁班工坊’”

第四节　鲁班工坊：中国职业教育国际合作的知名品牌

【此文发表于 2019 年 1 月】

鲁班工坊，是天津市首创、原创，率先推动并组织实施的职业教育国际合作的知名品牌项目。

鲁班工坊，是以“国家现代职业教育改革创新示范区”的建设成果为总体支撑，以平等合作、优质优先、强能重技、产教融合、因地制宜为重要原则，以“工程实践创新项目（EPIP）”为教学模式，以教育部组织开发的国际化专业教学标准为基本依据，以全国职业院校技能大赛赛项装备为主要载体，以师资培训先行及教材教学资源为必要保障，在境外创建实施学历教育和技术培训的合作机构。鲁班工坊的核心目标，是培养适应合作国家经济社会发展急需的高素质技术技能人才。

鲁班工坊，是将中国职业教育的教学模式、专业标准、技术装备、教学方案与世界分享的实体化桥梁，为“一带一路”服务，为国际产能合作服务，为推动构建人类命运共同体服务。

孔子学院、鲁班工坊是中国对外人文交流的“一文一武”，即“中国语言文化”与“中国技术技能”，是“软文化”与“硬功夫”，也可以说是“一说一做”。

一、来而不往，中国职业教育回望

2016 年，福建马尾船政学堂建校 150 年。

2016 年 12 月 12 日，教育部与福建省政府在福州，联合召开现代职业教育发展推进会，纪念职业教育法公布实施 20 周年暨中国近现代职业教育发轫 150 周年。

2016年，中国近现代职业教育发轫150年。

回望1866年，也即孙中山先生出生的那年，左宗棠上奏《试造轮船先陈大概情形折》，得到批准，准于闽省择地设厂、购买机器、募顾洋匠、试遣火轮船只。当年秋天，在福建福州的马尾成立了福建船政局，聘请法国人为总工程师，专门制造海防所用的舰船。后来40年间，共制造了40艘各类舰船，初步奠定了中国轮船制造和海军建设的基础。可谓“创始之功甚伟”！

1866年12月，左宗棠上奏《详议创设船政章程购器募匠教习折》，提出十条章程，包括设立艺局。“艺局之设，必学习英、法两国语言、文字，精研算学，乃能依书绘图，深明制造之法，并通船主之学，堪任驾驶。”

至此，中国第一所新式教育的学堂——求是堂艺局诞生了。

作为福建船政局的重要组成部分，求是堂艺局（船政学堂）先后培养了504名海军各类人才。严复、邓世昌、刘步蟾、林泰增、林永升、萨镇冰，还有铁路工程师詹天佑，都毕业于这所学校。也可谓“创始之功甚伟”！

求是堂艺局是当年船政学堂的官定名称。左宗棠曾阐述这个新式学堂的办学目的：“夫习造轮船，非为造轮船也，欲尽其制造、驾驶之术耳；非徒求一二人能制造、驾驶也，欲广其传，是中国才艺日进，制造、驾驶辗转授受，传习无穷耳。”船政学堂起初分前、后学堂，前学堂学习法国，精修造船；后学堂向英国学习，深究驾驶。速则三年，迟则五年。

中国以义理为本，艺事为末；外国以艺事为重，义理为轻。谓我之长不如外国，藉外国导其先，可也；谓我之长不如外国，让外国擅其能，不可也！

可以说，中国近现代职业教育的发轫，源于民族危亡、御外图强，自主发展；中国近现代职业教育的开端，起于学习借鉴、消化吸收、本土创新。

二、兼爱非攻，墨子思想与职业教育

墨子提出了“兼爱”“非攻”“尚贤”“尚同”“节用”等观点，以“兼爱”为核心，以“非攻”“尚贤”“节用”为支点。

（一）兼相爱、交相利

墨子的思想围绕着“兼相爱、交相利”这一论点展开。《吕氏春秋》说：“墨翟贵兼”。“兼”的本义是一只手拿着两颗稻谷，引申为同时顾忌事物的几个方面。《墨经》中，“兼”表示整体、全部的意思。因此，兼爱主要强调的是爱的范围广泛，要“兼爱天下之人”。在墨子看来，不管是自己人还是别人、无论出身贵贱，只要是人，都是被爱的对象，这个爱的对象范围应该是“天下之人”，也就是整个人类，也即“兼爱天下之博大也，譬之日月兼照天下之无有私也”。

墨子的“兼爱”，特别强调爱要不分亲疏、不分贵贱，对一切人一律同等爱之，这与孔子的“仁爱”思想有所不同。孔子从维护“君君、臣臣、夫夫、子子”出发，主张施爱以自己为起点，逐渐扩大至他人。因此就有了远与近、厚与薄的差异，关系越远，爱的程度越低。墨子的“兼爱”思想与基督教的“博爱”有相似之处。

与“兼相爱”紧密联系的，是墨子“交相利”的道德原则。墨子经常把“兼相爱、交相利”并提，在他看来，爱就是利，利即是爱。“兼相爱”是道德情操，而“交相利”则是有这种道德情操外显出来的行动。没有实际的“利”，就无从谈“爱”。

墨子的兼爱思想，在全球化和现代化的今天，面对个人主义、利己主义、极端主义，倡扬墨子这种兼爱理想，寻求实现这一理想的实践路径，依然具有非常重要的现实意义。也如历史学家汤因比所说：“墨子的爱比孔子的爱更为现代人所需要。”

（二）知义与不义

“兼爱”是墨子思想的内核，由此也引发了“非攻”。非攻是兼爱的延伸。《非攻》说：“今小为非，则知而非之。大为非攻国，则不知非，从而誉之，谓之义。此可谓知义与不义之辩乎。”

所谓非攻，就是反对诸侯国之间、国内各家族之间的相互掠夺攻伐，倡导和平共处。他反对战争，要求和平。

墨子的非攻主张到了今天，也得到人们拥护和赞扬，仍然对维护世界和平具有重要意义。

（三）尚贤与兼士

墨子“尚贤”，夫尚贤者，政之本也。那么，“贤士”什么样？“贤士”如何而来？

“贤良之士厚乎德行，辩乎言谈，博乎道术。”从“兼相爱，交相利”理想出发，墨子主张以“兼士”作为教育的培养目标，通过他们去实现贤人政治。“兼士”的标准就是三句话：厚乎德行，辩乎言谈，博乎道术。通俗地讲，培养出来的人要“厚道、明白、能干”。“厚道”是做人厚道；“明白”是说得明白，干得明白；“能干”就是出活儿，不是光说不干，既知乎“道”，又懂乎“术”。

墨子认为，兼士应具有道德高尚、思悟论辩和知识技能三项要求，其中道德高尚尤为重要。在教育内容方面，墨子主张道德教育、文史教育之外，还特别重视科技知识教育和培养思维能力，训练逻辑思维和与人进行论辩，去说服别人，推行自己的主张。与儒家主张“六艺”相比，这是墨子在教育内容方面的一个重要创造。

（四）行为本

“士虽有学，而行为本焉”，墨子重视实践在教育中的作用。《墨辩》中，墨子提出三种知识：一是亲知，二是闻知，三是说知。亲知是亲身得来的，就是从“行”中得来的。闻知是从旁人那儿得来的，或由师友传来，或由书本传达。说知是推想出来。“行为本”说明，亲知为一切知识之根本。闻知和说知必须安根于亲知，方能发生效力。实践出真知。

“赖其力者生，不赖其力者不生”。墨子认为，在劳动上，人是平等的，这也是我国劳动教育的重要基石。

（五）不扣则必鸣

墨子提出了“素丝说”，认为人性如素丝，“染于苍则苍，染于黄则黄”。以素丝和染丝为喻，形象地说明环境、教育对人性形成的重要性。墨子强调

"染不可不慎也"。

墨子赞同"强学强教，言传身教"，提倡"虽不叩必鸣"，主张积极主动说教，主动教育。墨子的"扣则鸣，不扣则必鸣"教育方法值得提倡。墨子还注意到，施教应顾及学生的知识水平，"深其深，浅其浅，益其益，尊其尊"。墨子是中国教育史上最早提出量力而行原则的教育家。

鲁班与墨子是同时代人，是中华民族勤劳智慧、科学创新的典范。墨子主张兼爱非攻，尚贤尚同，既述且作，创造发明。鲁班道法自然，精工细作，勇于探索，造福后世。

传承班墨文化的主旨是"以墨子的爱心做人，以鲁班的精进做事"。

三、工匠精神，鲁班文化与职业教育

鲁班的名字已经成为古代劳动人民智慧的象征。历代工匠尊鲁班为祖师，被誉为"百工之首"。人们把古代劳动人民的集体创造和发明也都集中到他的身上。有关他的发明和创造的故事，实际上是中国古代劳动人民发明创造的故事。

工匠精神，是鲁班文化的核心特质。工匠精神包括：

（一）百工从事，皆有法所度

在这里，法即矩、规、绳、悬、水等规定之数。《墨子·法仪》中说：天下从事者，不可以无法仪；无法仪而其事能成者，无有也。虽至士之为将相者，皆有法。虽至百工从事者，亦皆有法。百工为方以矩，为圆以规，直以绳，正以悬，水以平。无巧工不巧工，皆以此五者为法。

工匠在制器的过程中都有严格的步骤和程序，对每个部件都要进行严格精确的计量。他们不断地"用智""用巧"钻研制器之道，长期的精进与执着使得他们大道人器合一、道器合一的境界。

（二）百工所为，须"知""巧"合一

"知"与"巧"的关系，也被认为是"智者"与"巧者"的关系。"知者创物，巧者述之，守之世，谓之工。"

世界上，少部分人是属于“知者创物”的设计群体，墨子就是其中的主导性人物；而大多数则属于“巧者述之”的手工制造群体，鲁班即是其中的杰出代表。

（三）创新事物，造福世人

这也是中国古代“以道驭术”观念的现实体现。“人法地、地法天、天法道、道法自然。”老子认为的“道”，从其本意上讲是自然而然的大而无形的自然规律，而用在社会领域，就是社会的伦理价值观念。

技艺的发明必须以向善为目的，必须利于人类。故所为功，利于人谓之巧，不利于人谓之拙。

工匠精神，并不神秘。说穿了，就是“精、益、求、精”4个字，只要我们能够把这4个字融会贯通，让精益求精成为每个生产环节和每个管理监督层面上的每个人的工作精神、劳动态度、质量意识、服务观念和职业道德，把违背精益求精的一切行为模式视为工作乃至生活上的底线和警戒线，这世界上还有13亿多中国人办不到的事情吗？

四、有来有往，中国职业教育前行

时光接续，历史交汇。

2018年，中国改革开放40年。2018年11月5日，首届“进博会”在上海开幕。进博会开幕的前一天，恰逢“广交会”闭幕。

从广交会，到进博会，从侧重扩大出口到更加注重进口，两个展会见证了中国经济发展的历史变迁，谱写着中国改革开放的精彩乐章。从“走出去”，到“引进来”，外贸之变见证中国开放的“接力”。广交会结束，进博会启幕，世界之变见证中国新一轮对外开放的“接力”。

创办于1957年的广交会，原名“出口商品交易会”，2007年改为“进出口商品交易会”。广交会，从最初单纯单向的出口交易，到进口出口的双向交易，走过了50年；进博会，从“走出去”到“引进来”，从“卖全球”到“买全球”，走过了61年。

从广交会的侧重出口，到进博会的更加注重进口，既是中国高质量发展和产业升级的内在需要，也是中国在新一轮对外开放中推进贸易更加平衡发展的必然要求。

从广交会到进博会，是中国在与世界分享开放发展的新红利，是全面对外开放的中国行动；是中国在向世界提供普惠包容的公共产品，支持其他国家搭乘自身发展“快车”和“便车”。中国为世界打开一道开放的大门，让世界深刻认识中国，中国加速拥抱世界。

进博会，不仅是上海的、中国的，也是世界的！

时光接续，历史交汇。

2016 年 3 月 8 日，首个“鲁班工坊”在泰国揭牌启运。

从 1866 年中国第一所新式教育的学堂诞生，船政学堂向法国学习精修造船，向英国学习深究驾驶，中国的近现代职业教育采取师夷长技、借鉴消化的“引进来”，到 2016 年中国第一个鲁班工坊，以中国教学模式、教学标准、教学装备、教学资源开展境外的学历教育、技术培训的“走出去”，中国的职业教育走过了整整 150 年。

从 1866 年的船政学堂“引进来”，到 2016 年的鲁班工坊“走出去”，鲁班工坊是落实习近平主席提出共建“一带一路”倡议，中国职业教育高起点定位，实施国际布局，绘就的“大写意”，更是服务国际产能合作、构建人类命运共同体，中国职业教育高质量发展，实施转型升级，绘制的精谨细腻“工笔画”。

天津职业教育的国际合作，已经走过了单纯借鉴引进、学习了解国外理念、经验模式的初级阶段，从当初的模式借鉴、标准依赖、装备购置、教材引进的一味“原汁原味”“生搬硬套”的学，发展到了自主的研制模式、制定标准、研发装备、开发教材，构建出中国模式、中国标准、中国装备、中国方案的职业教育整体输出和世界分享，代表中国职业教育实现了“走出去”。

天津职业教育，步入了从低水平国际交流与合作，迈向中高水平国际交流与合作的发展阶段，国际优质职业教育资源的输入和以天津为代表的中国优质职业教育资源的输出并举，成为这一发展阶段的基本特征。

鲁班工坊是天津职业教育国际化发展的重大成果，是依据“国家现代职业教育创新改革示范区”建设协议，在教育部职业教育与成人教育司王继平同志指导下，探索优质职业教育走出去，服务国家“一带一路”建设，配合国际产能合作，培养合作国家熟悉中国技术、了解中国工艺、认知中国产品的当地技术技能人才，是一种创新型职业教育国际化服务项目。

自2016年第一个鲁班工坊在泰国落成以来，天津已建成泰国、英国、印度、印尼、巴基斯坦、柬埔寨、葡萄牙7个“鲁班工坊”，共涉及自动化、新能源、机械、汽车、铁道、通信、电子信息、餐饮等8类19个专业。

2018年9月3日，习近平总书记在中非合作论坛北京峰会开幕式上明确，将在非洲设立10个“鲁班工坊”，向非洲青年提供职业技能培训，“鲁班工坊”正式上升为国家战略。

鲁班工坊，是天津的、中国的，更是世界的！

五、鲁班工坊与世界分享

（一）鲁班工坊上升为国家战略

2015年7月，教育部与天津市共建全国唯一的“国家现代职业教育改革创新示范区”，把提高职业教育国际化水平作为示范区建设的重要任务，“鲁班工坊”由此产生。同年8月，天津市教委牵头，正式启动在海外设立“鲁班工坊”的前期研究和方案设计工作，明确了“鲁班工坊”的发展定位、主要任务、建设原则、实施路径、核心内涵和保障措施。

2016年3月，天津市政府出台《关于加快发展现代职业教育的意见》，明确提出鼓励有条件的职业院校积极拓展海外职业教育市场，在境外建设“鲁班工坊”。

2017年10月，中办、国办印发的《关于加强和改进中外人文交流工作的若干意见》（中办发〔2017〕59号），明确提出将“鲁班工坊”打造成对外人文交流国际知名品牌。

2018年3月，天津市政府印发《天津市人民政府办公厅转发关于推进我市职业院校在海外设立“鲁班工坊”试点方案的通知》（津政办函〔2018〕16号），提出了到2020年在海外建成10个“鲁班工坊”的建设目标。

2018 年 9 月 3 日，习近平总书记在中非合作论坛北京峰会开幕式上明确，将在非洲设立 10 个“鲁班工坊”，向非洲青年提供职业技能培训，“鲁班工坊”建设上升为国家战略。

2018 年 10 月 28 日，中央政治局委员、天津市委书记李鸿忠出席澜湄职业教育培训中心暨柬埔寨“鲁班工坊”启动仪式。

2018 年 12 月 5 日，习近平主席见证签署葡萄牙鲁班工坊建设项目，天津市市长张国清为项目揭牌启运。

2018 年 12 月 20 日，以印度鲁班工坊成效和经验为主线，在中印两国高级别人文交流机制首次会议期间，举办“中印职业教育合作论坛”。

（二）鲁班工坊创建历程

2016 年，第一个鲁班工坊在泰国落成，相继建成英国、印度、印尼、巴基斯坦、柬埔寨、葡萄牙 7 个“鲁班工坊”。吉布提、瑞士、埃及等鲁班工坊正在推进建设。

1. 泰国“鲁班工坊”

2016 年 3 月，天津渤海职业技术学院在泰国大城技术学院设立第一个“鲁班工坊”，目前已经完成三期建设。在三期建设中率先探索了“一坊两中心”模式。

2018 年 7 月，由天津铁道职业技术学院在泰国大城技术学院建设的“鲁班工坊铁院中心”启运，首期建有动车组检修技术、铁道信号自动控制 2 个专业。至此，已经形成 6 个专业的建设格局。

2017 年 2 月，泰国授予“鲁班工坊”建设有贡献中方人员“诗琳通公主奖”，2018 年 10 月，泰国王室向“鲁班工坊”所在的泰国大城技术学院颁发王室最高奖项“国王奖”。

2. 英国“鲁班工坊”

2017 年 5 月，由天津市第二商业学校（天津市烹饪技术学校）和英国奇切斯特学院合作建立“鲁班工坊”正式揭牌启运。这是天津在海外建立的第二个“鲁班工坊”，也是在欧洲建立的首个“鲁班工坊”，开展“中餐烹饪技术”专业教学与培训。

2017 年 8 月，学校开发的中餐烹饪国际化教学标准与资源经英国 Qualifi 核准颁证，纳入英国国家普通和职业学历框架，定名为英国中餐烹饪艺术（鲁班）三级学历。英国“鲁班工坊”开设的“中餐烹饪技术”正式进入英国学历教育，其学历课程的教学获得英国政府的财政拨款，16 ～ 19 岁的英国及欧盟学生可免费学习。

3．印度“鲁班工坊”

2017 年 12 月，天津轻工职业技术学院和天津机电职业技术学院，在印度金奈理工学院建立印度“鲁班工坊”。这是在“金砖五国”设立的首个“鲁班工坊”，是世界上两个人口最多的发展中国家间的职业教育合作项目。

2018 年 6 月，中国驻印度大使罗照辉对“鲁班工坊”项目进行了考察，评价“鲁班工坊有效缓解了在印中资企业用人的燃眉之急，改善了印度学校毕业生的就业情况，有力展现了中国技术软实力和中国装备硬实力。”2018 年 12 月，中印高级别人文交流机制首次会议在新德里召开，以“鲁班工坊”在印度实践成果为主题，同期举办“中印职业教育合作论坛”。

4．印尼“鲁班工坊”

2017 年 12 月，天津市东丽区职业教育中心学校在印尼东爪哇省波诺罗戈市第二职业技术学校建立印尼“鲁班工坊”，这是第一个在 21 世纪海上丝绸之路首倡之地建设的“鲁班工坊”。印尼东爪哇省与天津市也是友好城市。印尼“鲁班工坊”以汽车维修技术为主线，分为汽车智能维修、新能源汽车、工程实践创新、无人机技术等 4 个教学区。印尼“鲁班工坊”为当地培养技术技能人才，受到印尼总统佐科高度评价。

5．巴基斯坦“鲁班工坊”

2018 年 7 月，天津现代职业技术学院在巴基斯坦旁遮普省技术教育与职业培训局（TEVTA）设立巴基斯坦“鲁班工坊”。这是“中巴经济走廊”建设中的一项重要成果。一期开设电气自动化技术和机电一体化技术 2 个专业，与 8 家企业签订了产教协同育人联盟战略合作协议。巴基斯坦“鲁班工坊”的建成是中巴两国在职业教育领域的一次深度合作，充分体现了两国“全天候、全方位”的战略合作伙伴关系。

6．柬埔寨“鲁班工坊”

澜湄职业教育培训中心暨柬埔寨“鲁班工坊”是2016年3月23日李克强总理在海南省三亚市主持召开“澜沧江湄公河”合作首次领导人会议上提出的建设项目，2016年12月，天津中德应用技术大学代表天津市政府承担中国外交部、教育部项目建设任务。

2018年10月28日，政治局委员、市委书记李鸿忠同志出席澜湄职业教育培训中心暨柬埔寨“鲁班工坊”启动仪式。

7．推进葡萄牙“鲁班工坊”建设

2018年5月，天津接受教育部建设任务，6月，葡萄牙“鲁班工坊”启动建设。葡萄牙“鲁班工坊”由天津机电职业技术学院与葡萄牙塞图巴尔理工学院共建，首期合作专业为工业机器人技术和电气自动化技术2个专业，将于2019年初投入教学应用。

2018年12月5日，习近平主席在葡萄牙为“鲁班工坊”合作见证签约。张国清市长为葡萄牙鲁班工坊启运揭牌。

（三）鲁班工坊探索研究

1．对“鲁班工坊”立项开展课题研究

天津市教委支持，“鲁班工坊”核心内涵立项为全国教育科学“十三五”规划课题。一是由天津机电职业技术学院领衔“基于‘工程实践创新项目（EPIP）’的教学模式研究与实践”研究，将从EPIP教学模式的核心内涵、广义理念、应用环境及监测途径等方面开展研究；二是由天津轻工职业技术学院领衔“‘一带一路’视域下海外‘鲁班工坊’建设的标准化模式”研究，系统分析已建成“鲁班工坊”，解析方式、模式、经验、问题，准确定位“鲁班工坊”，形成标准化建设模式，指导“鲁班工坊”建设发展，评价项目水平和质量，为我国职业教育国际化输出与服务提供理论依据和可行性策略。

2.《鲁班工坊》正式出版

2018年10月《鲁班工坊》一书正式出版，全书21.9万字，图文并茂，全面记录了“鲁班工坊”的建设进程、内涵标准、工作路径、业绩成效等，介绍了鲁班工坊建设·体验馆，成为当下“鲁班工坊”建设最权威的理论依据和实践指导。

3. 创立鲁班工坊建设·体验馆

2018年，在教育部职成司指导下，天津市教委统筹整合资源，系统梳理项目发展脉络，天津轻工职业技术学院与其他院校、机构通力合作，建立了以鲁班工坊为主题的教育场馆——鲁班工坊建设·体验馆。体验馆整体面积560平方米，序厅包括寓意和形象墙两部分，主厅包括序言、建设缘起和项目内涵、建设历程、已建成的鲁班工坊展区、建设中的鲁班工坊展区、空中课堂、鲁班工坊研究与推广中心、政策保障和展望等12个部分。

2018年5月6日，国务院副总理孙春兰，天津市委书记李鸿忠，天津市市长张国清，教育部长陈宝生等领导到体验馆参观，并给予充分肯定。截至12月，体验馆接待来自国内外各界人士超过1.5万人次，产生了巨大的社会影响力。

六、鲁班工坊的前景展望

稳中求进，质量为先。做优做强现有，系统规划未来，贴近战略需求，加强产教融合，创建标杆示范。

其一，开展非洲项目布局研究。系统设计，重点突破，选择适宜国家，加快启动非洲第一个“鲁班工坊”项目。天津力争高质量建设3～4个具有示范意义的非洲鲁班工坊。

其二，开展重点区域布局研究。针对北美（加拿大）、南美（阿根廷或巴西）、中亚等地区开展项目研究与推动，力争形成良好的洲际覆盖结构布局。强力推动在瑞士、加拿大等国家的项目合作。开展同发达国家合作，强强交流，历练功力，提升品牌，形成辐射。

其三，加强鲁班工坊的国际化资源建设。按照专业大类，采用校企合作方式，组织团队加快研制智能制造类、高铁轨道类、新能源类、经贸服务类、烹饪中医类国际化专业教学标准，开发教材教学资源，建设数字化的国际化教学资源库，支撑鲁班工坊项目推动。

其四，搭建鲁班工坊的交流合作平台。2019年举办“中非职业教育国际论坛——鲁班工坊探索与实践”，适时组织“鲁班工坊项目产业企业对接会”，继续举办好中泰、中英、中葡、中加、中新（新西兰）等国职业教育产教对接论坛，形成长效机制，创设宣介品牌。紧贴国际产能合作，推动鲁班工坊服务能力进一步提升。

其五，完善鲁班工坊基础能力和配套政策建设。加强对“鲁班工坊”知识产权保护。加强职业院校国际化教学团队建设，打造一批具有国际视野的专业领军人物。设立奖励机制，将为鲁班工坊做出突出贡献的外籍人员列入市级表彰范围，并对中方建设院校、企业和有贡献人员给予表彰鼓励。进一步完善相关“绿色通道”，保证项目顺利推进。

其六，实施天津鲁班工坊、中国鲁班工坊、世界鲁班工坊项目计划，发挥鲁班工坊研究与推广中心作用，推进标准化质量体系建设，为全国各地开展鲁班工坊项目建设提供指导和服务。

——摘自《天津职业院校联合学报》2019，（01）. 吕景泉．“鲁班工坊——中国职业教育国际知名品牌”

第五节　鲁班工坊：核心要义、项目溯源及品牌创成

【此文发表于 2020 年 1 月】

习近平总书记指出：中华优秀传统文化中很多思想理念和道德规范，不论过去还是现在，都有其永不褪色的价值。

班墨文化是中华优秀传统文化的瑰宝，是“工匠精神”的本源。“精益求精、创新进取、崇尚科学、心系百姓、胸怀天下、造福人类”是班墨文化最核心的内涵，也是鲁班工坊所要传承与弘扬的重要内容。

中国改革开放 40 多年，中国经济高速度发展、高质量发展，引来世界瞩目。诸多因素起到至关重要的作用，中国职业教育的高质量发展，也是其中一股重要力量，它为中国经济的腾飞提供了源源不断的高素质技术技能人才。

中国职业教育一面向世界学习，洋为中用，另一面，向古人学习，古为今用。传承和弘扬世界上一切有益的东西，将其吸收到学校建设中来，吸收到教育教学中来，吸收到办学治校中来。

班墨文化的根本思想，是尊重劳动，尊重劳动人民。职业教育，要建设一种尊重劳动的文化，倡导“劳动光荣，技能宝贵，创造伟大”。

一、鲁班工坊的品牌创设

鲁班工坊，是将中国职业教育的教学模式、专业标准、技术装备、教学方案与世界分享的实体化平台，服务“一带一路”和国际产能合作，服务构建人类命运共同体。

孔子学院、鲁班工坊是中国对外人文交流的“一文一武”，即“中国语言文化”与“中国技术技能”，也可以形象比喻为“一说一做”。

（一）鲁班是中国劳动人民伟大智慧的象征

鲁班的名字不仅是中国劳动人民伟大智慧的象征，也代表着精湛高超的技术技能、精益求精的职业素养和精进创新的精神品格。

（二）鲁班工坊发端于国家职业教育改革创新示范区

2010 年，教育部与天津市人民政府签署“国家职业教育改革创新示范区”协议，明确提出要扩大国际交流与合作，拓展高水平的合作项目，提升职业教育对外援助的国际影响力。经过 5 年的建设，2015 年 6 月，教育部组织专家组进行全面评估验收，专家组一致认为，国家示范区各项任务已经完成，各项改革措施得到落实，走出了一条具有天津特色，又体现现代职业教育规律、可复制推广的职业教育改革发展之路。

2015 年 7 月，教育部与天津市人民政府签署共建“国家现代职业教育改革创新示范区”协议，进一步明确围绕国家发展战略需求，实施职业教育国际合作交流促进工程，提出职业教育国际交流平台构建计划、职业教育“走出去”战略实施计划和提升全国职业院校技能大赛国际影响计划。

鲁班工坊发端于 2010 年开始的国家职业教育改革创新示范区建设，起步于 2015 年开始的国家现代职业教育改革创新示范区建设。

2015 年 8 月，教育部王继平同天津市教委吕景泉交流创新职业教育国际合作思路，考虑搭建中国职业教育国际合作新平台、新品牌。职业教育服务“一带一路”倡议，专注于技术技能，在境外创设“鲁班工坊”。他们认为最能体现中国技术技能特质、彰显工匠精神与创新智慧的代表人物，就是“鲁班”；体现“教学做一体”，突出“做中学、做中教”，寓意精致环境、学徒情境、劳动场所、精湛技艺，就选“工坊”；应用技术、锤炼技能、涵养素质的“坊（间）”，最为形象；而工作、工艺、工匠，取自于顶天立地的“工（字）”。

由此，中国职业教育的海外合作项目得名“鲁班工坊”。

（三）鲁班工坊定位于服务促进构建人类命运共同体

“鲁班工坊”是天津职业教育国际化发展的重大成果，是依据“国家现代职业教育创新改革示范区”建设协议，在教育部指导下，探索优质职业教育走出去，服务“一带一路”倡议，配合国际产能合作，培养合作国经济社会发展急需的高素质技术技能人才，培养熟悉中国技术、了解中国工艺、认知中国产品的当地技术技能人才，为合作国青年高水平就业服务。鲁班工坊，是一种创新型职业教育国际化服务项目。

鲁班工坊，是以“国家现代职业教育改革创新示范区”的建设成果为总体支撑，以平等合作、优质优先、强能重技、产教融合、因地制宜为重要原则，以“工程实践创新项目（EPIP）”为教学模式，以教育部主导开发的国际化专业教学标准为基本依据，以全国职业院校技能大赛赛项装备为主要载体，以师资培训先行及教材教学资源为必要保障，在境外创建实施学历教育和技术培训的合作机构。

鲁班工坊核心目标，是培养适应合作国经济社会发展需要的高素质技术技能人才。

二、鲁班工坊的标识寓意

“鲁班工坊”的标识设计，采用“天圆地方”的中国传统理念，以圆形和方形为基本图形，用“金镶玉”方式进行总体设计。

背景采取多图形的结合，把祥云、书籍、阶梯、滴水檐叠融在一起。采用首个鲁班工坊文字信息，把“中国院校和外国院校”分别用中、泰、英三种语言，环绕在外沿环形里。环形上方是中国院校的中文名称，下方是外国院校的中文名称，左右两侧分别是中外院校的所在国语言（泰语）和英文名字。中央位置的方框内是“鲁班工坊”的中文，字体为汉隶，其上方为英文“LUBAN WORKSHOP”，下方是项目揭牌启运时间。外沿环形和中央方形之间用祥云和书籍等图案组合连接，寓意吉祥和学府气质。

该品牌标识于 2016 年 5 月 5 日获得作品登记版权。

鲁班工坊标识（logo）融合多种中国传统文化元素。

三、鲁班工坊的建设原则

秉持共研、共建、共享、共用、共赢的“五共”机制，鲁班工坊建设原则有五项，即平等合作原则、优质优先原则、强能重技原则、产教融合原则、因地制宜原则。

（一）平等合作原则

受到政治、经济、文化和宗教信仰等多方面因素的影响，在国外合作办学有诸多不确定因素，需要合作双方建立良好的相互认同和信任关系。

基于合作方对于中国职业教育促进经济社会发展的有力有效作用的认同，对于中国特色国际视野的教学模式、国际化专业教学框架标准、中国优质技术装备和教学资源的认同，双方开展平等合作，共同遴选合作院校，商讨项目合作方式、工坊实施路径、专业整合设计、课程综合嵌入、资源有效利用、教学研究开展等，为鲁班工坊的运行提供基础保障。平等合作是国际合作的重要原则，是保持合作双方独立性和平等性的重要方式。

（二）优质优先原则

适应合作方需求，提供优质的国际化教育资源和实用的领先性技术装备，是确立“鲁班工坊”品牌的重要影响因素。

中方将优先选择国际合作基础好的校企合作项目，优先选择国际化水平高的优势专业、优质课程、优秀教师、优选资源以及适宜合作方需要的技术装备优先分享，保障鲁班工坊的质量和品质。

为保障“鲁班工坊”的教学培训质量，在教学设计、课程设置、教材开发、师资培训等方面，中方给予全方位的质量保障支持。境外项目合作方一旦被确定，就要遴选优秀骨干教师，派往中国进行系统化、进阶式技术技能培养培训，实现鲁班工坊启动运营后，外方教师可以利用鲁班工坊教学模式、教学标准、教学装备、教学资源开展本地化办学。同时，借助信息技术手段，每个“鲁班工坊”将标配空中课堂和视频课程资源，实现跨地域同步化指导和教学研讨。实施“一年一监测，三年一评测”，过程管理 + 动态调整指导机制，保证“鲁班工坊”运行中，在发展定位、内涵建设、运行模式、保障机制与配套政策都有据可依，有效提高“鲁班工坊”的国际化管理水平。

（三）强能重技原则

鲁班工坊专注于“技术技能”，技术应用、技能训练、工程实践是其核心，也是“鲁班工坊”具有强大吸引力的重要方面。

在技术装备输出分享过程中，强化工程实践创新项目（EPIP）、理论与实践一体化训练、核心技术综合应用等优秀教学模式、组织方式的运用；在遴选技术装备上，强化全国职业院校技能大赛（国赛）装备输出分享，强化国赛与合作国当地院校交流，强化在教育理念、教学模式认同基础上的相互借鉴，为所在国家培养急需的技术技能人才。

在建设定位上，除教学、培训功能之外，鲁班工坊承接、承办当地区域性技能竞赛，也是其重要功能之一，要努力成为每年一度的国赛延伸场地和体验场所。“鲁班工坊”提供的装备技术水平，与国赛、国际性竞赛的标准具有等同性、兼容性，完全具备开展国际邀请赛、对抗赛和技术技能切磋交流条件。

（四）产教融合原则

深化产教融合，促进教育链、人才链与产业链、创新链有机衔接，是国际共识。加强产教融合，是推进人力资源供给侧结构性改革的迫切要求，对扩大青年就业创业、推进经济转型升级、培育经济发展新动能具有重要意义。

鲁班工坊建设，要发挥国内外，特别是当地区域行业企业的重要作用，促进人才培养和产业需求结合，培养合作国产业发展、职业岗位需要的技术技能人才，实现产业、行业、企业、职业、专业的“五业联动”，为增强合作国产业竞争力提供服务。

鲁班工坊，将产教融合作为促进合作国经济社会发展的重要举措，贯穿于技术技能人才开发全过程，校企协同，合作育人。发挥天津职业教育“政府主导、行业主办、教育主管、企业主体”的办学优势，发挥政、行、企、校、研的“五方携手”的合力机制，引导鲁班工坊的产教融合、校企合作项目顺利实施。

（五）因地制宜原则

不同国家，政治、经济、社会的发展程度不同，技术技能人才重视程度不同，特别是合作国职业教育发展水平的不同，要在统一的规范、标准的框架下，结合当地实际，考虑合作方诉求，建设国别特点鲜明、符合当地需要的“鲁班工坊”。

已建成的 8 个鲁班工坊，覆盖亚、欧、非三大洲。葡萄牙鲁班工坊服务先进制造业，开设工业机器人技术、电气自动化技术类专业，主要面向本科层次、专业硕士的应用型、复合型、创新型技术技能人才培养，服务当地高端制造企业人员培训。而非洲吉布提，职业教育很不均衡，高等职业教育刚刚起步，开设的铁道（高铁）技术类、物流管理服务类专业在教育培训部门还没有专业目录、专业标准。泰国鲁班工坊，面向高等职业教育的技术技能人才培养，开设有制造类、铁道（高铁）技术专业。目前，8 个鲁班工坊涉及 9 大类 23 个专业。国别不同，发展阶段不同，办学层次不同，特别是教育合作能力、基础设施条件不尽相同，坚持规范标准，采取因地制宜，提供高质量服务，最为关键。

四、鲁班工坊的“1/2/3/4/5”

8 个“鲁班工坊”项目建设，坚持品牌化推动，标准化建设，规范化管理，精准化服务，全面地诠释了鲁班工坊的核心要义。

截至目前，天津原创并率先主导推动实施的鲁班工坊项目建设，涉及 9 大类 23 个专业，合作国分别为泰国、英国、印度、印度尼西亚、巴基斯坦、柬埔寨、葡萄牙和吉布提。

（一）“1”，一个品牌

品牌，就是中国职业教育国际合作知名品牌，中国对外人文交流国际知名品牌。

另外，还有一个目标，为合作国培养适应当地经济社会发展需要的技术技能人才。

（二）“2”，两个功能

在合作国实施技术技能人才培养的学历教育，为当地企业员工、社会人员开展围绕技术技能的专业培训。

（三）“3”，三个路径

依托院校间紧密的国际合作，创办“鲁班工坊”；依托国际化企业的校企合作，创设“鲁班工坊”；依托国家政府间的项目合作，创建“鲁班工坊”。

在职业院校对外国际合作办学、深度交流的基础上，遴选优质合作伙伴（院校）创办鲁班工坊。天津渤海职业技术学院创办的首个鲁班工坊——泰国鲁班工坊，就是采用的第一种路径。

与承揽海外大型工程的企业或境外办厂的企业合作，在合作国遴选合作单位（院校），致力于培养本土化的技术技能人才，满足当地人力资源短缺和企业发展的需要，创设鲁班工坊。天津轻工职业技术学院、天津机电职业技术学院建设的印度鲁班工坊，就是采用第二种路径。印度鲁班工坊伴随企业走出去，在设立之初，就实现了国际化背景下的产教融合、校企合作，与五家印度当地中资企业签署了订单培养协议。

鲁班工坊，纳入国家外交和政府间合作的战略规划，发挥其作为人文交流机制的重要作用，通过政府间的战略合作政策，创建“鲁班工坊”。天津中德应用技术大学在“澜湄合作”框架下，创建的柬埔寨鲁班工坊属于第三种路径。

随着鲁班工坊揭牌启运，特别是办学实施、组织建设、标准完善、课程研制、环境提升的不断深化，合作路径会越走越宽，彼此交叉，相得益彰，相辅相成，相互融合。

（四）“4”，四个内涵

以中国特色的“工程实践创新项目（EPIP）”为教学模式，以教育部主导下，天津职业院校开发的国际化专业教学标准为基本依据，以全国职业院校技能大赛赛项装备为主要载体，以师资培训先行及教学资源开发为必要保障。四个“以”，是鲁班工坊的核心内涵。

1．工程实践创新项目教学模式，简称 EPIP，即 Engineering Practice Innovation Project 的英文首字母缩写

EPIP，是在 20 余年的中国职业教育教学实践和理论研究基础上，广泛汲取中国古代、近现代教育思想，借鉴国际先进教育教学理念创立的，适合技术技能人才培养的一种教学模式。

EPIP，将墨子重视实践的“行为本”、“亲知”，将黄炎培的“建教合作”、教育与实业联为一体以解决生计、开发产业，将陶行知的“生活即教育、社会即学校”、“千教万教教人求真，千学万学学做真人”，融合古今、融通中外、面向未来，举旗以彰理，落地以取效，是中国职业教育在模式、话语、体系领域的一个探索。

以 EPIP 教学模式为主要内容的成果，获得了中国政府在职业教育领域的首个国家级教学成果“特等奖”。

2．天津职业院校按照教育部的部署要求，开发国际化专业教学标准

依据教育部《借鉴国外先进经验开展职业教育部分专业教学标准开发试点工作》要求，2012 年以来，天津市分两批遴选了 50 个紧贴先进制造业、战略性新兴产业、现代服务业等重点领域的高等职业教育专业，开展国际化专业教学标准的研制工作。在广泛调研基础上，梳理国际化企业的职业岗位核心技术技能，确立人才培养目标，构建工程实践导向、真实任务驱动的专业课程体系，打造了“双语、双师、双能”教学团队，建设了工程实践基地和评价体系，初步形成与国际化企业岗位需求相匹配、符合国际化技术技能人才培养要求的专业教学标准。

以国际化专业教学标准为依据，天津职业院校遴选了 243 个试点班开展试验，培养了一批受企业欢迎的国际化技术技能人才，参加国内外各类技能竞赛获奖百余次，取得显著成效。

天津市承接了教育部首期开发任务，为全国职业院校开发 50 个国际化专业教学标准，有序组织了试验、监测、完善工作，为鲁班工坊的初期创建和项目顺利实施，奠定了坚实基础与标准依据。

3．全国职业院校技能大赛（国赛）赛项装备，依据“优质优先、重能强技”建设原则，成为鲁班工坊遴选教学仪器装备的重要来源

自2008年开始，教育部、天津市政府联合国家部委办（从2008年11个部委办，到2019年35个部委办）共同主办了十二届全国职业院校技能大赛。它成为中国职业教育工作的一项重大制度设计和创新，也是新时期职业教育改革与发展的重要推进器。

全国职业院校技能大赛具备了六个主要特征：

（1）赛项设置对接产业发展和社会需求；（2）赛项设计引导专业建设、课程改革；（3）赛项标准对接企业标准和岗位要求；（4）赛项内容对接国际通用技术和工艺；（5）赛项服务专业组群综合实训教学；（6）技术与文化传承，体验与理念分享。

4．师资培训先行及教学资源开发，是鲁班工坊建设必要保障

鲁班工坊带给海外合作伙伴的不仅有先进的国际化专业教学标准、优质的国赛赛项教学装备，还有教育理念、教学模式。发挥鲁班工坊在合作国培养本土技术技能人才的作用，关键是对其教师团队的教育理念、技术水平进行提升。每一个鲁班工坊建设之初，需要对海外合作单位的教学团队、管理团队进行系统化、进阶式培养培训，使其掌握职教新理念、教学新模式、技术新应用，具备实际操作装备能力，能够培养学生掌握专业技术技能综合应用，培训企业员工掌握岗位技术技能实践应用。

鲁班工坊EPIP师资研修项目培训，是鲁班工坊建设的基础性工程。只有合作国本土化师资能力水平提升了、适应了，教学模式、专业标准、技术装备才能发挥作用，才能实现本土化教师培养本土化人才的目标。

在教学资源开发建设中，天津职业院校探索出“将国赛理念、竞赛内容、考核方式融入日常教学，将现代生产流程、技术标准、服务规范引入实践教学，将生产过程和教学过程结合”的资源开发模式，建设了一批指向赛项对应装备、兼容教学培训要求，基于工程实践导向、真实任务驱动的教学资源（教材）。

（五）“5”，五项原则——平等合作、优质优先、强能重技、产教融合、因地制宜原则

鲁班工坊作为一个品牌，可持续发展、高质量建设也面临新的挑战。在教育部支持指导下，经过长时间的筹备，2018 年 1 月 10 日，“鲁班工坊研究与推广中心”在天津渤海职业技术学院举行揭牌启运仪式。鲁班工坊研究与推广中心，以天津渤海职业技术学院为总服务平台，构建了一个总服务平台，多个支点支撑，国外国内联动，专家学者和项目单位参与的政策研究、标准研制、资源开发、指导评价的机构，对鲁班工坊建设流程与规范、标准与模式，运行机制与质量保障、监控评价与宣传推广等进行系统研究，持续优化。

鲁班工坊研究与推广中心联合相关科研院所，不断深化区域布局研究，推动资源建设，打造鲁班工坊交流合作平台，完善基础能力和配套政策，加强鲁班工坊知识产权保护，推进天津鲁班工坊、中国鲁班工坊、世界鲁班工坊项目计划，为全国各地开展鲁班工坊建设提供服务与指导。

鲁班工坊服务与管理信息平台，是鲁班工坊研究与推广中心牵头建设的，展示鲁班工坊建设与发展成果，为各个鲁班工坊建设单位提供的国际化网络信息发布、教学资源分享、国际赛事交流的信息平台，具有服务管理、指导监测功能。

五、鲁班工坊的发展进程

鲁班工坊发端于国家职业教育改革创新示范区建设。鲁班工坊起步于国家现代职业教育改革创新示范区建设。

2015 年 7 月，教育部与天津市人民政府签署共建“国家现代职业教育改革创新示范区”协议，也就是迄今为止唯一的国家职业教育改革创新示范区的“升级版”，标志着天津职业教育进入“职教 4.0”建设时代。该协议中，进一步明确围绕国家发展战略需求，实施了职业教育国际合作交流促进工程，提出职业教育国际交流平台构建计划、职业教育“走出去”战略实施计划和提升全国职业院校技能大赛国际影响计划。

鲁班工坊从项目方案设计、内涵模式确定，到创设世界第一个鲁班工坊、

欧洲第一个鲁班工坊，再到上升为国家战略、创设非洲首个鲁班工坊，专业范围涉及 9 大类 23 个专业的 8 家鲁班工坊，项目足迹遍布亚、欧、非三大洲。

让我们将时间轴的原点，拉回到 2010 年，回望走过的道路与驿站，分享有过的喜悦和脉动。

（一）鲁班工坊的发展进程

1．2010 年

教育部与天津市人民政府签订协议，建设唯一的“国家职业教育改革创新示范区”。

教育部高等学校高职高专自动化技术类专业教学指导委员会启动工程实践创新项目（EPIP）建设。

在泰国曼谷举行的第八届东盟技能大赛上，全国职业院校技能大赛“自动化生产线安装与调试”赛项成为东盟十国技能大赛指定赛项。

2．2011 年

天津海河教育园区一期工程竣工，7 所高水平职业院校入驻园区办学，作为国家职业教育改革创新示范区核心区、国赛主赛场核心区，初步呈现聚集效应、辐射效应和示范效应。

3．2012 年

天津市承接教育部任务，开发 50 个高等职业教育国际化专业教学标准。

首届“工程实践创新项目（EPIP）国际交流会暨工程实践创新国际挑战赛”在天津举办。

《工程实践创新项目（EPIP）教程》中文版正式出版。

4．2013 年

教育部在天津召开 25 个国际化专业教学标准验收评审会。

《工程实践创新项目（EPIP）教程》英文版正式出版。

在教育部指导下，天津市启动 131 个国际化专业教学标准试点班建设工作。

5．2014 年

以 EPIP 教学模式为重要内容的成果，获得中国职业教育领域首个国家教学成果“特等奖”，习近平主席接见成果负责人，时任国务院副总理刘延东颁奖。

泰国职业院校政府代表团、职业院校校长工作团组分别来天津，天津市教育委员会组织 11 所高职院校与泰方签订院校合作协议。

在越南河内市举办的第十届东盟技能大赛上，全国职业院校技能大赛“数控维修”赛项成为东盟十国技能大赛指定赛项。

6．2015 年

教育部与天津市人民政府签署共建“国家现代职业教育改革创新示范区”协议，启动示范区“升级版”建设。

天津市举办首届高职院校国际化专业教学标准说课比赛。

《高等职业教育国际化专业教学标准开发与实践》正式出版。

在教育部职业教育与成人教育司指导下，天津市教育委员会牵头启动鲁班工坊项目研究、方案设计和标准研制工作。

7．2016 年

天津渤海职业技术学院在泰国大城技术学院建立中国首个境外鲁班工坊。

首届 IEEE 电脑鼠走迷宫国际邀请赛在天津举行。

在马来西亚吉隆坡举行的第十一届东盟技能大赛上，全国职业院校技能大赛“物联网技术”赛项成为东盟十国技能大赛指定赛项。

“机电一体化技术”国际化专业教学标准，通过中泰两国双方院校认可，并启动中泰职业教育教学研究中心建设。

8．2017 年

《鲁班工坊——职业教育国际化发展的新支点》论文公开发表。

泰国政府向吕景泉和天津渤海职业技术学院芮福宏颁授“诗琳通公主奖”。

时任国务院副总理刘延东会见泰国鲁班工坊项目建设单位的于兰平、哲仁校长，高度评价了该项目建设。

工程实践创新项目（EPIP）国际教育联盟在天津成立。

天津市经济贸易学校（天津市第二商业学校）在英国奇切斯特学院建立英国鲁班工坊。

中泰 EPIP 教学研究中心在泰国大城技术学院成立。

天津市经济贸易学校（天津市第二商业学校）成为 Qualifi 在中国首个被授权的 2 ～ 8 级学历教育教学中心，英国鲁班工坊合作项目获英国国家学历资质认证。

天津轻工职业技术学院、天津机电职业技术学院在印度金奈理工学院建立印度鲁班工坊。

天津市东丽区职业教育中心学校在印度尼西亚东爪哇省波诺罗戈市第二职业技术学校建立印尼鲁班工坊。

9．2018 年

《服务“一带一路”，职业教育的新作为——鲁班工坊》论文公开发表。

在教育部指导下，鲁班工坊研究与推广中心揭牌启运。

天津市人民政府印发《天津市人民政府办公厅转发关于推进职业院校在海外设立“鲁班工坊”试点方案》。

印尼总统佐科·维多多对印尼鲁班工坊给予高度评价。

国务院副总理孙春兰考察坐落在天津海河教育园区天津轻工职业技术学院的鲁班工坊建设·体验馆，会见中外双方校长，指导鲁班工坊建设。

教育部副部长孙尧明确提出，推进葡萄牙鲁班工坊建设任务，中葡职业教育研讨对接会在天津机电职业技术学院举行。

天津现代职业技术学院在巴基斯坦旁遮普省技术教育与职业培训局建设巴基斯坦鲁班工坊。

泰国鲁班工坊铁院中心揭牌启运，开启了“一坊两中心”建设模式，建成第一个境外高铁类技术技能人才培养中心。

国务院总理李克强听取天津市副市长曹小红汇报鲁班工坊建设情况，给予高度肯定。

天津轻工职业技术学院牵头申报"'一带一路'视域下海外鲁班工坊建设的标准化模式研究"、天津机电职业技术学院牵头申报"基于'工程实践创新项目'的教学模式与实践"获批教育部重点课题。

习近平主席于 9 月 3 日在中非合作论坛北京峰会上提出，在非洲设立 10 个鲁班工坊，向非洲青年提供职业技能培训。鲁班工坊正式上升为国家战略。

天津市委、市政府出台了《关于做大做强做优职业教育的八项举措》，强力推进鲁班工坊建设。鲁班工坊推动工作领导小组成立，天津市委常委陈浙闽任组长。

泰国王室向泰国大城技术学院颁发王室最高奖项"国王奖"。

天津中德应用技术大学在柬埔寨国立理工学院建立柬埔寨鲁班工坊，中央政治局委员、天津市委书记李鸿忠见证揭牌启运。

天津市副市长曹小红率教育代表团考察葡萄牙和瑞士，推进葡萄牙和瑞士鲁班工坊项目建设。

《鲁班工坊》著作出版。

12 月 5 日，在习近平主席和科斯塔总理的见证下，天津市市长张国清与塞图巴尔市市长签署葡萄牙鲁班工坊合作项目协议,并出席鲁班工坊揭牌启运。

天津渤海职业技术学院牵头申报的"开发国际化专业教学标准，创设'鲁班工坊'职业教育国际合作的研究与实践"获职业教育国家级教学成果"一等奖"。

天津市经济贸易学校（天津市第二商业学校）牵头申报的"中餐烹饪教学标准的推广与实践——鲁班工坊英国案例"获职业教育国家级教学成果"二等奖"。

天津市教育委员会委托中国社会科学院开展非洲鲁班工坊布局研究。

天津市教育委员会与中国驻印度大使馆在印度新德里举办首届"中国—印度职业教育合作论坛"，论坛是中印两国高级别人文交流机制首次会议的一项重要活动 。

10．2019 年

《鲁班工坊——中国职业教育国际知名品牌》论文公开发表。

《EPIP 职业教育教学模式：改造我们的学习》著作出版。

天津铁道职业技术学院、天津市第一商业学校与中土集团有限公司在吉布提工商学校建立第一个非洲鲁班工坊，吉布提总统盖莱、天津市委常委陈浙闽出席揭牌启运。

“鲁班工坊”国际精品教材获批中宣部“中华文化走出去”出版工程（国家出版工程）；

天津轻工职业技术学院、天津交通职业学院、埃及艾因夏姆斯大学三所学校签署埃及鲁班工坊合作备忘录。

天津医学高等专科学校、天津市红星职业中等专业学校与瑞士爱斯康柏职教中心签署框架协议，共建瑞士鲁班工坊。

4 月 25 日，习近平主席在第二届“一带一路”国际合作高峰论坛期间会见埃及总统塞西，提出中方将在埃及设立鲁班工坊，向埃及青年提供职业技能培训。

首届“鲁班工坊”与产教融合国际论坛在天津举办。

非洲鲁班工坊研究与推广中心在天津成立。

南非、尼日利亚、马达加斯加、瑞士、俄罗斯等国鲁班工坊在推进中。

《EPIP 教学模式——中国职业教育的话语体系》著作出版。

《鲁班工坊核心要义——中国职业教育的国际品牌》著作出版。

（二）项目，启动已经4个年头；时间，也过了整整4年

鲁班工坊建设不寻常的 4 年，是天津职教人，努力实施“实践探索、理论研究、经验总结、成果推广”的 4 年；是天津职教人，在中国改革开放 40 多年大背景中，作为担当、苦干拼搏的 4 年；是天津职教人，在教育部指导下，在市委市政府强有力的领导下，聚集示范区资源优势，品牌化推进职业教育国际合作，彰显国家职教示范区建设成果的 4 年；是天津职教人，服务“一带一路”，推出中国职业教育方案，构建中国职业教育话语、模式、标准、体系，开启与世界成功分享的 4 年。

——摘自《天津职业院校联合学报》2020，（01）. 吕景泉.“鲁班工坊的核心内涵——中国职业教育的国际品牌”

第四章

鲁班工坊的创建基础

鲁班工坊，萌动于国家职业教育改革试验区建设，发端于国家职业教育改革创新示范区建设，起步于国家“现代”职业教育改革创新示范区建设，成熟于服务“一带一路”，促进国际产能合作，助力人类命运共同体建设，定型于鲁班工坊上升为国家战略。

鲁班工坊，是天津职业教育试验区发展、示范区改革、升级版创新的成果集大成，是中国职业教育内涵发展、提质培优、改革创新的成果集大成“呈现”。

鲁班工坊，是天津职业院校办学成果、教学成果、领导水平、服务能力的集大成，是中国职教人勇于实践、敢于开拓、求真务实、家国情怀的集大成“展现”。

鲁班工坊，是中国职业教育品牌、模式、标准、装备、教材系统性、体系化与世界分享的“集大成”。

作为品牌首倡者、项目建设者，鲁班工坊，也是自己从事职业教育的教学实践、管理实践、服务实践的一次集大成；是从事中德职教办学实践、中西（西班牙）职教办学实践、中加（加拿大）职教办学实践近30年、近20年、近10年，开展欧洲、日本、美国、加拿大、澳大利亚、东盟、非洲实地研修及项目研究的集大成；是对中国职教学习、实践、研究、转化、发展，对国际职教理论、模式、体系、话语、方法进行深入鉴别、梳理、提炼、试验、总结的集大成；更是将教学模式创设、国赛赛项研发、国际化专业研制、国家精品课程建设、国家教学名师成长、国家教学团队资源、国家职教示范区建设、“政行企校研”协同等方面的经验成果进行整合、结合、融合的一次“集大成”。

第一节　供给侧，中国职业教育结构性改革的方向与领域

【此文发表于 2016 年 3 月】

中央财经领导小组第十一次会议上“供给侧改革”的概念由习近平总书记首次提出，其含义是在适度扩大总需求的同时，着力加强供给侧结构性改革，着力提高供给体系质量和效率，增强经济持续增长动力，推动我国社会生产力水平实现整体跃升。这一理念的提出意味着我国发展模式的重大调整。

供给侧结构性改革的提出主要是源于解决进入新常态的中国经济，面临的一系列新的突出矛盾和问题。问题一：结构性的有效供给不足。2014 年，我国产量居世界第一的工业产品已超过 250 种，部分行业产能严重过剩，呈现中低端产品过剩、高端产品供给不足的状况，比如平板玻璃严重过剩，但电子用的平板玻璃等还不能生产。问题二：有效供给跟进不到位。2015 年，新兴消费需求不断扩大，中国游客出境游消费达 1.1 万亿元，其中大部分用在购物，消费品供给规模有余而品质不足，比如人们要出国去买奶粉、买马桶盖甚至药品、牙膏，衣食住行消费实现了基本满足后，老百姓的消费升级加快，向个性化、高端化、服务化发展，新需求多。

基于此，经济发展进入“新常态”后，未来改革的用力方向将不全在需求侧，而在供给侧的结构。改革的着力点是从供给侧入手，着力加强供给侧结构性改革，矫正要素配置扭曲，扩大有效供给，提高供给结构适应性和灵活性，提高全要素生产率。政策的着眼点，在于供给侧、结构性、体制性矛盾的病根。通过进行供给侧结构性改革，更好地使资源从过剩领域转移到符合市场需求的领域，从过剩产业转移到有市场需求的产业，资源重新得到优化再配置。

一、供给侧结构性改革在职业教育领域的必要性

教育的结构是指基础教育、职业教育、高等教育和成人教育的各种不同类型和层次的教育组合和各自比例构成，包括教育纵向系统的层级与层级之间的比例关系和相互衔接，以及教育横向系统的类型与类型之间的比例关系和相互联系，具有多层次性和多方面性。对各级各类教育内部而言，又有各自的教育类型结构、教育层次结构和专业设置结构。

合理的教育结构对经济和社会发展、经济结构的合理化有重要作用，调整教育结构是提高教育经济效益的重要途径。

从供给侧结构角度分析，我国教育供给侧结构的发展水平存在很多问题，基础教育发展不够均衡，多样性多元化不够强；高等教育人才培养应用性和针对性不够强；成人教育办学功能在弱化和转型焦虑交织中；职业教育办学质量、吸引力在提升和形成过程中；各种教育类型和层次的组合和比例不尽科学合理，等等。

职业教育作为整个国民教育体系的重要组成部分，是与经济发展结合最为紧密的教育类型，职业教育承担着为国家经济社会发展提供大批技术技能人才的重要任务。这一本质属性也决定了合理的职业教育供给体系结构对于解决当前经济社会发展、经济结构合理化及转型升级对技术技能型人才需求问题，起着非常重要的作用。

我国进入中等偏上收入国家行列之后，随着经济结构调整的步伐和城市化进程的加快，经济长期积累的结构性矛盾相当突出，问题方方面面，与教育联系紧密的突出问题是结构性失业问题日益严重。目前，我国结构性失业压力比总量性失业压力更大。这反映在结构性失业问题不仅增加了总量性失业问题的治理难度，而且与总量性失业问题共同加剧了我国失业问题的进一步发展。主要表现在：沿海及发达地区出现“民工荒”，中西部和相对贫困地区却存在着劳动力供大于求；全国范围内的“技工荒”明显，技术工人、专技人员、高级技术人员的供给不能满足经济发展需求而形成缺口；职业能力和职业意识欠缺成为大学生“毕业难就业”问题的主要原因；下岗失业人员再就业困难，形成

“离岗不离厂”特殊现象；中高层次经营管理、高端技术技能应用型、精通国际规则外向型的“人才荒”愈演愈烈。当前我国的结构性失业，无论是民工荒、技工荒，大学生难就业、中高级人才荒，还是下岗失业人员的再就业，这些都为我国的经济发展带来许多不利因素。我国本来是世界上人口大国，存在着明显的劳动力资源优势，但却出现结构性失业，这无疑是人力资源的巨大浪费。因此，改革职业教育的发展模式，实施职业教育的供给侧结构性改革是职业教育的重大任务。

二、职业教育供给侧结构性改革的方向和领域

职业教育供给侧结构性改革的核心任务是从职业教育发展过程中存在的问题及需求出发，促进职业教育内涵发展，推进职业教育结构调整，实现要素配置的合理化，扩大职业教育的有效供给，满足经济转型发展在规模、结构和质量等方面提出的需求，实现职业教育的可持续发展。伴随我国有关发展职业教育相关政策及发展规划的出台，职业教育面临的挑战与机遇并存，针对当前职业教育存在的各种问题，供给侧结构性改革的重点应包括以下几个方面。

（一）构建中国特色现代职业教育体系

现代职业教育是什么？服务经济社会发展需要，面向经济社会发展和生产服务一线，培养高素质劳动者和技术技能人才并促进全体劳动者可持续职业发展的教育。

按照加快经济发展方式转变的总体要求，适应新常态、服务新常态、引领新常态，深化体制机制改革，统筹发挥市场和政府作用，系统设计职业教育体系框架、运行机制和结构布局，应对经济供给侧结构性改革，推动经济迈向中高端水平，推动职业教育体制机制创新，深化职业教育结构性调整，为建设人力资源强国和创新型国家提供人才支撑。

现代职业教育体系是什么？到2020年，形成适应发展需求、产教深度融合、中职高职衔接、职业教育与普通教育相互沟通，体现终身教育理念，具有中国特色、世界水平的现代职业教育体系。现代职业教育体系的基本特征体

现在6个方面：第一，它是一个教育类型，而不是教育层次；第二，它是以就业为导向的教育，不是简单以升学为目的；第三，它肩负着构建科学合理教育结构的功能，这种教育直接有利于提升人力资本的素质；第四，它是不断契合产业发展和产业升值的教育；第五，它也是因材施教的教育，这种教育让每个人都能够通过教育来改变自身的命运；第六，它体现了终身教育理念，搭建了职业可持续发展的“立交桥”。

建立现代职业教育体系是深化教育综合改革、构建科学合理教育结构、实现教育现代化的重要突破口和切入点。

（二）改善职业院校专业布局结构

职业院校科学合理设置专业。服务国家重大发展战略，围绕区域优势主导产业、战略新兴产业、现代服务业、比较优势产业及重要工程，遴选优质专业，对接职业标准和行业岗位工作标准，调整专业布局，实施重点建设。以校企合作为支撑，产业调研和课题研究为引导，对接区域经济和社会发展重大项目，优化专业组群布局；以行业企业和岗位技能需求为导向，整合现有专业资源，实施企业项目服务，提升专业组群和产业组群的匹配度；以学校面向社会的项目服务为吸引，集聚校企资源，推动现有专业改造，孵化新专业。专业设置对接产业变化，专业建设适应产业发展，产教、校企资源在技术服务、教学团队、装备仪器、培训资源、标准模式方面高度融合聚集，构建了“服务—累积—孕育—优化”的专业组群建设模式；以国际合作为依托，引进国外高端智力资源配备专业组群，引进跨国企业通用职业标准，开发教学资源，融入专业建设，提升职业院校专业组群服务国家发展战略对高端应用型技术技能人才需求的能力；以推进校企合作办学、合作育人、合作发展平台建设为目标，开展应用技术研究，探索建立技术技能积累创新联合体，加快培养急需的新型高端技术技能人才。对接“一带一路”、京津冀协同发展等国家战略，建设适应需求、特色鲜明、效益显著的专业群。

（三）建设现代职业教育课程体系

文化基础教育、中华优秀传统文化教育、职业技能和职业精神融合培养教育、通识教育逐渐成为职业教育课程体系中越来越重要的内容结构要素。探索文化基础课与专业课间的相互融通和配合，强化学生文化素质、科学素养、综合职业能力以及可持续发展能力培养，非常重要。挖掘中华优秀传统文化资源，设计专题的课程，开设中华礼仪、经典诵读、传统技艺等选修课和通识课，非常重要。探索有效途径，常态化的有效职业精神培育，重视质量意识、敬业守信、创新务实精神的培养，非常重要。增强学生安全意识、环保意识、守纪意识、职业意识，引导学生立足岗位、增强本领、服务社会的职业理想，增强对职业、责任、使命的认识与理解，非常重要。

专业核心课程教学贴近生产实际和技术进步，对接新标准、新规范、新工艺，贴近岗位实际工作过程，完善、调整课程结构，更新课程内容，深化课程改革，同样十分重要。

实施有效的实践性教学，推行专业认识实习、过程跟岗实习、毕业顶岗实习等实习形式，强化以育人为目标、以职业为导向的实习考核评价，加强围绕培养学生创新意识、创业能力实践活动的设计和支持，越来越重要。

实践课程资源建设要立足于实践案例的“真度”，技术应用的“深度”，创新空间的“广度”，教学内容的“厚度”，软硬结合的“密度”，虚拟仿真的“效度”，学习过程的“乐度”，人才培养的“适度”，开发综合性实践教学的资源。

建立职业教育质量年度报告制度，进一步提高年度质量报告的量化程度、可比性和可读性，强化对报告发布情况和撰写质量的监督管理。开展教学诊断和改进工作，针对职业院校不同发展阶段特点确定诊改重点。探索行业组织开展专业层面的教学诊改试点，以行业企业用人标准为依据，通过结果评价、结论排名、建议反馈的形式，倒逼职业院校的专业教学改革与建设。

（四）建立“双师型”教师培养培训体系

实施职业院校新教师“入岗训练”“试岗锻炼”和“胜岗历练”的三阶段培养体系，这3个阶段应该为3年以上的时间跨度，它是一名新教师能够融入职业教育、投身职业教育、从事职业教育的必经阶段，是培养一名“双师型”素质职业院校教师应该经历的过程。这个过程要有校企双元要素、国际多元要素、教学综合要素、教育复合要素多方面、多经历、多层级地对教师的打造和锤炼，要有新教师“视自我提升为己任”的岗位意识、职业视野、事业精神，以取得教师职业能力水平的“升华”。培养具有国际视野和交流能力、校企合作和实施能力、工程实践和现场经历，专业理论知识和技术技能水平高，专业技术和信息化应用能力强，教学组织科学和方式灵活，职业道德和文化素养好的职业教师是职业院校质量建设的大命题，是生命线。

职业教育“工学结合”的人才培养模式决定了职业院校必须打造“双师”素质教师队伍，探索“双师”教师队伍的有效培养途径、模式与机制。以专业教学能力和工程实践能力“双师”能力提高为目标，以校企合作“项目驱动”为培养途径，实施新教师“三年三阶段”、在职教师“五年一轮次”的培养培训，形成教师职业能力提高的有效机制，实现师资队伍建设的专业化、系统化和规范化，为职业院校服务区域经济、专业建设服务产业发展、人才培养适应国际化需求的内涵发展提供支撑，是职业院校核心竞争力建设的重要任务。

加强专业骨干教师培训，重视公共基础课、实习实训、职业指导教师和兼职教师培训。加强兼职教师的职业教育教学规律与教学方法培训；支持兼职教师或合作企业牵头教学研究项目、组织实施教学改革；鼓励职业院校专业骨干教师同时成为企业培训师，驾驭学校、企业“两个讲台”。

（五）推进职业教育国际化进程

引进境外优质资源。加强与信誉良好的国际组织、跨国企业以及职业教育发达国家开展交流与合作，探索中外合作办学的新途径、新模式。学习和引进国际先进成熟适用的职业标准、专业课程、教材体系和数字化教育资源；选择类型相同、专业相近的国（境）外高水平院校联合开发课程，共建专业、实验室或实训基地，建立教师交流、学生交换、学分互认等合作关系。

配合国家“一带一路”，助力优质产能走出去，扩大与“一带一路”沿线国家的职业教育合作。发掘和服务“走出去”企业的需求，培养具有国际视野、通晓国际规则的技术技能人才和中国企业海外生产经营需要的本土人才。将国际先进工艺流程、产品标准、技术标准、服务标准、管理方法等引入教学内容；

与拓展国际业务的大型企业联合办学，共建国际化人才培养基地；发挥职业院校国际化专业、双语化课程和“双师”型教师优势，探索在海外设立“鲁班工坊”，配合“走出去”企业面向当地员工开展技术技能培训和学历职业教育。

加强全国职业院校技能大赛国际化环境建设，对接世界技能大赛，引入国际化优质赛项，把大赛建设成为职业院校教学成果的展示中心、新技术新工艺新设备新技能的体验中心、产教融合校企合作的重要载体，提升大赛的国际参与度和影响力，建设我国职业院校师生参加世界技能大赛的培养培训基地。

（六）实施职业教育信息化计划

将信息化作为现代职业教育体系建设的重要基础，推进信息化平台体系建设，加快数字化专业课程体系建设。实施职业院校信息化基础设施建设计划，加强职业教育信息化管理平台和数字化资源平台建设。

顺应“互联网 +”的发展趋势，应用信息技术改造传统教学，促进泛在、移动、个性化学习方式的形成。开发虚拟仿真实训系统，替代在现场实习安排困难或危险性高的专业领域；开发仿真教学软件，优化教学中难以理解的复杂结构、复杂运动；推广教学过程与生产过程实时互动的远程教学。

建设数字教育资源共建共享体系。完善职业院校数字化建设标准，建立区域性职业教育数字资源共建共享联盟。探索建立高效率低成本的资源可持续开发、应用、共享、交易服务模式和运作机制，探索“互联网 +”在职业教育教学、实训、科研、管理、服务等方面的全方位应用，使中国职业教育的信息技术应用达到世界先进水平。

三、职业教育供给侧结构性改革的再思考

职业教育供给侧结构性改革是一项系统工程，涉及职业教育教育改革的多个方面，既有职业教育体系内部的问题，也有职业教育体系外部的问题，因此，除了上述核心要素改革之外，还需要从制度供给方面提供保障支持。

（一）完善法规体系促进校企合作

产教融合、校企合作培养技术技能人才是国际职业教育成功国家的共同规

律。长期的实践表明，我国职业教育校企合作中存在的诸多障碍，都是源于缺乏国家层面的法律制度，当前迫切需要从教育、经济、劳动 3 个领域修改现有法律和新增相关的法律，加快建立国家层面的宏观性法律框架，为职业教育产教融合、校企合作制度实施提供保障。

（二）深化分类招生考试制度综合改革

根据《国务院关于深化考试招生制度改革的实施意见》，深化推进职业教育分类招生考试制度改革，建立符合职业教育培养规律和特点的人才选拔模式，促进素质教育的实施，由政府统筹管理，学生自主选择、学校多元录取、社会有效监督的中国特色职业教育考试招生制度。

（三）创新管理模式建立现代学校制度

创新职业教育管理体制机制，加强职业教育统筹管理，强化联席会议机制，落实各部门职责，完善政府统筹、分口管理、协调发展的职业教育管理体制。

建立健全现代职业学校制度，完善职业院校理事会或董事会制度、职代会制度等学校内部治理，提升职业院校治理能力。完善现有职业教育集团的治理结构、发展机制，建立健全以契约为基础的、责权利分明的行业职教集团董事会或者理事会制度。

建立第三方评估制度。围绕社会经济发展以及区域协同发展战略，建立职业教育的人才需求和预测制度、毕业生跟踪调查制度、质量监测和评价制度等基础性服务支撑系统。

——自《中国职业技术教育》2016,（09）.吕景泉，马雁，杨延，等.“职业教育：供给侧结构性改革”

第二节　解放思想，推进国家现代职业教育示范区建设

【此文发表于 2017 年 1 月】

2016 年是天津“国家现代职业教育改革创新示范区”建设的开局之年，也是天津市职业教育“十三五”发展的开局之年。近年来，天津职业教育不断解放思想，凝聚前进动力，以新理念拓展新思路，以新思维谋划新事物，以新思想落实新战略，以新动力推进新发展，以新活力展现新实力，在改革和创新的深度和力度上下功夫，用一股狠劲推动改革任务落实，不仅强有力地支撑了经济社会发展和产业转型升级对技术技能人才的强烈需求，而且持续保持了职业教育的领先态势，探索形成了发展职业教育的“天津经验”和影响广泛的职业教育“天津模式”，成为一张亮丽的职业教育名片。

一、解放思想，筑牢天津职业教育发展的大格局

（一）坚持当好先行先试排头兵，不断创新职业教育发展的“天津模式”

在中国近现代职业教育发轫 150 周年之际，天津作为我国近现代工业的发源地，承袭深厚的职业教育历史积淀，再一次肩负职业教育先行先试排头兵的重任。100 多年前，“工学并举”率先开创了实业教育发展的中国模式；新中国成立之初，“半工半读”领跑全国，创设了技术教育的示范模式；21 世纪初，“产教融合、校企合作、工学结合”职业教育办学模式，示范引领全国职业教育改革，确立了职业教育的“天津模式”。

2005 年，天津市与教育部共建首个“国家职业教育改革试验区”；2010 年，天津市再次与教育部共建，升级为首个“国家职业教育改革创新示范区”；

2015年，升级为唯一的“国家现代职业教育改革创新示范区”。如果说，“改革试验区”和“改革创新示范区”是国家职业教育发展的2.0版本和3.0版本，那么，正在建设的“国家现代职业教育改革创新示范区”就成为国家职业教育发展的4.0版本。在职业教育发展的新阶段，天津再一次承担起国家职业教育发展先行先试的重任，为全国创造可复制、可借鉴、可推广的经验做法。

（二）坚持紧贴经济社会转型需求，积极开拓“四大支撑”特色发展之路

天津职业教育始终坚持紧贴经济社会转型需求，紧跟改革创新发展步伐，紧扣民生服务改善脉搏，紧随天津城市品牌提升，创新开拓、独具匠心，夯实基础、打造优势，面向人人、强化服务，走出了一条“支撑经济转型，服务支柱产业；支撑创新发展、服务中小企业；支撑民生改善，服务技能培训；支撑城市品牌，服务国内国际”的“四大支撑”特色发展之路，探索出一批可复制、可借鉴、可推广的典型经验，初步建成了具有天津特点、中国特色的职业教育体系。

（三）坚持以提高质量为核心，大力提升职业教育培养服务的能力和水平

天津职业教育始终坚持以质量为核心，截至2015年底，1所应用技术大学和24所独立设置的高职院校中有国家示范校4所、国家骨干校3所，90所中职学校中有国家示范校20所、国家级重点校13所、省部级重点校7所；高职院校招生6万余人，在校生16.26万人，毕业生首次就业率达96.19%；中职在校生11.3万人，毕业生就业率为96.90%。统计显示，2014届高职毕业生在毕业后的月收入、就业现状满意度、校友满意度、校友推荐度、毕业生自主创业比例指标上分别达到3 413元、65%、89%、64%和4.4%，均高于全国平均数据的3 200元、59%、87%、61%和3.8%，处于国家前列；天津轻工职业技术学院位于“高等职业院校服务贡献50强”之列。

天津市由政府统筹协调建立了职业教育服务企业职业培训机制，职业院校

与天津滨海新区以及31个示范性工业园区签署了职业培训协议，有效地提升了全市技术技能人力资本积累。目前，职业院校年社会培训量超过26.5万人次，其中高职院校年培训量校均超过在校生1.5倍以上，部分职业院校开展社会培训与学历教育的人数之比达2∶1。2015年，天津启动了百万技能人才培训福利计划，通过政府购买服务的方式，鼓励和引导职业院校、企业和社会培训机构，重点面向企业中青年职工、院校学生、失业人员和农村劳动力等四类群体，开展大规模职业技能培训，提高劳动者职业技能和职业素养。计划用3年时间，通过有组织的培训和自学，使120万人取得相应的职业资格证书。

（四）坚持实施“产业、行业、企业、职业和专业”五业联动，强力推进产教融合的深度发展

自2014年开始实施产业、行业、企业、职业和专业相互联动（“五业联动”）以来，连续举办“产业·行业·企业·职业·专业对接高端讲堂”，搭建五业对接平台，讲堂由天津市教委主导，中国教育科学研究院、天津市发改委、天津市工信委、天津市人力社保局、天津市商务委、渤海化工集团、中环电子集团、百利机电控股集团、津能投资集团、用友新道等近20个国家重大项目负责人、专家、相关部门负责人做专题讲座和研讨，深刻剖析国家和天津产业结构调整与升级状况，研讨产业发展趋势对技术技能人才的需求，围绕现代产业发展对技术技能人才需求类型变化，聚焦职业教育优势专业群对接优势产业群，精准确立天津职业教育专业建设与发展，推进以产业或专业（群）为纽带的专业人才培养与岗位需求的深度融合与对接。2015年底启动了36个优质专业对接天津优势产业群建设试点，着力推动职业教育教学改革与产业转型升级的衔接与配套。

（五）坚持开放式国际化办学，加快建立中国职业教育的国际话语权

天津始终把职业教育国际化作为现代职业教育体系建设的重要方向，着力提升国际化水平，在院校合作、专业教学标准、技能大赛等方面从国际输入转向国际输出，不断扩大国际交流与合作的影响力，建立中国职业教育的国际话

语权。天津市部分职业院校先后与德国、英国、美国、新西兰、韩国、新加坡、泰国等 20 余个国家和地区，开展了多层次、多类型、多领域的职业教育交流与合作，将国际化综合要素深度融入教育教学全过程，探索创新国际合作与交流的新模式。在各高职院校中开设的国际试点班 131 个，惠及学生人数超过万人；各职业学校开发的多部专业教材翻译成多国语言，被国外有关职业院校作为重要的教学材料；开发完成 50 个国际化专业教学标准，并于 2015 年正式出版发行《高等职业教育国际化专业教学标准开发与实践》；天津中德应用技术大学以中德、中西（西班牙）、中日政府间合作项目为基础，在 9 个专业组群配备国外高端教学专家，实施国际化的人力资源和管理模式，2016 年 6 月 18 日，来自泰国的首届留学生从天津中德应用技术大学顺利毕业，同期又迎来了德国留学生。

2016 年 3 月，天津渤海职业技术学院在泰国大城技术学院正式落成泰国“鲁班工坊”，这是我国在海外设立的首个职业教育领域“孔子学院”，成为我国职业教育成果输出国门与世界分享的首个案例。“鲁班工坊”以中国鲁班的“大国工匠”形象，凝聚天津现代职业教育改革创新示范区的教育教学组织理念，集中天津优质职业教育资源，承载天津职业教育产教融合、校企合作的丰富成果，采取学历教育与职业培训的方式输出国门，创建具有国际竞争力的中国特色职业教育品牌。同年 11 月，泰国大城学院参加第十一届东盟职业技能大赛，通过“鲁班工坊”自动化装备训练的师生代表队，在大赛中获得一等奖。截至目前，泰国鲁国工坊的培训规模已达到千余人次，不仅泰国大城学院以及所在地的其他学校的学生获得了高质量的中国职业教育，而且还吸引了周边其他国家的学生慕名前来求学，有效提升了中国职业教育的国际影响力和话语权。

2016 年 5 月，中印职业教育交流与合作又将建立由中国教育部批准，天津市教委负责实施的印度“鲁班工坊”。印度“鲁班工坊”在天津市教委主导下，由天津轻工职业技术学院、天津机电职业技术学院和大连机床负责，整合开发出适合印度市场需求的新专业、新课程、新培训机制，促进建立中印双方政府、院校与企业共同参与、共同开发、共同建设的国际化校企合作平台。

（六）坚持职业教育集团化办学，持续增强职业教育办学活力

天津职业教育始终坚持职业教育集团化办学，发挥行业企业主体办学优势，组建了由各行业集团公司牵头，骨干企业、科研院所与相关职业院校共同参与的 19 个职业教育集团，将学历教育、职工培训及职业技能鉴定融为一体，开展产学研一体、顶岗实习以及订单培养等多种合作形式，统筹使用校舍、师资、经费、设备等资源，基本形成了跨部门、跨领域、跨专业协作的良性运行机制。2015 年又完成了渤海职教集团、商务职教集团、电子职教集团的转型升级。同时，还组建了区域性终身学习职业教育集团，构架了中心城区天津城市职业学院社区职教集团、滨海新区社区职教集团和涉农区社区职教集团三大区域布局。

二、改革创新，深化天津现代职业教育的大发展

（一）发挥行业企业主体办学优势，创新行业企业特色的办学机制

行业企业办学是天津市职业教育的突出特色，1 所应用技术大学、22 所高职学院直接由行业部门或企业举办，占高职院校总数的 88.5%，另有 68 所中职学校和 6 所民办学校亦属行业或企业办学，占中职学校总数的 82.2%。多年来，天津职业教育借助与行业企业直接、紧密的关系优势，不断理顺相关主体关系，优化布局结构，探索构建了“两完善—增长—加强”具有天津特色的、适应行业企业主体办学的管理运行机制，即进一步完善以行业企业办学为主的办学体制，完善以财政经费投入为主、多元多方支持的保障体制，建立职业院校生均经费或公用经费动态增长机制，加强教育行政部门统筹管理。

目前，天津市教委会同相关委局和企业集团组建了商务类、石油化工类、交通运输类和生物医药类市级行业职业教育指导委员会，推进行业企业参与人才培养全过程，强化行业指导、评价和服务，实现校企协同育人。各职业学校注重发挥行业办学优势，主动加强与行业所属企业的全方位合作，普遍建立了“产教结合委员会”，积极引入世界知名、国内一流企业，开展多层次合作，在专业设置和课程建设等方面，基本形成了校企之间主动合作的职业教育运行机

制，共同培育人才，实现合作共赢。高职院校的118个中央财政支持专业和101个市级财政支持专业全部建立了长效、动态的校企合作机制。积极引导企业资本、行业资源向职业教育汇集，2013年，上海三菱电梯有限公司向天津轻工职业技术学院投资500万元，校企共建了“华北大区电梯安装与维修培训基地”；天津英利新能源有限公司与该学院光伏专业合作，以共同研发和共同投入的方式，完成滨海新区新能源产业实训和研究基地建设，同时成为学院光伏应用技术课程的实训基地。

（二）加强现代职业教育体系建设，创新系统培养技术技能人才路径

现代职业教育体系必须“纵向贯通、横向融通”，营造人人皆可成才、人人尽展其才的良好环境，为每个有志于技术技能工作的人提供发展的通路。“纵向贯通”是要打破制约职业院校学生成长的“天花板”，建立“中职”、“高职”、“应用本科”和“专业硕士”的技术技能人才培养通道，按照顶层设计、分类指导、积极探索、稳步推进的原则，加快推进高等职业教育分类招考，探索和完善自主招生、综合评价招生、技能拔尖人才免试、中高本硕贯通系统培养等考试招生办法，探索“3+3中高衔接培养”、“3+4中本系统培养”、“3+2高本衔接培养”、“3+4高硕系统培养”等中高本硕衔接新机制，探索并实施高等职业院校及应用型本科院校通过“文化素质+职业技能”方式招收中等职业学校毕业生新途径。2015年，已有5所高职院校和5所中职示范校开办了15个系统化培养试点专业；6所职业院校与本科院校6个联合培养技术应用型、高端技术技能型人才培养试点和11个联合培养专业已经开始招生；5年制系统化人才培养试点的首批学生在顶岗实习、上岗试岗过程中得到了实习单位的高度评价，受到了用人单位和市场的深度好评。2016年，教育部批准设立的我国第一所职业教育领域的应用技术大学天津中德应用技术大学开始招生；“3+3”中高职衔接培养的调研工作已经启动。

同时，推进职业教育“横向融通”，鼓励普通学校和职业院校之间开展课程和学分互认，促进普通教育与职业教育贯通衔接。将职业院校建设成为中小学生体验技术技能、学习科学知识、养成职业观念、拓展素质训练的培训基地。

制定继续教育学分转换标准，搭建学分银行网络服务平台，建立个人学习账户，探索学习成果认定、积累和转换机制，实现各类院校之间学分相互转换。将职业教育资源向社区教育、老年教育、继续教育拓展，服务终身学习型社会建设。

通过纵横两个通道建设，从制度上解决职业教育的“断头路”问题，架起人人皆可成才的“立交桥”。

（三）立德树人融入教育教学全过程，创新技术技能人才培养模式

天津坚持德育为先的理念，把学生的德育工作摆在首要位置，积极开展形式多样的职业教育活动，在提升学生的道德素养和敬业精神上下功夫，如充分发挥市级职业教育德育工作联席会议作用，通过评选文化建设品牌院校，促进职业学校文化与学生德育水平双提升。在全国职业院校技能大赛期间，与教育部共同举办一系列高端德育会议，分享德育工作经验，提升德育管理水平，如全国职业院校德育创新与校园文化建设工作会议、全国职教系统培育和践行社会主义核心价值观座谈会等。滨海新区塘沽第一职专学校实施“管理育人、环境育人、活动育人和心理育人”的“四育人”工程，以养成教育和培养学生良好的职业素养为主线，充分发挥活动育人和心理育人的载体性作用，广泛开展以责任教育和心理健康教育为主要内容的教育活动，使中职学生重拾自信、学会负责、健康成长。

开展校企联合招生、联合培养的“现代学徒制”试点，创新技术技能人才培养模式。职业院校与合作企业根据技术技能人才成长规律和工作岗位的实际需要，共同研制人才培养方案、开发课程教材、设计实施教学、组织考核评价、开展教学研究等；截至目前，建立了20个市级现代学徒制试点项目，5所院校和多家企业入围国家级首批现代学徒制试点单位，联合开展14个专业试点工作。天津现代职业技术学院与海鸥表业集团、天津渤海职业技术学院与渤海化工集团联合申报的“五双五定”、“两栖人才”等高端制造人才培育模式，已在全国进行分享与推广。

（四）践行精益求精的工匠精神，创新职业教育特色文化

2014年，李克强总理在第七届中德经济技术合作论坛时，将由原天津中

德职业技术学院学生制作的鲁班锁，作为礼品赠送给了德国总理默克尔。小巧精密的鲁班锁是天津中德职业技术学院的 3 名 90 后小伙子王明靖、李志仁、张少华的作品，代表了中国精益求精的工匠精神，也将“中国制造”与“德国制造”紧紧联系在一起。通过中国制造标准规范体系建设，完善制造强国需要的技术技能人才育人机制，使具备“工匠精神”的技术技能人才供给与中国创造需求有效对接。把“工匠精神”的培养纳入现代职业教育体系，让“工匠精神”贯穿到教育教学的各个阶段，培养学生专注耐心、精益求精、追求卓越的职业操守。

天津广泛开展职业教育特色文化创新工程，大力推进职业院校与现代企业文化深度融合，推动产业文化进教育、优秀企业文化进校园、职业文化进课堂。实施全国职业院校技能大赛竞技文化弘扬计划、企业文化与校园文化深度融合计划、院校文化与德育建设计划、职业教育科研文化培育计划等。还通过引入现代企业文化精神，构建现代学校章程，重塑校园文化等途径，推动产业文化进教育、企业文化进校园、职业文化进课堂，使产业文化、企业文化、职业文化充分熏陶学生，增强各文化的认同，提前做好职场准备。

三、服务发展，构建助力国家经济社会发展的大平台

（一）共研共建共用共享共赢，服务京津冀协同发展

2016 年是京津冀协同发展进入全面布局推进的重要阶段。区域发展，重在协同，也难在协同。天津职业教育牢牢把握《京津冀协同发展规划纲要》的大格局，围绕北京“疏解”、天津“提升”、河北“发展”的空间布局和产业定位，探寻出一条京津冀职业教育协同发展的天津模式。2014 年 7 月，天津市教委主动邀请北京市教委、河北省教育厅，联动三地分管职业教育的领导、院校和教研团队深入交流，协商制定三地职教战略合作框架，搭建了京津冀职业教育协同发展的交流合作平台。2015 年 5 月，天津市教委与河北省教育厅签署了《天津市河北省关于加强津冀两地职业教育与职业培训合作协议框架》，

确立了建立职业资格证书互认制度，共同开展职业技能竞赛、成果展示等技能交流活动、开展职业技能培训、建立职业院校和职业培训机构师资联合培养机制、搭建职业教育优质资源共享平台、建立职业教育国际合作交流平台、加强对口帮扶与支援工作等 11 项工作任务，全面推动两省市之间的职业教育协同创新。此外，天津市教委还与石家庄市教育局、邯郸市教育局等签订了合作协议，天津职业大学、天津市第一轻工业学校、天津市仪表无线电工业学校、天津市第一商业学校等职业院校与河北十几所职业院校对接，开展联合办学。2015 年 2 月，天津市教委发起组织，由京津冀三地职业教育科学研究院（所）在天津成立“京津冀职业教育协同发展研究中心”；10 月，由天津市教委职教中心发起，在北京成立了“京津冀职业教育教学协同发展联盟”，标志着三地的职业教育正在向教育科研、教育教学内涵合作深入推进。

2014 ～ 2016 年年底，先后举办了以京津冀协同发展和现代职业教育为主题的装备制造业、现代服务业、养老服务业、健康服务业、新能源、石油化工、环保产业和交通行业等 12 场产教对接活动，来自三地的政、行、企、校、研相关机构的 3 000 余人参加了活动。初步形成了京津冀合作“人力资源需求信息共用共享平台”、“产教融合校企合作区域性协作平台”、“现代服务业创新创业型人才共育平台”、“师资与学生交流交换平台”、“现代服务业区域性研究平台”5 个平台，构建了合作对话、协同创新、区域共研和政策联动 4 项协同机制。

（二）精心精细精准东西联动，服务东西部扶贫协作

职业教育对于缩小区域之间的差距，做好精准扶贫，推进对中西部地区的对口支援，大有可为。天津职业教育立足中西部经济社会发展实际，针对新疆和田、河北承德、甘肃甘南的对口支援，精心谋划，细化支援工作，聚集天津职业教育的各类优质资源，确立了在精准扶贫上的高起点，使其真正成为“扶贫先扶智”的标志性成果。2016 年 5 月，天津市副市长曹小红与教育部副部长朱之文共同为国家中西部职业教育师资培训中心（以下简称中心）揭牌。创建中心是天津市与教育部共建国家现代职业教育改革创新示范区的重

要任务，是服务国家精准扶贫、可持续脱贫的战略举措，也是天津市示范区建设的重大成果。中心以天津机电职业技术学院为总部服务平台，以其他高职院校优质骨干专业为重要支撑，构建起一主多辅、集散式师资培养、培训新模式。2016 年 6 月，国家中西部职业教育师资培训中心第一期 170 名鄂尔多斯职业院校教师培训班开班，至 2016 年年底，共完成了内蒙古鄂尔多斯、宁夏、新疆和田等 8 期 668 人的培训任务，培训内容涉及课程设计、教学资源开发、教学信息技术提升、专业人才培养方案设计等诸多方面，培训得到了广泛肯定。在对宁夏的对口支援上，建立了两地职业教育干部、教师双向挂职交流机制，将职业教育示范区成果带到当地；职业院校专业教师的对口支持全覆盖了宁夏 37 所职业院校，宁夏派教师来天津接受专项系统培训也实现了 37 所职业院校全覆盖。“送果”分享、双向挂职和两个“全覆盖”，成效显著，反响很好。

（三）做大做实做好做精做强，推动技能大赛迈向国际化

全国职业院校技能大赛自 2008 年在天津举办以来，九届大赛主办单位由最初教育部、天津市政府 7 个部委增加至 2016 年的 37 个部委办及行业部门，参赛选手由 2008 年的 2 000 余名选手增加到 2016 年的 12 042 名，竞赛项目由 2008 年的 24 个增加到 2016 年的 94 个。天津作为的永久主赛场，在赛事策划、组织、实施等方面，倾力举办。2014 年 6 月，刘延东同志在全国职业教育工作会上讲，“在天津举办的大赛已经成为中国职业教育的亮丽风景线”。九届大赛，刘延东同志七次来津亲临赛场考察，出席开（闭）幕式并讲话，高度肯定天津职业教育和大赛活动。2016 年，主赛区将同期举行的大赛开赛式与全国职业教育活动周开幕式推向高潮，成为大赛史上内涵最丰富、形式最多样、展示体验项目最多的一届大赛，7 个主体开放空间、6 个主题开放空间和相关活动百余项，见证了主办区在“组织质量、管理质量、服务质量、接待质量、宣传质量”上的办赛能力和水平。朱之文副部长和曹小红副市长共同启运的“国家中西部地区职业教育师资培训中心”、以“京津冀协同发展”为主题的产教对接会、“职业教育科研高端论坛”、“京津冀模具职教集团”等都成为赛事的

热点和亮点。

从2009年开始，天津以主赛区身份每年都邀请国内外知名企业组团观摩，邀请国际竞赛选手来天津同台竞技、表演切磋，与国际著名会展集团合作举办职业教育教学设备展会。8年间邀请观摩大赛的各国职业教育相关人士近5 000余人；由天津中德职业技术学院承办的自动化生产线安装与调试国际挑战赛已经成功举办4届，分别邀请了德国、西班牙、韩国、新加坡等职业教育先进国家参赛。

2016年，由天津职业院校牵头设计的大赛赛项、竞赛装备、教材资源已经成为东盟十国技能大赛的指定赛项，竞赛的标准、装备、教材率先走出国门，成为中国职教“软实力”的重要标志。“国赛—赛项设计—教学资源开发—综合实训教学”教学成果获得国家级教学成果特等奖。

四、深化推进，加速国家现代职教改革创新示范区建设

改革创新是时代的要求，解放思想是改革的前提。推进国家现代职业教育改革创新示范区升级版建设，既是落实党中央、国务院关于大力发展现代职业教育的战略决策，也是落实教育部要求天津先行先试示范引领全国职业教育发展的部署，更是有力支撑天津市全面建成高质量的小康社会，不断开创美丽天津建设新局面的必然选择，要以奋发有为、开拓创新的精神面貌，加快示范区建设步伐，让天津成为国家现代职业教育制度创新的“拓荒牛”、现代职业教育体系建设的“领头羊”和现代职业教育质量提升的“千里马”。

2017年，国家现代职业教育改革创新示范区建设要以立德树人为根本，加强学风、教风、考风、班风、校风建设；以五大发展理念为指导，推进职业院校国际化、校企化、体系化、系统化、终身化、协同化；以体制机制创新为动力，坚持行业企业办学为主，推动“两完善一增长一加强”，探索社会力量参与办学；以提升办学能力建设项目为抓手，加强职业院校现代化建设和国际化提升，以信息化、国际化为两大重要抓手，提升职业教育科研能力和教学载体研发能力；以服务创新发展为宗旨，推进京津冀职业教育协同发展，贴近民生改善，加大对口帮扶，不断完善国家职业教育“国字号”平

台建设；以促进优质就业为导向，进一步推进“五业联动”，注重技术技能积累，强化教学诊断与改进工作，提升全国职业院校技能大赛国际化水平，让职业教育香起来、亮起来、强起来，力争职业院校毕业生好就业、就好业、稳定就业。

——摘自《天津职业院校联合学报》2017，(01). 吕景泉，杨荣敏，狄建明，耿洁.“解放思想改革创新服务发展，深化推进国家现代职业教育改革创新示范区建设”

第三节　改革创新，开启中国职业教育融合发展的新路径

【此文发表于 2017 年 6 月】

第三届职业教育活动周全国启动式暨第十届全国职业院校技能大赛开幕式于 2017 年 5 月 8 日在天津隆重举行，中央政治局委员、国务院副总理刘延东同志出席并作重要讲话。可以毫不夸张地说，2008 年 6 月，首届大赛在天津的成功举办，开启了职业教育全国技能竞赛的建设与发展之路，刘延东为全国职业院校技能大赛这项中国特色职业教育重大制度的创新和发展倾注了巨大心力。这些年，大赛攻坚克难、前行不辍，经历了不平凡的历程，成为集中反映职业教育深化改革、发展创新的缩影和窗口，成为中国特色职业教育的亮丽品牌。

一、大赛成为国家职业教育制度的创新设计

2005 年，全国首个国家职业教育改革试验区落户天津，教育部和天津市人民政府议定，将举办全国职业院校技能大赛作为试验区的重要建设内容，开启了试点先行、创新设计、全面推开的大赛制度构建之路。

经过系统谋划和整体设计，在刘延东同志的亲自推动下，2008 年 6 月 28 ～ 30 日，首届大赛在天津举办。刘延东同志出席了大赛开幕式，观看了部分职业技能项目的比赛，并召开座谈会，重点就职业教育工作听取了有关方面的意见。她强调，要完善中国特色现代职业教育体系，培养更多高素质劳动者和高技能人才。因此，大赛就必须发挥推进体制机制创新，广泛宣传职业教育的重要地位和作用，成为创造有利于职业教育发展的良好社会环境和舆论氛围的重要举措。

随后，国家在发布的一系列职业教育重要文件中，将技能竞赛置于提升职业教育质量、增强职业教育吸引力的重要位置，教育部将大赛列为年度工作要点，不断完善其制度设计，确保规范运行。经过十届，国务院相关部门、地方政府、社会组织、行业组织和职业院校协同并进、联合办赛机制形成；大赛制度实现了对赛事组织机构、赛事筹备、竞赛过程、赛后工作的全覆盖；由大赛组委会、执委会、赛区组织机构、赛项组织机构和承办院校构成大赛工作体系的全套制度得以构建；赛项申报与遴选、参赛资格、组队方式、比赛奖励、分赛区设置等方面的制度确立并不断完善；各种监督保障制度也日益健全。可以说，完备的制度体系使历届大赛都“精彩、专业、安全、廉洁、公平、公正”。

历经十届，作为加快发展现代职业教育的重要制度设计，大赛丰富了我国职业教育的制度体系，使中国特色的职业教育制度日趋完善。

二、大赛推进国家职业技能竞赛体系的构建

国务院批准天津作为每年全国职业院校技能大赛的永久主赛场，职业技能竞赛的国家体系建设之路正式开启。

2009 年大赛期间，刘延东同志在天津视察大赛，她强调，职业院校技能大赛覆盖全国，很多专业的学生都参与，起点高、组织好、影响大，对职业教育发展意义重大。2011 年，刘延东同志在全国职业院校技能大赛闭幕式上发表重要讲话，她充分肯定了全国职业院校技能大赛举办以来在促进职业教育改革、创新、发展、建设方面所起到的积极作用，并且殷切地鼓励选手们参加全国职业院校技能大赛是人生中光彩的一页，接受职业教育的青年学生将迎来更加美好的未来。这对于进一步扩大大赛影响、全面推进大赛发展，可谓加注了充足的动力。

之后，大赛的竞赛体系日益完善，在全国逐步发展形成“主—分赛区”的竞赛格局。自 2012 年起，大赛在天津主赛场以外增设分赛区，并建立分赛区公平竞争遴选机制，以充分发挥分赛区和承办院校所在地的产业、职教资源和政策优势，使大赛产生更加广泛的影响。伴随主—分赛区格局的建立，国家级大赛组织体系、地方竞赛组织体系和学校竞赛组织体系形成，构成覆盖全国、

逐级组织的竞赛框架。

与此同时，大赛引领形成全国三级竞赛体系。全国大赛带动省赛，并且促进校赛，“校校有比赛，省省有竞赛，国家有大赛”的技能竞赛体系已经形成。这些年，大赛比赛地点从 2008 年的 1 个发展到 2017 年的 20 个，大赛承办学校从 2008 的 10 个发展到 2017 年的 65 个，而由此形成的辐射网络使每所职业院校的每位师生都成为这个竞赛体系的精确节点。“人人都参与、专业大覆盖、层层有选拔”，技术技能人才培养和选拔的“金字塔工程”蔚然成型。

三、大赛有效引领教学，培育德技并重的大国工匠

大赛弘扬“劳动光荣、技能宝贵、创造伟大”的时代风尚，不断营造人人皆可成才、人人尽展其才的良好环境，在培养数以亿计的高素质劳动者和技术技能人才进程中发挥着不可替代的引领作用。刘延东同志在 2013 年全国职业院校技能大赛闭幕式的讲话中对大赛给予高度评价，她说：“大赛展示了职业教育创新成果，深化了职业院校教育教学改革，有力推动了产教融合、校企合作，促进了人才培养与产业发展的结合，扩大了职业教育国际交流，增强了职业教育影响力和吸引力。大赛越办越好，已成为广大师生展示风采、追梦圆梦的广阔舞台，成为促进我国职业教育改革发展的重要抓手，对职业院校办出特色、办出水平的引领作用日益凸显。”大赛引领教学成为重要的发展导向。

“以赛促学、以赛促教”持续推进职业教育教学改革与创新，大赛成为教育教学改革的“风向标”、专业建设和师资培养的“助推器”。职业院校立足大赛标准全面推进教学改革成为当代职业教育的发展趋势，而大赛资源转化的成果则持续促进专业建设和提高人才培育质量，优质的教学成果因之不断涌现。2014 年，“开发技能赛项与教学资源推进高职机电类专业综合实训教学的改革与实践”荣获国家级职业教育类教学成果唯一的特等奖，与其他获奖成果共同对职业院校教学改革产生深远影响。

德育是大赛之魂。倡导“德技并修”的技能竞赛精神和“精益求精”的工匠精神，坚持培育知行合一、德技双馨的大国工匠是大赛一以贯之的核心，90% 以上的赛项将职业素养纳入考核范围，而 2013 年以来，50% 以上的赛项

又注重团队合作，职业院校的德育工作也因此增加了有力抓手。从2009年开始，每届大赛期间都有德育方面重要的同期活动，或工作会，或座谈会，或表彰会，或演讲会，切中职教育人规律，传承职教文化命脉，成为大赛期间的亮丽风景。“安教乐道”的职教品致和追求也随着大赛而渗透到师生的心灵深处，为现代职教孕育大国工匠筑底发力。

2017年5月8日，刘延东副总理在天津亲切接见10名在历次大赛中获得一等奖的选手，了解了他们在岗位上的杰出贡献，欣慰地赞叹大赛培育了大国工匠！

四、大赛提升职业教育服务中国制造的能力

大赛支撑经济转型升级、提振中国制造实力，服务于造就源源不断的高素质产业大军，极大地推动中国品牌走向世界，不断促进实体经济迈向中高端。

2015年7月，刘延东同志在天津调研并出席全国职业院校技能大赛闭幕式时强调，要深入落实创新驱动发展战略，围绕实施“中国制造2025”“互联网+”等，加快科技创新步伐，努力取得更多原创性和颠覆性创新成果，为稳增长、调结构、惠民生增添动力。她指出，职业教育蓬勃发展，释放出巨大的人才红利，有力促进就业创业，取得了举世瞩目的成就。职业院校技能大赛充分展示职业教育改革发展的丰硕成果，已成为中国特色职业教育的亮丽品牌。

大赛“行业牵头，企业参与”的组织机制使产教结合、校企合作得到深度扩展。赛项设置紧贴产业需求，与国家三大产业的发展结构相匹配；现代服务业赛项比重稳步提升，占比稳定在一半左右；战略性新兴产业赛项占三成左右；现代农业、制造业赛项则更加关注产业升级的方向。竞赛内容密切对接行业标准和企业生产实际，行业、企业专家参与审定赛项规程，确保了大赛能够更好地引导职业教育对接产业转型、升级发展的迫切需求。云计算技术与应用、物联网技术应用、移动互联应用软件开发、工业产品造型设计与快速成型、工业机器人技术应用等赛项体现新产业、新技能、新业态的变化；智能家居安装与维护、电子商务技能、大气环境监测与治理技术、风光发电系统安装与调试、农产品质量安全检测等赛项则适应绿色环保的发展要求。

2016 年 9 月完成的《全国职业院校技能大赛自评报告》指出，80% 以上的赛项有国内外知名企业深度参与，产业最新技术、先进设备和人才需求标准引入大赛，引领职业教育专业建设，有力地支撑着和服务于中国制造 2025。

据初步统计，十届大赛，500 万以上的职业院校学生参与了各类技能大赛。其中，参加全国职业院校技能大赛的选手超过 7 万人，获奖选手超过 5 万人，他们已经成为技术技能大军中的核心和骨干。

五、大赛成为具有国际影响的中国职业教育品牌

"一带一路"国家战略需要职业教育加快国际化，服务于国际产能合作。大赛不断提升自身的国际参与度与影响力，伴随中国职业教育走出去，有效地提升输入国的技能积累水平。

刘延东同志对全国职业院校技能大赛推进职业教育国际化有着充分肯定和殷切期许。在 2013 年全国职业院校技能大赛闭幕式上的讲话中，她充分肯定，大赛扩大了职业教育国际交流，增强了职业教育影响力和吸引力；在 2016 年职业教育活动周启动仪式暨全国职业院校技能大赛开幕式讲话中，她要求职业教育和大赛要培育高质量技术技能人才，抢占国际产业链和价值链的制高点；2017 年，在第三届职业教育活动周启动仪式暨第十届全国职业院校技能大赛开幕式上，她进一步对职业教育和大赛提出要求，强调要扩大开放合作。通过加强国际合作，借鉴国际先进经验来提升我们职业院校办学水平，要适应"一带一路"建设，让职业教育"引进来，走出去"，进行合作办学人才培养，参与制定职业教育国际标准，打造中国品牌，使职业教育成为中外人文交流的新能源。

从 2009 年开始，每年邀请国内外知名企业、国际竞赛选手、国际著名会展集团参与大赛，10 年间邀请观摩大赛的各国职业教育相关人士 5 000 余人。"自动化生产线安装与调试"国际挑战赛已成功举办 6 届；国际化专业教学成果交流赛举办了 4 届；电脑鼠走迷宫（IEEE）国际邀请赛举办 2 届；大赛教学资源《自动化生产线安装与调试》双语教材，成为东盟国家技能竞赛和教学培训的重要支撑；大赛期间，举办"职业教育国际研讨会"、"国赛"对接"世

赛”国际赛事合作交流研讨会等国际活动已经常态化。今年的第十届大赛期间，工程实践创新项目国际联盟在天津成立、中泰职业教育活动周暨中国—东盟职业院校学生作品展等活动同期举行，来自世界多国的政府官员、主管部门、院校代表和学生参与感受中国大赛。

大赛注重“请进来”的同时，更重视将大赛优秀成果“输出去”。由天津职业院校牵头设计的大赛赛项、竞赛装备、教材资源成为东盟十国技能大赛的指定赛项，竞赛的标准、装备、教材率先走出国门；经过泰国“鲁班工坊”自动化装备训练的泰国大城学院师生代表队在 2016 年 11 月举行的第十一届东盟职业技能大赛中获得一等奖，中国职业教育大赛的“软实力”叫响海外。

时至今日，历经十届的大赛有其丰硕的资源需要转化。2017 年 5 月 8 日，全国职业院校技能大赛成果转化中心在天津正式揭牌成立，大赛资源转化的国家机制正式建立，今后，“以赛促学、促教、促改、促建”的成效必定更加显著。

2017 年 5 月 8 日，在第三届职业教育活动周全国启动式暨第十届全国职业院校技能大赛开幕式上，刘延东同志指出，作为加快发展现代职业教育的重要制度设计，全国职业院校技能大赛已经走过了不平凡的历程。大赛已经成为弘扬工匠精神和劳动风尚，推动产教融合与校企合作，促进职业教育教学改革发展重要的平台。技能大赛作为一个缩影和窗口，集中反映了职业教育深化发展改革的历程，一步一步实现新的跨越。它所经历的不平凡的历程，展现了职业教育与经济社会有机融合、互动发展的协作之旅，绘就了一幅职业教育战线勇于承担使命、奋发有为的美丽画卷。

劳动创造精彩人生，时代呼唤大国工匠。李克强总理在给第十届全国职业院校技能大赛的重要批示中要求大赛贯彻新发展理念，充分发挥引领示范作用，努力造就源源不断的高素质产业大军。全国职业院校技能大赛在新起点继续承载使命、不断推进前行，必将是中国职业教育永远的亮丽风景。

——摘自《中国职业技术教育》2017，（16）. 吕景泉，米靖.“开启中国特色职业教育的创新之路”

第四节　技能大赛，助推中国职业教育教学改革迈向新高度

【此文发表于 2017 年 6 月】

2017 年 5 月 15 日，全国职业院校技能大赛天津主赛区各项比赛圆满落幕。10 年来，大赛为学生搭建了切磋技艺、一显身手的平台，一批批优秀的工匠能手脱颖而出。

10 年来，赛项设置不断服务产业升级。从 2008 年的企业网络搭建及应用，2009 年的网络综合布线技术，到 2015 年的 4G 全网建设技术，2016 年的嵌入式产品装配调试，再到 2017 年的大数据技术与应用，大赛成为行业发展的风向标。

10 年来，大赛催生出一大批优秀资源成果转化并服务于日常教学。自 2008 年以来，共产生 15 项与大赛有直接关联的国家级教学成果。其中，由天津职业院校申报的成果"开发技能赛项与教学资源推进高职机电类专业综合实训教学的改革与实践"获第七届国家级教学成果特等奖，这是我国目前为止职业教育的第一个、也是唯一一个特等奖。

10 年来，大赛作为联系职业院校与合作企业的纽带，不断拉近校企之间的距离，实现了专业与岗位、企业、产业的对接，将行业企业先进技术引入院校，又借助院校智力高地优势助推企业发展。

10 年来，一大批赛项的先进理念、教学标准、竞赛装备、教程教材落地专业建设，落地课堂教学；一大批具有创新性的岗位技术标准、设备设施反哺企业；一大批技能精湛的获奖选手在职业岗位上创造出骄人业绩。

一、回首：全国职业院校技能大赛的历史价值与意义

从2008年至今，全国职业院校技能大赛不断完善体制机制创新，为全国职业院校的师生提供了展示才华的平台，进一步营造了“三百六十行、行行出状元”的社会氛围，促进、提高了职业院校的知名度、社会认可度。全国职业院校技能大赛永久落户天津，天津职业教育从改革试验区逐步成为改革创新示范区。天津职业教育不断发展，改革创新已经站在了新起点，并形成了具有区域特色的“天津模式”。全国职业院校技能大赛的成功举办赢得了全国职教界的一致称赞，更成为全国职教人的盛会。

1．助推职教发展的社会价值

全国职业院校技能大赛的社会价值重大而影响深远。大赛具有宣传力：宣传人力资源开发与人才强国战略，宣传培养、使用及激励高端技能人才规划，宣传尊重劳动、尊重技能、重视职业教育的人才观和教育观；大赛具有号召力：号召全社会支持和参与职业教育，号召企业家关注新增技能人才的素质及人力资本投入，号召各地把大赛作为展示技能、促进改革和提高人才培养质量的重要机遇；大赛具有影响力：国家各有关部门参与的热情越来越高，主办单位已达38个，这表明大赛的社会反响越来越大，职业教育的社会影响力也越来越大；大赛具有激发力：激发企业慧眼识真才，激发学校培养“信得过、挑得上、干得好”的优秀人才，激发全社会追捧技能人才之“星”；大赛具有推动力：推动社会“重普轻职”“重学轻工”观念的根本性转变，推动职业教育产学结合人才培养模式的变革，从而实现快速健康可持续发展。

2．推动质量提高的教育价值

在赛项的设定上，大赛体现现代制造业、高新技术产业和文化创意产业的发展要求，突出技术技能含量的高与新；在设备的选择上，大赛具有民族性、主流性、先进性、兼容性、发展性等特点；在标准的制订上，大赛体现科学适用、理论联系实际、手脑并举、基础与创新兼顾、强调策略技能的培养等原则；在评委的挑选上，大赛选取行业企业的技术能手、德高望重的技能大师、点石

成金的能工巧匠、院校“双师”型的素质教师。这些宝贵资源通过大赛这一载体，无疑能形成质量品牌效应和质量推动效应。

3. 促进产教结合的平台价值

举办全国职业院校技能大赛，吸引了更多的行业企业参与，主办单位在研究比赛专业类别和项目之时，一个重要的考虑就是要推动职业教育与产业的紧密结合。根据行业企业的实际设置比赛项目和比赛过程，大赛各个专业类别的比赛主要由各相关行业挑头，行业企业积极赞助各级竞赛，为各种比赛提供专家、行业企业技术规范，提供相应的设备，促进了职业教育与行业、企业生产实际更紧密的结合。

技能大赛作为纽带，为行业企业深入参与职业教育搭建了一个很好的平台，促进了产教结合、校企一体深入发展。技能大赛密切跟踪行业、企业生产实际。如今，职业院校和技能大赛的实习实训设备已越来越能够与生产实际对接，在很大程度上做到了“真刀真枪”，解决了教育与生产实际相脱离的问题。

4. 助力人才培养、教学模式改革的推动器价值

10 年来，通过全国职业院校技能大赛，形成了校校有比赛，层层有选拔的机制，突出了职业技能导向，推动了职业教育教学模式和人才培养模式的改革。

改革职业教育的教学模式和人才培养模式，从根本上说，要实现专业与职业岗位对接、教材与岗位技术标准对接，学历证书与职业资格证书对接。全国职业院校技能大赛对实现上述对接具有明显的促进作用。10 年来，大赛都是根据职业岗位需求设置比赛项目的，大多赛项可以直接与职业工种和职业资格标准对接，比赛项目选自生产一线工作要项。技能大赛已成为创新职业院校学生实习实训途径的重要形式，成为提高学生技能水平的有效手段。通过各种形式的竞赛，学生的实际动手能力得以提高，职业教育的人才培养质量得以提升，从而使职业教育的培养方向更符合生产和服务一线的实际，推动了职业教育教学模式和人才培养模式的改革。

二、成就：技能大赛的内涵价值彰显引领教学改革走向新高度

依托技能大赛平台，各职业院校在校企合作、专业建设与改革、课程建设与教学模式改革、实践教学应用、教材建设等方面开展了一系列教学改革与探索。

1. 促进了产教融合、校企合作的紧密度增强

大赛推进了产教结合与校企一体办学，实现了专业与产业、企业、岗位对接，建立健全了新机制，引导推动学校和企业创新校企合作制度，积极开展一体化办学实践。通过整合实训资源，共建产品设计中心、研发中心和工艺技术服务平台，在企业建立教师实践基地等方式，推动职业学校教师到企业实践，企业技术人员到学校教学，促进职业学校紧跟产业步伐，促进教育与产业、学校与企业深度合作。大连机床连续几年为天津举办的全国职业院校技能大赛提供加工中心、数控铣床、全机能数控车等设备。尤其是2011年为大赛提供了数控机床装配、维修专业提供专用机床。针对职业院校学生的特点，大连机床还与天津轻工职业学院合作开办了大连机床班，同时双方共同建立实验室、研发中心。

2. 促进了专业建设、专业设置对接产业发展

每年一届的全国职业院校技能大赛汇集了全国职教骨干、行业和企业专家开发的赛项，赛项及时反映了产业、企业及技术热点。按照赛项设置情况，组织院校和行业骨干，直接参与或主持赛项的设计；组织院校和企业人员团队，深入研究赛项设计理念、赛项考核内容和赛项技术要求，比对职业院校发展定位和专业布局，分析区域经济发展趋势和滨海新区“高端、高质、高新”企业需求，通过赛项设置感知产业需求，通过竞赛装备体悟教学支撑，通过竞赛内容了解核心技术，通过竞赛评价熟悉现场工艺，通过竞赛准备锻炼教师队伍，通过学生训练探索工程实践、制度化设计、项目化实施，将大赛作为校企合作、产教融合的重要平台，为职业院校设置新专业、改造老专业、调整现有专业提

供导向，优化了专业布局、专业设置、专业调整和专业改造，为建立职教与行业、学校与企业长效合作机制提供保障。

赛项设置服务产业发展与文化传承。一是应对产业急需设置赛项。例如，2012 年设置的智能电梯装调与维护赛项，2013 年设置的风光互补发电赛项，2014 年设置了煤矿瓦斯检查赛项；2015 年设置的船舶主机和轴系安装赛项和大气环境监测与治理技术赛项等，均带动了职业院校相关专业建设，为行业企业培养了大批急需紧缺人才；服务产业发展，2016 年设置了工业机器人技术应用赛项，通过多种机器人和工业“互联网 +”技术的综合应用，实现了企业生产过程中数据的融通和实时采集。二是呼应产业升级设置赛项。例如，2012 年设置了物联网技术应用赛项，2013 年设置了移动互联网应用赛项，2014 年设置了云安全技术应用赛项，2015 年将 2014 年的三网融合与网络优化升级为 4G 全网建设技术赛项，将行业企业的高新技术引入人才职业教育。如今，开发的竞赛平台已经成为电信企业员工培训的主要平台，被广东移动、广东电信、江苏电信等企业采用，促进了专业建设。三是面向重点产业设置赛项。例如，对接先进制造业，设置了注塑模具 CAD/CAE 与主零件加工、工业机器人技术应用、三维建模数字化设计与制造、飞机发动机拆装调试与维修、船舶主机和轴系安装等赛项；紧贴“互联网 +”新业态发展，设置了云计算技术与应用、4G 全网建设技术、智能家居安装维护等赛项；关注健康生活、绿色环保，设置了农产品质量安全检测、大气环境监测与治理技术、风光互补发电系统安装与调试等赛项。四是注重中华优秀传统文化技艺传承。例如，设置了艺术专业技能（含戏曲（京（剧）昆（曲））（地方戏）、民乐（二胡、板胡、高胡）（拉弦乐器））、中药传统技能、手工制茶、中华茶艺等赛项。

3. 促进了课程建设、赛项转化丰富教学资源

全国职业院校技能大赛的赛项内容设计与企业生产实际保持了高度一致，学校、企业专家深度合作、共同设计的赛项载体和竞赛环境，集中反映了产业新技术、典型生产装备和现场工艺要求，体现了职业标准和岗位要求。

职业院校教师和行业企业工程技术人员，按照赛项序列，及时将技能大赛

的赛项内容、技术工艺、素质素养等要求纳入专业教学，嵌入课程体系，构建综合实践教学模块。引导专业基础课程、专业技术课程、专业核心课程的协同配套与改革。将竞赛考核点分解为专业教学的知识点、技能点、素养点，完善人才培养方案和专业教学标准。强化现场实际、工程实践和职业素养。职业院校专业带头人和骨干教师将赛项成果转化作为重要教改内容，组建跨院校、跨企业的专项工作团队进行教学资源建设，编写服务项目教学的教材，开发数字化教学资源，建设资源服务平台，优化了课程体系、课程标准、课程内容和课程资源，实现了职业院校的课程与职业标准、教学过程与生产过程的对接。

行业企业共同制订了《全国职业院校技能大赛赛项资源转化办法》，细化了资源转化的形式，明确了资源转化成果的技术标准。资源转化成果主要包括基本资源和拓展资源。基本资源包括风采展示、技能概要和教学资源。一是风采展示资源转化为学习素材；二是技能概要资源促进了技术技能的交流和学习；三是教学资源成果拓展了教和学的维度。例如，计算机网络应用赛项，2013 年以来，开发了 33 部评点视频、2 部访谈视频、114 套试题、316 项案例和 8.6 GB 的素材资源库。竞赛中优秀选手的作品转化为教学案例，如中餐主题宴会设计赛项，将竞赛作品编辑成《餐饮奇葩：未来之星——教育部高职中餐主题宴会设计摆台优秀成果选集（2012—2015 年）》，深得各院校及酒店企业的青睐。竞赛设备和工具器具转化为各职业院校日常实践教学的专用设备和器具，如液压与气动系统装调与维护、农机维修、动物外科手术、化工仪表自动化等赛项，竞赛使用的设备、工具和器具等，引导了职业院校相应实训设备、器具配置的标准。

4. 促进了双师提升，优化双师型素质教学团队

职业院校参与赛项设计的骨干教师、参与技术服务的专业教师、参与竞赛指导的实训教师团队贴近行业企业、贴近竞赛装备、贴近赛项内容，全方位得到了锻炼。技能大赛广泛吸引了行业龙头企业直接参与，引入了当今最新专业技术，专业教师通过赛初接受技术培训，赛前指导学生训练，赛中配合涉赛企业技术人员调试设备，赛后将竞赛成果嵌入日常教学，教师的教学实践能力和

技术应用能力得到快速提升。大赛的实施，为行业、企业、学校三方搭建了信息、人员、技术、装备、管理充分交流共享的平台，行业企业人员深度参与职业教育改革实践，学校专业教师深度融入企业生产现场氛围，形成了良好的互动。

技能大赛的行业、企业、院校交流共享平台，为职业院校的高水平专兼职“双师型”结构的专业教学团队建设提供了新途径、新方法，大量的企业技术人员成为职业院校稳定的兼职教师，优化了职业院校“双师型”师资队伍建设途径。

5. 促进了基地建设，对接企业技术装备水平

通过大赛，学生的赛前训练及竞赛过程，按照企业操作规范、生产标准、评价标准进行，指导教师按照企业的工艺规程进行指导；学生使用的设备是典型生产过程“高仿真”设备，学生加工的产品是企业生产的真实产品，评价学生的标准是行业企业通用的标准。全国职业院校技能大赛的竞赛装备、技术内涵、竞赛氛围充分体现现代产业、典型企业、生产现场的要求，成为职业院校加强实训基地建设的明确导向和重要依据。

竞赛平台选用生产一线最新技术装备，赛项平台不仅选用德国西门子、日本三菱、德国 DMG、美国 NI、通用等国际通用先进技术，同时将民族品牌中兴通信、新大陆、苏州汇博机器人、汇川工控、北京昆仑通态等最新一线技术、设备、标准融入大赛平台。大赛的竞赛装备、技术内涵、竞赛氛围充分体现现代产业、典型企业、生产现场的要求，成为职业院校加强实训基地建设的明确导向和重要依据。例如，4G 全网建设技术赛项，一方面促进职业院校为行业企业培养急需的 4G 职业技术人才；另一方面，赛项开发的竞赛平台成为电信企业员工培训的主要平台。高职工业机器人技术应用赛项，通过多种机器人和“工业互联网 +”技术的综合应用，实现了企业生产过程中数据的融通和实时采集。

在实训场所建设实践中，职业院校以技能竞赛为引领，认真消化、吸收竞赛成果，联合龙头企业，从“实训场所、氛围营造、装备选用、指导教师、实训耗材、场地管理、教学标准、课程教材、技能鉴定、培训服务、过程监控”

等11个维度，本着“理论实践一体化、强化技能训练、职业资格培训鉴定、职业素质训导、对外技术服务、企业文化促进”6个主要功能建设原则，为专业组群搭建综合训练型实训基地，为专业学习搭建情景化技术训练场所，为学生专业认知搭建技术传承、文化体验、产业发展的体验中心，建设了集技能竞赛、实践教学、技能鉴定、社会培训、技术研发为一体的，与企业技术装备水平紧密对接的实训基地，优化了职业教育实训基地建设内涵。

6．促进了学生发展，培养职业能力工匠精神

全国职业院校技能大赛的竞赛内容既涉及技术应用，也突出了对学生工程实施能力、团队协作能力、计划组织能力的检验，突出了对学生的职业素养、交流沟通以及效率、成本和安全、环保意识的考察，指明了职业院校教育教学改革方向，引导了现代教学组织方式和教学法的应用。

2008年以来，天津职业院校有计划、有步骤地开展教学改革，以“工程实践创新项目”为抓手，校企合作，实施竞赛引领的毕业设计实践、学生专业社团活动、工程化项目教学，提升学生的工程实施能力；以“跨专业、跨年级组队参赛”为抓手，团队协作，强化日常教学中的“小组工作法”运用，探索“基本技能单工位训练、专业技能团组训练、综合实践项目团队训练”的教学组织方式，强化学生计划组织能力、交流沟通能力、团队协作能力的培养；以“每年的赛项学生志愿服务”为抓手，注重职业素养、工作效率、奉献精神、安全规范、环保意识的培养和锻炼，并将其引入教育教学各项活动中；以“自评、互评、教师评”为抓手，探索在竞赛项目准备中，广泛提升学生的质量意识，提升学生客观评价自己和别人的素质；以大赛倡导的“过程评价、工艺评价、功能评价、素养评价”为抓手，将多维度工作评价方式运用到教学中；以“行动导向教学法”为抓手，将现代教学方法和教学组织形式应用到教育教学各个环节，优化了学生综合职业能力培养方式。

29岁的臧成阳是天津市机电工业学校毕业生。在2008年和2009年分别获得全国职业院校技能大赛中职组数控车工赛项一等奖和一等奖第一名。毕业后，他留校担任数控技术系教师，先后获得“天津市技术能手”“天津市五一劳动奖章”“全国技术能手”及“全国优秀指导教师”等称号。2011年和2016年，他指导的学生参加全国职业院校技能大赛现代制造技术数控车/加工中心组合赛项和数控车工赛项均获一等奖。去年，他指导的学生王孝森成功入围第44届世界技能大赛选拔赛国家集训队，并获得第八名，创造了天津市有史以来该项目的最好成绩。这些在大赛中已经开始崭露头角的“小匠们”，正在用自己的智慧和汗水一步步成长为支撑“中国制造”走向“中国智造”“精品制造”的生力军。大赛注重体现工匠精神，关注人才培养德技并重。大赛已有90%以上的赛项将职业素养纳入考核范围。随着大赛赛项的不断丰富，愈发要求参赛师生在加强综合实力的同时，提升职业素养，具备“工匠”精神。

7．促进了国际交流，中国职教品牌对接国际标准

自从2008年大赛举办以来，全国职业院校技能大赛迅速在全国范围内产生了深刻而广泛的影响，并在迈向国际化的进程中取得了初步的成效。2012年至今，每年有全球近50个国家和地区的500多名外籍选手参赛和观摩比赛，通过现场体验、沟通交流、参加国际职业教育展等相关活动，使大赛逐步走向国际化。此外，全国职业院校技能大赛所使用的技术及评判标准、教材大纲、考核内容，不仅通行全国，还获得了国际上的广泛认可和复制；不仅被印度、巴西等新兴经济体直接采用，也成为欧盟、东盟、美洲、非洲等世界各地借鉴的职业技术竞技“金标准”，中国职业教育开始输出“软实力”。2016年3月8日，由天津渤海职业技术学院在泰国大城府大城学院建立的“鲁班工坊”挂牌成立。这是中国职业教育在国外开设的第一个工坊，也是中国职业教育走出去的一次重要尝试。成立一年多来，已有319名学生在泰国“鲁班工坊”接受来自天津的职教培训。2017年5月18日，天津市第二商业学校与英国奇切斯特学院共建的“中英鲁班工坊”也建成并投入使用。“中英鲁班工坊”的成立是为了向世界各地提供正宗的中国中餐烹饪技术学历教育和资格培训，提高各地中国餐饮服务行业的水准，介绍中国历史悠久的饮食文化，传播天津的饮食文化，打造高端的中餐品牌、中餐体系。此外，天津在印度尼西亚、巴基斯坦、柬埔寨等海外“鲁班工坊”项目也在加快推进建设中。“鲁班工坊”的建设输出了国际化的优质专业、优质课程、优质教师、优质资源和通用性技术技能资源等，共享了国家现代职业教育改革创新示范区优质成果，拓展了海外职业教育市场服务，带动了中国企业、天津企业“走出去”。预计到2020年，天津要在境外建设10个“鲁班工坊”。目前，天津职业教育正式启动“把优秀职业教育成果输出国门与世界分享”计划的实施，将继续服务“一带一路”沿线国家和地区，并将不断扩大规模、丰富内涵，构建出多种发展模式，搭建天津职业教育与世界对话、交流的实体桥梁，努力将“鲁班工坊”打造成为独具中国特色的、具有国际竞争力和影响力的职业教育品牌！

三、展望：未来大赛对职业教育的影响和促进作用发挥更加充分

全国职业院校技能大赛具有展示、宣传、评价、激励、导向等多重功能，对学校、企业、社会影响广泛而深入、长久而有力。概而言之，全国职业院校技能大赛是职业院校改革与发展的助推器，是提升职业院校教育教学质量的有力手段，是培养双师型教师队伍的重要途径，是培养选拔优秀技能人才的重大举措，是校企深度合作的重要平台。全国职业院校技能大赛为高端技能人才系统化培养提供了目标与标准。进一步研究职业院校技能大赛在高端技能人才系统化培养中的定位和引领作用，将技能大赛赛项嵌入专业教学之中，系统研究技能大赛在人才培养方案制订、课程设置、课程标准、师资队伍、实训条件、教学资源、教学方法等方面的影响和促进作用，形成“以赛促教、以赛促学、以赛促改、教赛结合”的长效机制具有重大意义和价值，对推进我国职业院校技能赛项与国际接轨、推动赛项开发和赛项成果转化、扩大我国职业院校技能大赛在国际上的影响力、造就具有国际水平高端技能人才具有重要意义。

——摘自《中国职业技术教育》2017，（16）. 吕景泉，吴淑媛.“技能大赛：引领职业教育教学改革发展走向新高度”

第五节　五业联动，创建中国职业教育产教融合办学新模式

【此文发表于 2018 年 4 月】

近年来，随着国家现代职业教育改革创新示范区建设的深入发展，随着推进产教融合、校企合作的新形态，一个新的名词，一种新的发展势态，正在影响着津沽大地、京津冀区域乃至全国部分省市的职业教育。这就是“五业联动”。作为一种新的发展势态，五业联动产生于职业教育改革实践中，并传承了天津职教文化传统，对于优化现代职业教育的办学结构及专业与课程建设，发挥了理念引领和机制创新作用。

如何深刻理解五业联动内涵及其发展势态，如何优化五业联动的结构，如何更有效地发挥其功能，并利用这种新的势态促进职业教育改革创新和科学发展？需要我们进一步关注并深入思考。

一、一个新的概念及其前世今生

1. 何谓五业联动

目前，五业联动并没有一个严格的、精确的界定。一般而言，它指的是一种根植于产业发展，对接行业和企业需求，服务职业岗位及个人职业发展需要，落地于专业建设的职业教育办学新模式。其内涵可以具体表述为：职业院校以就业为导向，以职业能力为本位，在专业建设方面与产业、行业、企业、职业等要素密切联系，通过整合资源，相互对接、协同联动，将专业建设的各项内容落实到教学与实训的各个环节，从而实现办学结构和效能优化的一种办学模式。可以说，依据现代产业的发展趋势和人的发展需求，特别强调职业院校与“五业”共同确立人才培养目标和规格，联合开发教学内容和模式，合作探索

具有中国特色的现代职业教育科学发展途径，是这种新型办学模式的显著特点和创新之处。可以说，五业联动是落实产教融合、校企合作向纵深、向内涵推进的可靠载体、可用模式，更是现代职业教育高质量发展和有效服务经济社会的有效途径。

理论上，人们通常把职业教育视为一种与经济发展结合最为紧密，承担着教育供给、技术技能人才培养的教育；然而现实中，企业家却对参与职业教育的兴趣不高，校企合作呈现“一头热”。为什么会是这样？这是因为职业教育原有的办学结构不能适应和满足经济发展的需求。例如，职业教育的专业设置必须与产业升级对接，但是相当多的职业院校专业设置依然雷同或者与生产脱节；又如，职业教育的教师、实训设备必须跟上企业生产的要求，但很多职业院校的双师型师资队伍和生产性实训条件常常不能适应技术技能人才培养要求；再如，职业院校毕业生的专业知识、职业能力、职业精神必须与岗位需求适应，但职业教育的人才培养标准和规格往往滞后于产业发展的需求。这些现象，其仅仅反映的是学校和企业之间不协调的表象，而技术技能型人才的供需脱节、职教资源的供需错配等办学结构性矛盾才是产生这些错位的实质。

根据现代系统论的基本原理，结构是组成客观事物诸要素的结合方式，功能则是系统在与外界作用过程中所具有的适应环境、改变环境的反应能力。结构是功能的基础并决定功能，功能对结构有相对独立性和反作用。据此，我们可以认为，要解决职业教育办学结构与社会经济发展的不适应问题，需要职业教育站在技术技能型人才供给侧的角度，与人才需求侧的多元利益诉求方联手合作、协调联动。也就是说，职业教育需要在这种联手合作中，寻找到自身结构中的不合理因素并加以调整和改善，以顺应产业结构不断调整和升级的经济发展环境；职业院校需要在这种协调联动中，强化职教要素和资源的精准配置机制，提高教育质量，发挥职业教育的技术技能型人才培养这一社会功能，以提升技术技能人才高效供给能力。于是，五业联动作为一种改革理念，自然地承担起了引导人们优化现代职业教育办学结构，适应并反作用于社会经济变革能力的责任。

实践中，透过专业建设与五业对接和联动，职业院校不仅优化了办学结构，而且逐步建立和发展出一系列有效的协同与合作运行机制。从效果看，五业联动一则促进了职业教育适应产业升级与新兴职业需求，即根据区域产业结构的调整及其对人力资源的需求变化，主动契合产业转型升级、区域经济发展和新兴职业的要求，修正“结构性缺失”并不断地优化专业布局和课程设置，不断创新教学及实训手段，提升培养技术技能型人才培养能力和服务产业发展的能力，进而引领产业可持续发展。二则促进了技术技能型人才的供给从“需求侧拉动”到“供给侧推动”根本转变，即根据人的职业发展要求，坚持就业导向特色，因材施教地引导学生通过教育改变自身命运，通过职业教育搭建的“立交桥”，学会终身学习，学会不断优化自己的知识、能力、素质结构，学会不断拓宽就业的弹性和适应性，进而实现个人职业可持续发展，并促进高等职业教育人才供给链与经济产业链的无缝对接。

一个优秀的系统结构，透过优化的排列组合，可以高效地发挥“整体大于部分之和”的功能。五业联动作为一种职业教育供给侧的改革，它促使职业院校充分利用现有的条件，对准新常态下新的突出矛盾这个“靶心”，针对一些办学的结构性不适应问题，从供给侧入手优化和升级自身的结构，创新并培育与五业发展相适应的教学与管理运行机制，使之与所担负的社会功能更加配适，更有效地提升技术技能型人才培育质量，更好地服务社会经济的转型升级。这既是新常态下社会经济可持续发展对职业教育的必然要求，也是职业教育供给侧结构性改革的内在逻辑。

2. 五业联动溯源

五业联动作为一个新生概念，并不是凭空生成。它的出现，与天津职业教育发展的深厚历史积淀和职教文化传统密切关联。

天津是一个务实的城市，代表近代工业文明的实业，很早就出现并集聚天津。天津的教育也是务实的，近代中国“工学并举”的理念源自天津，《辞海》中关于清末实业学堂和学校的解释也源自天津。天津不仅首开中国实业教育先河，而且在近代开创了众多第一。1879 年，中国第一所北洋电报学堂创办于天津。此后，立兵船之本的北洋水师学堂，培养陆军和铁路人才的北洋武备学堂，培养工业技术人才的北洋工业学堂，培养财会人才的天津中等商业学堂也都第一时间登陆天津。在中国职业教育发展史上，天津职业教育始终是浓墨重彩，具有重要的先导地位。

天津职业教育在现代锻造了特色和辉煌。中华人民共和国成立之初，天津确立了职业教育新学制；20 世纪 50 年代末，天津“半工半读”教育日出海河，领跑全国，创设了技术教育的示范模式；21 世纪之初，天津“工学结合、校企合作、产教融合”的职业教育办学实践，构筑起了应用型人才成长立交桥，确立了职业教育办学的“天津模式”，引领了全国职业教育改革；2005 年，天津市与教育部共建首个“国家职业教育改革试验区”；2010 年，天津市与教育部共建，升级为唯一“国家职业教育改革创新示范区”；2015 年，再度升级为唯一的“国家现代职业教育改革创新示范区”，一个具有时代特征和天津特色的高标准现代职业教育体系已经在天津形成。回首往昔，无论工学并举的实业教育思想萌芽，或是半工半读的教育实践，还是以培养高素质产业大军为本、工学结合的全新职教理念，天津职业教育的发展始终贯穿着一条清晰的思想脉络，这就是：务实求真，传承鼎新，锐意改革，持续创新。

正是得益于这种勇于开创和善于改革的职教文化传统，天津在职教发展的新常态下，又一次提出了“五业联动”，多元并举，合力推进职教发展的改革思路，举起了职业教育办学体制结构性改革的大旗。曾经走过的历程告诉我们：职业教育永远是与产业发展相互依存的教育类型，只有在服务产业发展的过程中，不间断地理顺自身与社会各行各业的关系，不间断地优化自身作为人才培养供给侧的办学结构，才能顺应社会经济的大趋势。当今产业结构调整和社会经济升级换代的发展现实告诉我们：作为一种与经济发展结合最为紧密的教育，职业院校只有与五业不间断地协调、联动，不间断地提升为五业服务的质量，不间断地向社会输送优质的技术技能型人才，才能实现五业共赢，才能共同构筑美好的世界。从秉承工学并举理念，到开创半工半读制度，到塑造工学结合天津职教发展模式，再到举起“五业联动”改革职业教育办学体制的大旗，天津职教人承前启后，一步一个脚印，一岁一个台阶，既积累了发展的经验，更将创造新的发展奇迹。

追溯职业教育发生发展的社会根源，可以看到，职业教育的结构不是自在的，而是人为设计的，存在着一种可持续的科学安排。人们总是根据人的发展需要和经济社会发展要求及提供的条件，去选择、配置职业教育资源，建立一定的职业教育办学结构，并通过理论与实训教学过程，塑造受教育者的职业素质和技能，最终通过人的因素，去实现职业教育适应和反作用于社会经济变革的社会功能。在这种办学结构的设计和安排过程中，天津职业教育既做“拓荒牛”，也当“千里马”，还争当“领头羊”，不仅逐步构建了现代职教新体系，而且领跑了职教改革发展。

二、五业联动现象的生态学解析及其改革要义

五业联动作为一种教育现象，能够从改革大潮中脱颖而出，成为职业教育改革的关键举措，并进一步加以科学设计，表明它除了符合事物发展的一般规律，还符合改革发展的实际需求，具有一定的理论基础与现实意义。

1．五业联动的教育生态理论基础

作为研究教育与其环境之间互动关系的科学，教育生态学的一个研究范畴，就是探讨最优化的教育生态结构、功能及其实现条件。以这门学科的视角来看，五业联动这种职业教育办学现象，契合了教育生态学所强调的生态系统及其动态平衡原理、环境适应和自组织发展机制。

（1）系统及动态平衡原理。生态系统＝生物群落＋环境条件，以此推论教育生态学者认为：教育与环境是一个彼此不可分割的自然整体。如果我们把整个国民经济理解为一个巨大的社会经济体系，那么这个体系就是职业教育的生存环境，职业教育与这个社会经济环境中的有关结构共同构成了一个联动的生态系统。在这个生态系统中，职业教育组织与环境条件，例如，职业院校与五业之间必然产生各种联系与依存、作用与适应等相互关系。

生态系统是开放的，其稳定和发展，取决于物质、能量、信息的交换状况。一般地，如果输入大于输出，生物量增加；反之生物量减少。这种动态平衡又取决于系统自身的调节能力，输入与输出值超越“生态阈限值”的上限或下限，

系统都将崩溃。据此，我们可以认为：作为社会系统中的一个开放的生态子系统，职业教育组织与环境条件，例如，职业院校与五业之间必然发生一系列物质、能量、信息交换过程，并对这些交换过程加以协调，以保持职业教育生态系统的动态平衡和可持续发展。

（2）环境适应和自组织发展机制。生态系统由主体和环境组成。主体与环境之间互为依存和互为适应的过程，构成了生态系统的发生与发展。相对于职业教育组织这个主体而言，其重要的环境条件除了物质环境、社会环境、文化环境等因素外，在社会经济发展的一些特定阶段，环境条件中的部分敏感因素，将会对主体提出特别需求。例如，在当前社会经济转型升级、供给侧结构改革的形势下，产业、行业、企业、职业这些因素，就会对职业院校的专业建设提出新的要求。对此，职业院校的专业建设必须与之相适应，否则就可能被淘汰出局。

生态系统的发展取决于系统的自组织能力与环境合力的协同动作。职业教育这个生态系统内外充满许多彼此关联的子系统，它们在不断地与环境条件中的旁系统进行物质、能量、信息交换过程中，逐步发展出反馈机制，并以此来实现自身的生存策略选择以及系统内部结构的自我组织和自我优化。例如，把职业院校的专业建设和办学结构调整与产业、行业、企业、职业这些因素结合起来，形成源自内部的自组织能力与源自外部的环境合力的协同动作。实施五业联动的发展策略，整合系统内外所有能够利用的有效资源，必将推动职业教育生态系统实现由低到高、由旧质到新质的发展进化，必将使职业教育的产教融合由概念向行动，由理念向实践的发展深化，必将使职业教育与经济社会发展同步、与科技发展同步、与产业发展同步，使职业教育来源于真实实践，服务现实需要，引导人力资源发展同向。

2. 五业联动的改革价值及现实意义

原教育部长袁贵仁曾经指出，我国职业教育发展的弱项在校企合作。因此，校企合作是今后一个时期职业教育改革发展的重点，是我们应当下大功夫、也必须下大功夫去探索和解决的难点。

透过专业建设与产业、行业、企业、职业的有机互动，五业联动在办学结构方面使学校和企业两种不同教育生态资源和环境得到充分利用，使学校的人才培养与企业的用人机制、学生的职业发展有机结合起来，对于破解校企合作的实践难题，是一种另辟蹊径的改革创新，具有显著的改革价值和现实意义。

（1）改革价值：创新职业院校制度建设。首先，五业联动作为职业院校办学结构的依托，是一种实现产业、行业、企业共赢的办学管理创新。它进一步强化校企合作，要求校企互相渗透、互相介入、互相支持；要求职业院校与产业、行业、企业资源互用、优势互补、利益共享、责任共担，以便在制度建设方面实现职业院校和企业的管理现代化。它既促使校企发挥各自优势，工学结合加快企业自有人才的教育与培训，又促使职业院校与产业、行业、企业结成共同体，产教融合共同培养社会与市场需要的高技术技能型人才，从而更有效地促进职业教育与社会生产力可持续发展。

其次，五业联动作为职业院校专业建设的组织结构支撑，有助于产、学、研合作促进职业院校专业教学创新。它进一步调动职业院校和产业、行业、企业所拥有的智力资源，通过协调、合作，共同促进科技理论与制造技术相结合，实现生产技术的新组合。既针对产业升级中的关键技术进行联合攻关，又结合生产实践需要对现行的专业设置进行改革调整，对部分教学内容、教学标准和教学方法进行重新甄选和共同开发，从而不断促进产业、行业、企业的技术进步，不断促使职业院校的专业教学与社会生产发展更加配适。

再次，五业联动作为人的职业发展平台，有益于技术技能型人才培养的教学模式创新。它通过职业院校教师，产业、行业、企业的工程技术人员、市场营销人员和生产工人之间的互相沟通与交流，实现了新的师资力量组合，进而建构了一种多元师资参与的教学模式。既为职业院校的教学与实训提供了最新的生产知识、技术与信息，又为学生了解和体验最新科技动态、新技术研制及新产品生产过程、生产供需与政策法规信息提供了稳定渠道和有效的组织管理。从而使学生的成长环境更接近生产一线，为学生日后的职业发展打下更坚实的专业基础。

（2）现实意义：系统提升技术技能型人才的供给能力。我们如果把供给侧理解为整个国民经济的生态链之一，那么职业教育就是这条生态链上不可或缺的技术技能型人才的供给环节，它与社会经济生态构成了一个联动的体系。五业联动作为一项系统工程，其核心在于职业教育更好地服务于社会经济的转型升级；其要义在于促使职业教育自身的结构及所担负的社会功能与经济社会的发展更加配适。

大量的实践证明：五业联动虽然发端于职业教育，但这种教育现象却反映了多元生产要素重新进行组合的历程，映衬了职业院校在与办学环境的生态互动中，促进自身与产业、行业、企业的制度创新和技术创新的过程。

一方面，产业、行业、企业通过与职业院校的结合组成了利益与发展共同体，透过频繁的多元沟通、协调、联动，实现了生产要素新组合与互补。这种由生产一线需求驱动的职业教育供给侧结构性改革，不仅使生产部门提升了技术水平，获得了经济效益，并且使职业院校依据社会经济发展、产业转型升级和新兴职业的要求，主动契合产业结构的调整变化，积极优化自身的办学结构和专业结构，从而进一步提升了科技理论水平和教学实训质量，提升了技术技能型人才培养能力和服务产业、行业、企业发展的能力。

另一方面，职业院校也在与产业、行业、企业的结合、合作、融合过程中，根据人的职业发展要求，进行了新一轮专业布局、课程设置和专业教学模式更新。通过五业联动搭建的职业发展“立交桥”，引导学生学会不断优化自己的知识、能力、素质结构，不断拓宽就业的弹性和自适应性，学会终身学习，进而实现个人职业的可持续发展。这种坚持就业导向，以人才供给为内驱力的供需结构改革，通过职业教育人才供给链与经济产业链的无缝对接，实现了技术技能型人才供给从“需求侧的拉动”到“供给侧的推动”的根本转变。

三、五业联动的天津实践与推动策略

有效的改革举措必然立足改革实践，必须落实到改革的具体环节。作为国家现代职业教育改革创新示范区，为持续释放高标准建设的活力和领先发展的魅力，天津职业教育不仅提出了五业联动这一改革举措，并且在实施过程中，积累了自己独特的实践经验，创新了自己特有的推动策略。

1. 五业联动的天津践行

五业联动在天津职业教育的改革实践，主要体现在以下几个方面：

（1）组建行业职业教育教学指导委员会，形成联动机制。为探索专业与产业、行业、企业、职业相互对接的五业联动的办学结构，建立健全政府主导、行业指导、企业参与的职业教育办学机制，强化行业在现代职业教育体系建设和职业教育改革发展中的指导作用，推进中等和高等职业教育协调发展，加快构建现代职业教育体系，天津市陆续组建了电子信息、生物医药、装备制造等 20 个市级行业大类职业教育教学指导委员会。截至 2017 年，天津市教委会同市相关委办局已经成立了 6 个市级行业大类职业教育教学指导委员会。这些行指委由天津市教委和市行业主管部门或行业组织牵头管理，对相关行业（专业）职业教育教学工作进行研究、咨询、指导和服务。

（2）成立多类型“集约化、规模化”职教集团，搭建联动平台。自 2003 年建立第一个职教集团以来，天津市充分发挥行业办学优势，已先后成立了 22 个中高职教育教学相衔接，学历教育与职工培训相结合的“集约化、规模化”的行业型、区域型、社区型职教集团。每个职教集团内部都建立了校企合作董事会、校企合作执行委员会和专业建设委员会“三级贯通式”管理体制。此外，还搭建了一批不同层级、不同专业、跨行业、跨区域的职业院校联盟，初步形成了以联盟为纽带，职业院校相互支撑、相互协同，抱团谋发展、合作求超越的改革创新态势。这些举措使职业院校专业结构与主导产业对接度达到 90%。这些职教集团的在校生规模都超万人，有力地支撑了天津及区域经济的升级换代和转型发展。

（3）以主导产业结构调整驱动专业建设，建设联动专业组群。为服务国家“一带一路”、京津冀协调发展、天津自贸区建设和滨海新区开发开放等重大战略，天津职业教育围绕优势主导产业、高端制造业、战略新兴产业和现代服务业的升级和发展，通过五业联动建立了以产业结构调整驱动专业建设的宏观协调机制，并通过天津市教委和各高职院校共同搭建的专业设置信息发布平台，面向市场引导职业院校压缩供过于求的教学专业以及办学质量与需求不适应的专业，支持校企合作设置反映未来产业变革和技术进步趋势的新专业，实现了专业建设的动态预警和及时调整。一个以重点专业为龙头、相关专业为支撑，不同院校互为错位补充的专业布局，以优势专业群对接主导产业群的产教融合的专业建设新格局正在形成。目前，天津市高职开设专业730余个，中职开设专业18大类113个，全部覆盖了天津市8大优势主导产业、战略新兴产业和现代服务业。同时，通过信息化工程，天津市职业院校特色专业建设正在稳步推进。

（4）实施职业院校优质教学资源建设工程，打造联动精品课程。根据京津冀协同发展规划和天津市核心支柱产业发展需要，天津职业教育以服务为宗旨，以就业为导向，通过五业联动集结优势教育教学资源，实施了贴近岗位需求、对接现代工艺流程的职业院校精品课程资源建设工程，持续建设优质课程，开发特色教材。目前，天津市职业院校共打造了54门国家级精品课程、47门国家级精品资源共享课程、6个国家职业教育专业教学资源库、169门市级精品课程，形成了围绕工作岗位、现代工艺、技术升级、全新内容的现代课程体系。这一精品课程体系不仅扩大学生选择专业和课程的自主权，促进了职业院校专业教学的有效性；而且强化了职业教育服务产业发展的实效性，有力地支撑了天津市优势支柱产业和滨海新区的发展。

（5）携手行业企业，参照国际工艺流程，建立联动教学标准。当前，中国制造正在向中国创造转变，中国速度正在向中国质量转变，中国产品正在向中国品牌转变。这些历史性变化，把“标准”问题提到了引领质量的新高度。为提升职业教育办学和教学的质量标准对社会生产的契合度和引领作用，天津市透过五业联动机制实施了多种措施：一是大力支持职业院校参与国际、国家和行业标准的制（修）订；鼓励专业教学团队开展国际化专业教学标准研究和实验。二是努力弘扬我国职业教育文化优良传统，在消化、融合国际化专业教学标准的基础上，组织多元研究力量在教学实践中创新并发展符合中国国情、具有天津特色的专业设置标准和课程教学标准。三是推行“走出去”发展战略，在继续完善全市原有50个国际化专业教学标准的基础上，依托和扩大原有131个国际化专业教学标准试点班，再开发新的标准，将国际先进工艺流程、产品标准、技术标准、服务标准等引入教学和实训，配合“走出去”的企业培养具有国际视野、通晓国际规则的本土化技术技能人才，增强天津职业教育的国际竞争实力。

2．五业联动的策略创新

为有效落实五业联动，天津市设计并实施了多项推动策略：

（1）坚持政府主导，探索形成五方携手推进的新机制。五业联动由于涉及面较广，牵扯的利益诉求较多。面对一项复杂而又精细的生态系统工程，为实现五业内部各要素的动态平衡和整体的自组织发展，必须有一种权威而强大的协调和推动力量，而此力量及其相应的责任担当非政府莫属。在推动五业联动的过程中，天津市教委联合相关行政部门、行业和单位，探索形成了“政、行、企、校、研”五方携手推进职教发展新机制。这种机制以政府的敢于担当，勇做推手为强有力后盾，强调多部门、多机构统筹协调，进一步明确了政府的主导、统筹责任，行业和企业的参与、指导、评价作用，职业院校的人才培养职能，研究机构的支撑、服务功能。五方权责清晰、定位明确，形成了事业发展命运共同体，有效保障了资源共享、责任共担、过程共管、互利共赢的五业联动育人模式，从而有效促进了学生、学校、企业、产业以及相关利益诉求方的共赢。

（2）注重顶层设计，与职业教育示范区建设方案同步实施。实施庞大的社会工程必须注重顶层设计。天津市高度重视五业联动的设计和规划。在国家现代职业教育改革创新示范区建设方案中，天津市教委就明确提出：一是实施优势专业培育与主导产业需求对接计划。要求在新一轮专业设置改革之中，全面形成优势专业群对接主导产业群的新格局。二是实施专业课程内容与职业标准对接计划。要求依据京津冀产业布局协同发展规划和天津市支柱产业发展需要，开发建设一批优质特色教材和课程，促进职业院校专业教学和服务产业发展的实效性。三是实施专业教学过程与真实生产过程对接计划。要求以专业教学标准为依据、以企业岗位技能要求为导向、以实践创新能力培养为核心，构建与生产过程无缝对接的课程教学体系，建立产业、行业、企业、学校培养技术技能人才的共育链。四是实施职业院校科研创新与企业技术创新对接计划。引导职业院校与行业、企业共建技术中心和校外实习实训基地，提升职业院校服务企业技术创新水平。

（3）加大宣传力度，营造职业教育高标准发展的社会氛围。为使五业联动政策的设计缘起、执行策略和实施效应深入人心，天津市一方面大力宣传相关发展政策及国家现代职业教育示范区建设的典型经验和做法，并以活动周等形式建立职业教育宣传的长效机制，引导全社会切实转变教育观、人才观、择业观，促进形成“劳动光荣、技能宝贵、创造伟大”的良好社会氛围，重塑支持职业教育、褒扬技术技能人才、同等尊重学术型技能型两类人才的良好环境；另一方面由天津市教委主导，连续举办“五业联动—深度对接”高端讲堂 20 期，邀请国内外行业企业专家围绕职教优势专业群对接优势产业群等问题，具体介绍产业、行业、企业、职业、专业“五业联动”的探索过程，理论内涵和运作模式，分析经济发展趋势，剖析产业对技术技能人才需求。这些宣传活动，有力促进了五业内部人力资源建设机制，产教融合互动双赢机制，资金和资源的多元投入和调整机制，信息和资源的有效沟通与共享机制建设，为国家现代职业教育示范区建设和职业教育的高标准领先发展增添了新的活力。

（4）强化质量文化，打造产教融合、德技并修育人环境。质量文化是全社会的质量共识和质量观念，是一种衡量质量目标的核心价值标准。为引导人们对国家现代职业教育示范区建设形成全新的质量共识，天津市透过五业联动实施了一系列质量文化的培育对策：

弘扬技能大赛竞技文化。作为全国职业院校技能大赛的永久性主赛场和举办城市，天津努力倡导大赛的竞技文化和竞技精神，努力通过技能大赛促进竞技的价值取向和质量目标的实现。

推动企业文化与校园文化深度融合。现代职教文化本质上是学校文化与企业文化的融合，天津通过引入现代企业文化精神，构建现代学校章程，重塑校园文化等途径，搭建校企文化深度融合的平台，使教育的过程成为培育文化的过程，使职业学校成为创新现代职教文化的场所。

加强德育文化建设。文化培育是院校德育的重要抓手，天津通过在课程体系建设中融入民族优秀文化和现代工业文明元素，使职业教育以德为先、追求技艺的文化得以弘扬光大；通过学风、教风、考风、班风、校风“五风”建设，创新“安教乐道”品牌，探索“工程实践创新项目（EPIP）”教学试验，构建德育文化活动体系。

固化推广国家职业教育试验区、示范区建设成果。试验区、示范区建设创造了很多业绩，积累了很多经验，天津有关部门组织人力、物力，对此进行了有序分析和整理，对优秀的教育教学成果进行固化并加以推广，从而使这些职教文化积淀、转化，成为教育事业科学可持续发展的质量保障。

——摘自《中国职业技术教育》2018,（10）. 吕景泉. “五业联动—职业教育科学发展的新途径”

第六节　高质量发展，中国职业教育的制度创新永远在路上

【此文发表于 2019 年 3 月】

2019 年，国务院公布《国家职业教育改革实施方案》（以下简称《实施方案》），这是职业教育改革发展进程中一件具有重大意义和深远影响的大事。《实施方案》提出“经过 5 ～ 10 年时间，职业教育基本完成由政府举办为主向政府统筹管理、社会多元办学的格局转变，由追求规模扩张向提高质量转变，由参照普通教育办学模式向企业社会参与、专业特色鲜明的类型教育转变，大幅提升新时代职业教育现代化水平，为促进经济社会发展和提高国家竞争力提供优质人才资源支撑”总体目标，这是对职业教育发展的再定位，对职业教育制度的再创新，对职业教育改革的再出发，标志着职业教育步入制度创新的新阶段。

在新阶段，职业教育要不忘为党育人、为国育才初心，牢记立德树人使命，准确把握“培养什么人，怎样培养人，为谁培养人”这一根本问题，深刻理解和切实践行《实施方案》的战略意图、政策精髓和制度要义，面向社会，面向市场，面向人人，凝聚合力，续写职业教育制度创新的新篇章。

一、加强党对职业教育工作的全面领导，保证职业教育改革发展正确方向

教育是国之大计、党之大计，是民族振兴、社会进步的重要基石，对提高人民综合素质、促进人的全面发展、增强中华民族创新创造活力、实现中华民族伟大复兴具有决定性意义。坚定党对职业教育工作的全面领导，使职业教育领域成为坚持党的领导的坚强阵地，回答好“为谁培养人”这一方向问题，才

能在任何时候、遇到任何问题时，不迷失方向。

党的十八大以来，职业教育始终不忘初心，牢记使命，坚持以服务发展为宗旨、以促进就业导向，服务改革开放，服务社会主义现代化建设，服务人的发展，发挥思想价值引领作用，弘扬工匠精神，把中华民族的价值观贯穿在教育教学全过程和各环节，构建教书育人、实践育人、管理育人、文化育人的职业教育制度体系和制度环境。

教育担负着培养德智体美劳全面发展的社会主义建设者和接班人的重要使命。在新的发展阶段中，职业教育要以习近平新时代中国特色社会主义思想为指导，全面贯彻党的教育方针，牢固树立“四个意识”，坚定“四个自信”，坚决做到“两个维护”，用习近平总书记系列重要讲话精神和治国理政新理念新思想新战略武装头脑、指导实践、推动工作，在思想上政治上行动上同以习近平同志为核心的党中央保持高度一致，坚定不移维护党中央权威和党中央的集中统一领导；全面加强党的领导，充分发挥党组织在职业院校的领导核心和政治核心作用，推进职业学校党组织和党的工作全覆盖，增强党组织政治功能，充分发挥政治核心作用，坚持围绕中心抓党建、抓好党建促发展，加强基层党组织建设，有效发挥基层党组织的战斗堡垒作用和共产党员的先锋模范作用，带动学校工会、共青团等群团组织和学生会组织建设；让职业学校成为坚持党的领导的坚强阵地，落实好“职业教育制度为谁创新”的问题。

二、落实立德树人根本任务，培养社会主义建设者和接班人

育才为国之本。在国家发展、民族复兴之际，面对技术发展、时代变革带来的巨大挑战，面对知识获取、教育方式的革命性变化，坚定培养德智体美劳全面发展的社会主义建设者和接班人，职业教育要着力培养德智体美劳全面发展的高素质技术技能人才，回答好“培养什么人”这一核心问题，才能在发展中不偏离主线。

长期以来，职业教育在立德树人根本任务上，面临的任务最复杂、最艰巨、最繁重，承担的任务难和任务重双重压力。从生源而言，职业教育要承接中考和高考最后一部分学生；从就业而言，职业教育要应对社会覆盖面最大、应对

就业岗位最一线、应对职业类型最广泛的就业。应对这样的难题，职业教育要咬定青山不放松，从学生入校到毕业，将思想政治工作融入校园的一草一木中，融入教职工的一言一行中，融入管理的一张一弛中，构建起方向正确、内容完善、载体丰富、常态开展的思想政治工作体系，形成了人人皆可成才、人人尽展其才的良好环境，每年向社会输送 1 000 万名毕业生，就业率保持在 90% 以上，在每年的新增劳动力中，职业院校毕业生占到 70%。

中华民族的未来属于青年人。2017 年 5 月，习近平总书记在中国政法大学考察时，强调要深入研究为谁教、教什么、教给谁、怎样教的问题，不仅要提高学生的知识水平，而且要培养学生的思想道德素养。青年人的理想信念、精神状态、综合素质是一个国家发展活力的重要体现，也是一个国家核心竞争力的重要因素。职业教育必须牢牢抓住全面提高人才培养能力这个核心点，全面落实人才培养的根本任务，以立德树人为根本，以理想信念教育为核心，以社会主义核心价值观为引领，遵循教育规律、思想政治工作规律、学生成长规律，把理想信念教育放在首位，坚持全员全过程全方位育人，全面统筹办学治校各领域、教育教学各环节、人才培养各方面的育人资源和育人力量，推动知识传授、技能学习、能力培养与理想信念、价值理念、道德观念的教育有机结合，发挥职业教育类型的优势，系统构建具有职业教育特点的思想政治教育体系，把思想政治教育落实在课堂教学之中、渗透在校园生活的环节之中、延伸到学生发展的方方面面，内化到学校建设和管理的细节之中，实施好中等职业学校“文明风采”活动，推进职业教育领域“三全育人”综合改革试点工作，健全家庭、学校、政府、社会协同育人机制，培养有信念、有梦想、有奋斗、有奉献、素质过硬的技术技能人才，回答好“职业教育制度为什么创新”的核心问题。

三、夯实产教融合校企合作发展之路，建设多元办学格局

职业教育与产业、行业发展，与企业发展息息相关。在工业化、信息化、城镇化、农业现代化建设中，在实现创新驱动发展、新型城镇化、制造强国战略中，在推动制造强国、网络强国进程中，坚定走中国特色职业教育产教融合校企合作之路，坚持工学结合、知行合一，回答好“怎样培养人”这一路径问题，

才能在发展中不失去本色。

从150多年前的福建航政学堂“工学一体”的办学模式，到20世纪50年代我国在天津试行“半工半读”教育，再到当今新时代在全国范围内实施产教融合、校企合作、工学结合、知行合一，职业教育办出了特色，走出了自信。专业与产业、职业岗位对接，专业课程内容与职业标准对接，教学过程与生产过程对接，学历证书与职业资格证书对接，职业教育与终身学习对接，已经深化到职业院校办学的方方面面，订单培养、校中厂、厂中校、现代学徒制等广泛开展，60多个行业职业教育教学指导委员会和近1 300个职教集团促进了学历教育与职工培训相结合的“集约化、规模化”发展，在全国基本形成了产教协同发展和校企共同育人、政行企多元办学的新格局。

产教融合、校企合作、工学结合作为促进教育与经济社会协调发展的重要举措，是职业教育发展的根本路径和关键举措，是职业教育的看家本领，是职业教育的本色、底色所在。《实施方案》在“促进产教融合校企‘双元’育人”和“建设多元办学格局”中，从坚持知行合一工学结合、推动校企全面加强深度合作、打造一批高水平实训基地、多措并举打造“双师型”教师队伍、推动企业和社会力量举办高质量职业教育、做优职业教育培训评价组织6个方面，进行了具体的部署。在区域发展上，职业教育必须更加紧密对接国家发展总体战略和区域发展、产业发展、城市建设和重大生产力布局规划，融入经济转型升级各环节，及时优化职业教育布局，同步规划产教融合发展政策措施、支持方式、实现途径和重大项目，促进人才培养供给侧和产业需求侧结构要素全方位融合，促进教育链、人才链与产业链的有机衔接；在职业学校专业建设上，坚持职业学校与产业、行业、企业共同确立人才培养目标和规格，联合开发教学内容和模式，合作探索具有中国特色的现代职业教育科学发展途径，通过整合资源、相互对接、协同联动，将专业建设的各项内容落实到教学与实训的各个环节，落实产教间的融合、校企间的合作向纵深、向内涵推进，形成政府、行业、企业、学校、社会协同推进职业教育发展的格局，落实好“职业教育制度创新”的路径问题。

四、深化职业教育制度创新，构建中国特色职业教育

中国职业教育是世界上最大规模的职业教育。多年来，在借鉴国际先进职业教育理念、学习世界先进职业教育经验的基础上，坚持扎根中国大地办职业教育，坚定社会主义办学方向，坚持中国特色社会主义职业教育发展道路，增强面向市场、服务发展、促进就业这一办学方向的思想自觉和行动自觉，回答好“职业教育制度创新走什么路”这一问题，才能在改革中不失去特色。

各地制度创新有各地的特色。行业办学是天津职业教育的突出特色，全市80%以上的高职和50%以上的中职都由行业举办或具有行业背景，天津发挥行业办学优势，推动教学改革与产业转型升级衔接配套，推进行业企业参与人才培养全过程，探索形成了产业、行业、企业、职业、专业“五业联动”的产教融合发展新模式。畅通了“政、行、企、校、研”的“五方携手”新机制，形成了政府主导、教育主管、行业企业主办的职业教育发展特色，做大做强做优天津职教。

天津是我国近代工业发源地之一，天津职业教育始终坚持制度创新，19世纪孕育了“工学并举”的职业教育模式；新中国成立后，天津成为全国“半工半读”试点城市；2005年成为首个“国家职业教育改革试验区”，2010年成为“国家职业教育改革创新示范区”，2015年成为“国家现代职业教育改革创新示范区”。作为试验区、示范区，天津在工程实践创新项目（EPIP）、国际化专业教学标准、京津冀协同发展、东西协作职教帮扶、安教乐道职业教育之品、职业启蒙等领域机制创新层出不穷，《关于做大做强做优职业教育的八项举措》《关于构建天津市现代职教体系开展职业教育长学制试点工作的实施方案》等一批制度创新源源不断。

2016年初，天津原创、首创并率先主导推动实施了“鲁班工坊”建设。“鲁班工坊”一经设立，就得到了党和国家的高度认可，迅速成为中外人文交流的国际知名品牌。目前已建成泰国、英国、印度、印尼、巴基斯坦、柬埔寨、葡萄牙共7个“鲁班工坊”。2018年9月3日，习近平主席在中非合作论坛北京峰会开幕式上明确将在非洲设立10个“鲁班工坊”，向非洲青年提供职业

技能培训。2018年，天津市出台了《推进本市职业院校在海外设立“鲁班工坊”试点方案》（津政办函〔2018〕16号），成立了“鲁班工坊”推进工作领导小组，2018年12月5日，在习近平主席的见证下，张国清市长与葡萄牙塞图巴尔市长签署共建“鲁班工坊”协议，并亲自为葡萄牙鲁班工坊揭牌。“鲁班工坊”登陆葡萄牙，标志着以天津为代表的中国职业教育得到西方先进国家的认可，标志着中国特色职业教育的话语体系、标准体系，经过示范区建设，上升到新的高度。

创新是社会进步发展的灵魂，是引领职业教育发展的第一动力。天津职业教育的发展历史和发展实践表明，只有坚持制度创新，才能形成中国特色，才能让中国职业教育走向世界。

五、完善职业教育国家标准体系，推进职业教育高质量发展

教育发展的核心任务是提高质量。党的十八大以来，我国进一步确立了以“质量发展”为主题的经济发展道路，经济发展进入了“高质量发展”的新时代，要创造“中国制造”和“中国品牌”，打造“中国质量”和“中国标准”。十九大报告中明确，“努力让每个孩子都能享有公平而有质量的教育”，“有质量”清晰指明了未来教育发展的一大着力点，要求教育从“广覆盖”向“有质量”迈进，开启了教育质量的新时代。《国家教育事业发展“十三五”规划》将“全面提高教育质量”作为“十三五”时期教育改革发展的主题和核心任务，这既是回应和解决民生的重要内容，更是提高教育内涵建设的迫切需求，是增强我国教育国际竞争力的必然要求。在教育高质量发展的新时代，职业教育发展必须坚定地走高质量发展之路，健全职业教育国家标准，回答好“用什么保证人的培养质量”这一内涵问题，才能在发展中不断提高。

标准是质量的保证，是实现高质量的关键。中国具有世界上规模最大的职业教育体系，截至2017年教育统计数据，全国拥有1.21万所职业院校，2 517.19万在校学生，经过多年努力，制定和实施了职业学校设置标准、专业建设标准、职业学校数字校园建设标准、中等职业学校教师专业标准、中等职业学校校长专业标准，以及职业教育督导评估办法、高等职业院校适应社会需求

能力评估暂行办法和中等职业学校办学能力评估暂行办法，766个新修订的高职专业目录、230个中职专业教学标准、410个高职教学标准、70个职业学校专业顶岗实习标准、11个专业实训教学条件建设标准、19个专业仪器设备装备规范等一系列制度和标准，形成了“制度规范基础上的标准体系”。

标准是衡量工作质量、发展水平和竞争力的尺度。《实施方案》提出要从“将标准化建设作为统领职业教育发展的突破口，完善职业教育体系”，通过完善教育教学相关标准、启动“1+X”证书制度试点工作、实现学习成果的认定积累和转换、提高中等职业教育发展水平、推进高等教育高质量发展和完善高层次应用型人才培养体系、开展高质量职业培训来进一步提高质量。要实现有质量的发展、高质量的培养，需要建立、健全职业教育标准体系。在当前和未来一个时期内，职业教育需要在已有制度和标准的基础上，进一步引入标准意识，推进树立标准理念，在办学理念、教育教学上探索标准化流程和教育行业标准制定，以标准推进质量的落实、落细、落小。要加强职业教育督导制度、教学工作诊断与改进制度、年度质量报告制度建设，加快构建职业教育“1+X”国家标准，实行“1+X”证书制度，推进资历框架建设，探索实现学历证书和专业能力证书互通衔接，加快建成适合中国国情、具有国际视野、内容科学、结构合理、衔接有序的“中国职业教育标准体系”，做到政府主导的国家标准与地方、职业学校自主标准互补，形成职业学校办学有标准衡量，人才培养有质量保证、国际发展有通行话语的良好发展态势，实现“建成覆盖大部分行业领域、具有国际先进水平的中国职业教育标准体系”的目标，落实好职业教育制度创新的内涵问题。

六、健全经费投入机制，加大职业教育发展保障

教育投入是教育事业发展的保障前提，是人才待遇、督导评估等多项保障的重中之重。目前，职业教育管理体制（在国务院领导下，分级管理、地方为主、政府统筹、社会参与）和多元办学格局（政府主导，依靠企业，充分发挥行业作用，社会力量积极参与，公办与民办共同发展）确立了中央和各级地方政府在发展职业教育中的重要主体责任，在新的发展阶段，坚持并健全“以政

府投入为主、受教育者合理分担、其他多种渠道筹措经费”的职业教育经费投入机制，回答好“如何落实职业教育经费”这一保障问题，才能让职业教育可持续发展。

职业教育经费投入是职业教育事业发展的关键。多年来，党和国家高度重视职业教育发展，不断提高职业教育经费投入，职业教育财政投入总量持续增长、生均公共财政预算经费大幅增长、中央财政专项经费投入不断加大，加快了职业教育发展。截至 2017 年底，各地均建立了中等职业学校和高等职业学校的生均拨款制度。中等职业教育建立了以免学费、国家助学金为主，学校和社会资助及顶岗实习等为补充的资助政策体系。2017 年，全国共资助中等职业学校学生 1 509.92 万人次，资助金额 365.29 亿元。

重视教育，投入为基，人才为本。职业教育仍是各类教育中的“短板”，生均经费水平一直处于偏低水平，投入的总量与我国职业教育的发展还存在较大差距，与其培养规模和应有地位、作用不匹配，远不能满足加快现代职业教育的新要求。《实施方案》在“健全经费投入机制”中重点强调了各级政府在投入上的职责，要求“建立与办学规模、培养成本、办学质量等相适应的财政投入制度”，切实落实财政性职业教育经费投入，各级政府加大对职业教育的投入，加大对体系建设重点领域和薄弱环节的投入，加大中央财政对经济欠发达地区职业教育的转移支付力度；同时，要求“完善技术技能人才保障政策”，提升待遇，“加强办学质量督导评价”，建立健全职业教育质量评价和督导评估制度，组建国家职业教育指导咨询委员会，落实好“职业教育制度创新可持续”的保障问题。

七、建立更加广泛的决策参与机制，加强职业教育制度创新的顶层设计

职业教育与经济社会发展联系最为直接和最为紧密，涉及方方面面的关系，办好职业教育，需要调动各方面举办和参与的积极性，需要各方力量的参与协作。早在 2002 年《国务院关于大力推进职业教育改革与发展的决定》中

提出“在国务院领导下，建立职业教育工作部际联席会议制度，研究解决职业教育工作中的重大问题”，以“建立并逐步完善在国务院领导下，分级管理、地方为主、政府统筹、社会参与的职业教育管理体制。”2004年6月，国务院批复正式建立职业教育工作部际联席会议制度。2018年11月，国务院再批复建立国务院职业教育工作部际联席会议制度。在经济社会加快发展的新时代，职业教育发展对经济社会的重要性不断增强，必须把职业教育摆在更加突出的位置，建立更加广泛的参与机制，回答好“如何落实职业教育突出位置”这一统筹问题，才能在发展中不断巩固。

《实施方案》提出“完善国务院职业教育工作部际联席会议制度”，由教育部、发展改革委、工业和信息化部、财政部、人力资源和社会保障部、农业农村部、国资委、税务总局、扶贫办9个部门和单位组成的国务院职业教育工作部际联席会议制度，这是我国职业教育发展史上一个重要的体制创新，强化了政府对职业教育的统筹、领导和支持，促进了政府有关部门对职业教育工作的沟通与协调，对党中央国务院关于职业教育工作的重大决策部署的贯彻落实、研究解决职业教育重大问题、统筹协调全国职业教育工作、制定出台职业教育法律法规和重大政策、部署实施职业教育改革创新重大事项等，必将产生重大影响，更加有力地推动我国职业教育的改革，更加有效地加快职业教育持续健康发展，落实好“如何进行职业教育制度创新顶层设计”的统筹问题。

——摘自《中国职业技术教育》2019，（07）. 吕景泉 .“职业教育高质量发展：制度创新永远在路上”

第五章

鲁班工坊的教学模式

改革开放以来，中国的职业教育不断走向世界，职业教育科学研究逐步关注实际，形成了全面开放性的国际职业教育比较研究趋势。实践证明，任何片面地、孤立地、笼统地考察学习国外职业教育，而忽视职业教育的环境、土壤、本质及适配条件去介绍、引进、推广国外职业教育，原汁原味地吸收应用，都可能导致教育失误。世界上，各个国家都应根据自己的国情和教育环境，依据自己国家社会对职业教育的需求和受教育者的要求，选择适合的职业教育模式，而不是盲目照搬。

EPIP，是中国职业教育话语体系下的教学模式。它以中国职业教育实际为研究起点，体现继承性、民族性的立场主张，具有主体性、原创性的理论观点，彰显系统性、专业性的实践特色，构建起具有中国特色的院校办学思想、专业建设模式、课程结构体系、策略方法系统、标识品牌概念，形成职业教育的EPIP教育论、EPIP专业论和EPIP课程论。

EPIP，是结合技术技能人才培养的中国实际而创立的一种教学模式，是以实际工程为背景，以工程实践为导向，以能力培养为目标，以工程项目为统领的技术技能人才培养的教学模式。它是中国职业教育理论上发展成果的具体化，也是中国职业教育实践中改革经验的系统化。

新时代中国职业教育要增强服务意识和服务能力，扎根中国大地办教育，瞄准国家战略，聚焦区域经济发展，为生产服务，为生活服务，为青年人实现个人职业梦想服务，为人人都能够出彩服务。

第一节　工程实践创新项目（EPIP）的核心要义

【此文发表于2021年6月】

所以谓，名也；所谓，实也；名实耦，合也。

今存《墨子》有六篇，其第一篇《经上》提出“名”“实”“合”“为”作为认识、认知标准。它标志着墨家朴素唯物主义反映论得到进一步深化，是墨家“三表”思想的发展。

“名”是“所以谓”，我们用以认识、说明事物的名词、概念；“实”是“所谓”，即我们认识、说明的对象；名实相符即“名实耦”，谓之“合”。“为”是认识的目的和检证，它包括：“志”，即行为的主观动机；“行”，即实际行动。中国的“知行合一”，此处能找到端倪及源头。

工程实践创新项目（EPIP），是工程（Engineering）、实践（Practice）、创新（Innovation）、项目（Project）四个关键元素的有机组合，其内涵是“工程化、实践性、创新型、项目式”。EPIP，是Engineering Practice Innovation Project（工程实践创新项目）首字母的缩写，其总称为“工程实践创新项目（EPIP）教学模式”。

一、教学模式与EPIP

国内外对教学模式概念的理解不完全一致。

在国内，概括起来分三种。第一种，认为教学模式是“在教学实践中形成的一种设计和组织教学的理论，这种教学理论是以简化的形式表达出来的”，可称其为“理论说”。第二种，认为教学模式是“在一定教学思想或理论指导下建立起来的各种类型教学活动的基本结构或框架”，可称其为“结构说”。第三种，认为教学模式是“在一定教学思想指导下建立起来的，完成所提出教学任务的比较固定的教学程序及其实施方法的策略体系”，可称其为“程序说”。

基于EPIP的教学实践与理论研究，EPIP首创者认为，把握教学模式，要注意：（1）模式不是方法，教学模式与教学方法不属于同一层次；（2）模式不是计划，教学计划是外在表现，不足以揭示所含的教学思想；（3）模式不是理论，至少不仅仅是教育理论，还含有程序、结构、方法、策略等，教学模式远比教育理论更丰富。教学模式应该是开展教育教学活动的一整套方法论体系，是在一定教育理念、教学思想、教学理论指导下，建立起来的较为稳定的教育教学活动策略方法、结构框架和活动程序。教学模式是教育理论的具体化，是教学实践的系统化。

EPIP是中国职业教育话语体系下的教学模式。它以中国职业教育实际为研究起点，体现继承性、民族性的立场主张，具有主体性、原创性的理论观点，彰显系统性、专业性的实践特色，构建起具有中国特色的院校办学思想、专业建设模式、课程结构体系、策略方法系统、标识品牌概念，形成职业教育的EPIP教育论、EPIP专业论和EPIP课程论。EPIP是结合技术技能人才培养的中国实际而创立的一种教学模式，是以实际工程为背景，以工程实践为导向，以能力培养为目标，以工程项目为统领的技术技能人才培养的教学模式。它是中国职业教育理论上发展成果的具体化，也是中国职业教育实践中改革经验的系统化。

二、EPIP的内涵与要义

改革开放以来，中国的职业教育不断走向世界，职业教育科学研究逐步关注实际，形成了全面开放性的国际职业教育比较研究趋势。实践证明，任何片面地、孤立地、笼统地考察学习国外职业教育，而忽视职业教育的环境、土壤、本质及适配条件去介绍、引进、推广国外职业教育，原汁原味地吸收应用，都可能导致教育失误。世界上，各个国家都应根据自己的国情和教育环境，依据自己国家社会对职业教育的需求和受教育者的要求，选择适合的职业教育模式，而不是盲目照搬。新时代中国职业教育要增强服务意识和服务能力，扎根中国大地办教育，瞄准国家战略，聚焦区域经济发展，为生产服务，为生活服务，为青年人实现个人职业梦想服务，为人人都能够出彩服务。

中国职业教育在深度梳理、广泛汲取中国本土教育思想，形成独具自身特质的办学模式、教学模式、话语体系及研究成果。EPIP 是在中国的职业教育实践和理论研究基础上，围绕职业教育的教学模式，汲取中国古代、近现代教育思想，借鉴国际先进职业教育经验创立的。EPIP，从中国本土实践中来，再到中国本土实践中去，是结合中国实际创立的教学模式。

EPIP 的核心要义是：五观、四元、三谛、两核、一宗。

（一）EPIP的“五观”

从应用层级来讲，EPIP 主要有三个层级，即所谓三观:宏观、中观和微观，对应 EPIP 教育论、EPIP 专业论、EPIP 课程论。如果再进行细分，拓展应用层级，那么，可以说还有两个层级或两观，即更大的宏观，叫“达观”或“宇观”；更小的微观，叫“纳观”。这样，就有了达观、宏观、中观、微观、纳观。达观，是指中国职业教育要结合中国实际办，要围绕重大战略办，要服务经济社会发展办，要为青年成长成才办，要为人人有出彩的机会办。EPIP 的达观，是院校办学思想、办学策略层面的东西，是院校开展一切教育教学活动的整套认识论、方法论体系中的最高层次。达观，不仅是理念和思想，还要有路径和方法，重点是提供实现目标的“道”。这个“道”，一言以蔽之，就是“扎根”，真实的扎根，扎根中国大地，扎根中国大地办职业教育，解决中国“实际”问题。

EPIP 更小的微观，“纳观”，是指课程中每一个教学单元所含的一个一个知识点、技能点和素养点，也指院校的每一项细小的工作，每一个细碎的环节，每一处细微的环境，更是指教育教学“全时空”的微片段、微间隙、微元素。这些知技素点的教学，这些微片段、微间隙、微元素的教育，也应该遵循 EPIP 进行组织实施。

（二）EPIP的“四元”

EPIP 是工程（Engineering）、实践（Practice）、创新（Innovation）、项目（Project）四个元素的有机组合，即工程化、实践性、创新型、项目式。从元素组合讲，EPIP是以实际工程为背景和基础，以工程实践为导向和贯穿，以能力培养为目标和归依，强化实践创新，强化项目统领的技术技能人才培养的教学模式。

1. EPIP的“工程化”

“工程化”是工程实践创新项目（EPIP）教学模式的根基。EPIP的“工程”，是指真实工程，真实世界，现实生活。EPIP“工程化”，是生活化，生产化，现实化，社会化。EPIP的“工程化”核心是“真实”，教与学基于真实，实践真实，创新真实，项目真实。离开了真实的教育，不是好教育，也不是成功的教育。EPIP的“工程化”，是指职业教育要让学生学会解决“真实”的问题、“实际”的问题，使学生能够在真实世界、现实生活中得心应手地工作、生活。为“真实”教，用真实工程教；依“真实”学，在真实工程上学；凭“真实”考，借真实工程来考。

2. EPIP的“实践性”

“实践性”是指教育教学整体过程的实践性活动。EPIP的“实践性”要求是知技协进、德技并修、全面培养。EPIP设计与实施的整体过程，应该是动脑与动手真实结合的教育教学实践，理论与实际真实结合的教育教学实践，学校与企业真实结合的教育教学实践，职业教育与经济社会真实结合的教育教学实践，全面培养与成长成才真实结合的教育教学实践；更是“产教融合、校企合作、工学结合、知行合一”真实落地的教育实践与教学实践。

在工程背景下，实施工程实践导向、真实任务驱动的教育教学，其使用的载体和情境应该是真实的，或者是依据真实现场工程化仿真的；可以是借助信息技术工程化虚实结合、软硬结合的，当然也是校内校外、教育生活、学校社会结合的。

3. EPIP的“创新型”

创新既是过程，也是结果。创新需要深厚的实践积累，更需要广阔的实践空间。

EPIP不仅强调，学而知其用，用而知其所，所而知其在。这个“在”，是

“所”的具化，继续回推，也是“用”的具化，更是“学”的具化，是它们实化具化的所处所在，是真真实实的“扎根”，实实在在的“实际”。任何学，都要了解、知晓所学之用、所学之所、所学之在。这是“工程化”的强化。EPIP 还要强调，在而知其代，代而知其原，原而知其衍。这个“衍”，就是繁衍、衍化、变化。EPIP 教学，创新能力培养至关重要。

在而知其代，知其原，知其衍，强调教学中，很多情况是在高度仿真、虚拟情境、概念推理下具体的教与学，它是一个代替真实工程的情境、抽取要素的载体、以名举实的概念，是一种代替；教学过程中，教师应该让学生始终知道这个代替是什么，而且，要不停地、不断地“回象”到工程，“回象”到真实、“回象”到现实；可以说，正是因为营造了、使用了这个“非”纯真实的情境、载体、概念，也正是因为营造的、使用的，是源自真实而又不是真实的情境、载体、概念，我们可以去探索、去尝试高于真实的更加丰富的工程实践空间，去体会“创新”的乐趣。

4. EPIP 的“项目式”

教育教学时常是片段的、割裂的、不完整的。职业教育，要在教学生学知识、练技能、强技术、重素养的过程中，注重关键能力培养，注重全过程的、完整的教育教学。

关键能力的培养，主要是项目式的。在一个一个的项目中，培养学生认知能力，独立思考、逻辑推理、表达能力、信息加工、文字应用；培养学生合作能力，自我管理，与他人合作；培养学生创新能力，激发学生的好奇心、想象力和创新思维，鼓励学生勇于探索、大胆尝试、创新创造；培养学生职业能力，引导学生适应社会需求，爱岗敬业、精益求精，动手实践和解决问题。

每门课程、每项活动、每个环节都要力求体现完整、体现过程、体现全面，教师指导学生（团队）不停地在“做”一件一件完整的事情，在一件一件完整的事情上“教”，在一件一件完整的事情上“学”。

（三）EPIP的“三谛”

实谛、名谛、合谛“三谛”境界，是我们理解 EPIP 精髓的重要途径，它是《墨子》主张的“名、实、合、为”认识论和逻辑体系的传承创新。圆融三谛，衍生三千。这个“三千”，就是万事万物，万方世界，也是无数创意、创新、创造。

EPIP“创新型”强调了“学而知其用，用而知其所，所而知其在；在而知其代，代而知其原，原而知其衍”。在“四元”中，“工程化”强调“在”，是“学”的实化具化的所处所在，是真真实实的“扎根”，是实实在在的“实际”。“实践性”针对“原”，是依据“原”，根据事物本身的真实状况、发展变化实施教育教学，强调教育教学过程的知技协进、德技并修、全面培养。“创新型”针对“衍”，是事物真实与代替之间的不断“回象”与“营造”，不停地“升华”与“拓展”。而“项目式”针对“用”，就是干事创业、干活做事的“完整”和“完成”。

“衍”，是EPIP的灵魂。“衍”的过程和结果，是“原”作为“实谛”境界，与“代”作为“名谛”境界的相耦与圆融，进而生成“衍”的“合谛”境界。《墨子》讲，名实耦，谓之合。“合谛”境界的生成，不是自然而然的，须经过“教”与“学”主动的、积极的、不断的努力才能达成，须我们行为主观动机的“志”和实际行动的“行”。这就是墨子讲的“为”的含义，也是“名”“实”“合”“为”的达成合一。“三谛”境界的达成，通过“为”生成“合谛”境界，就是知行合一。也可以说，“衍”是源于“原”，生于“代”，介于“原”与“代”之间，是“原”与“代”的耦合与圆融，而又高于“原”，高于“代”，是比“原”与“代”更丰富，更具活力的“念”在脑中、心中的意识反映。

“衍”的结果，是“合谛”境界的生成。在“合谛”境界中，学生看待学校内的办学空间、教学场所、工作情境、实践项目、训练装备、名词概念，就不再是简单的代替，就不再是一般意义上的假象、虚拟、理论，它们已经被“激活”。在“合谛”境界中，可以让我们到达见虚知实、遇假思真、理实一体、名实相耦的境界，可以让我们辨识真实工程、真实世界、现实生活中瓶颈、弱项、不足，并在此境界中完善改进，生发创新。

（四）EPIP的“两核”

EPIP的核心就是“真实”和“完整”。EPIP的核心，是在真上学，在真上教，在真上做，让教育教学真实；是让学生完整地学，让教师完整地教，让项目完整地做，让教育教学完整；也是让产教融合、校企合作真实落地，让技术技能人才培养与评价真实完整。

EPIP 的运用，对于教师，就是为学生寻找、营造适合的工程目标和工程环境（真实世界、现实生活），在工程目标和工程环境下“一个一个项目”地培养学生；实施教学做一体，知技素协进；教会学生学，教会学生做；对于学生，是要了解工程，掌握工程，养成工程思维和工程素养，在教学做的“一个一个项目”中，学会学习，学会做事，学会创新。EPIP 需要建立一个一个从简单工程到复杂工程的情境和载体，真实、完整的培养学生的自主学习能力、问题观察能力、问题分析能力和问题解决能力。

（五）EPIP的“一宗”

EPIP 的宗旨是，知行合一。EPIP 是强调“以用立业”的教学模式，是在职业教育领域，落实以服务发展为宗旨，以促进就业为导向，为生产服务、为生活服务的一种教学模式，是在创新型、复合型、应用型技术技能人才培养领域中的一种教学模式。

EPIP 是理念，是方法，是路径，是启示，更是探索。EPIP 是一种理念，它对于职业教育发展、职业院校办学、专业组群构建、课程教学设计、师资队伍建设、实训装备研制、教育教学管理、培养绩效评价诸方面都有指导作用。EPIP 是一种方法，是谋教育事业、做院校管理、干实际项目、当教师、做学生的方式方法。EPIP 是一种路径，是聚焦服务区域经济社会发展、打造院校核心竞争力、构建专业核心技术技能、推进知技协进、德技并修、全面培养的路径。EPIP 是一种启示，是我们的睿智圣者、职教先贤给予我们教育同仁的启示。

EPIP 是一种探索，是结合中国职业院校办学实践、教育教学实践、改革创新实践和理论创新实践；举旗以彰理，举中国特色之旗，彰中国职业教育之理；落地以取效，落中国职业教育之地，取促进经济社会发展之效。

三、归结

工程实践创新项目（EPIP）是中国职业教育在模式、话语、标识、体系领域的探索。EPIP 的核心要义是：一个宗旨，两个核心，三谛境界，四个元素，五个应用层级，即 EPIP 的“12345”——一个宗旨，知行合一；两个核心，真实、完整；三谛境界，名谛境界、实谛境界、合谛境界；四个元素，工程化、实践性、创新型、项目式；五个层级，达观、宏观、中观、微观、纳观。

EPIP 首创者深度挖掘转化了墨子的“行为本”“亲知”“名实耦”朴素唯物主义反映论，转化发展了陶行知的“生活即教育、社会即学校”平民教育思想，发展创新了黄炎培的“建教合作”、教育与实业联为一体以解决生计、开发产业职业教育思想，亲历探索了“产教融合、校企合作、工学结合、知行合一”教育教学实践创新，创立了适合技术技能人才培养的教学模式。以工程实践创新项目（EPIP）应用为核心内容的成果，获中国职业教育领域首个国家级教学成果“特等奖”。

2018 年 9 月 3 日，习近平主席在中非合作论坛北京峰会上明确将在非洲设立 10 个鲁班工坊，向非洲青年提供职业技能培训。鲁班工坊建设以 EPIP 为主线，职业院校应用 EPIP 开发了国际化专业教学标准，并公开出版了《高职高专国际化专业教学标准》。应用 EPIP 开发了全国职业院校技能大赛赛项装备，并促其成为东盟十国职业技能大赛的指定装备，成为鲁班工坊选用的国际化教学装备载体。应用 EPIP 开展了标准化进阶式鲁班工坊 EPIP 师资培训，推进了国内外项目教师的深度融合。应用 EPIP 开发了 EPIP 规划教材，全面提升了鲁班工坊建设品质。以天津渤海职业技术学院等院校为代表鲁班工坊建设成果，获国家级教学成果一等奖；天津市第二商业学校英国鲁班工坊教学资源建设成果，获国家级教学成果二等奖。

——摘自《天津职业院校联合学报》2021，(06). 吕景泉，于兰平 .“工程实践创新项目（EPIP）的核心要义”

第二节　工程实践创新项目（EPIP）的“工程化”

【此文发表于2021年1月】

工程实践创新项目（EPIP），是工程（Engineering）、实践（Practice）、创新（Innovation）、项目（Project）四个关键核心要素的有机组合，其内涵是“工程化、实践性、创新型、项目式”。EPIP，是Engineering Practice Innovation Project（工程实践创新项目）首字母的缩写。“工程实践创新项目”教学模式，即是EPIP教学模式（以下简称EPIP）。

EPIP是中国的教学模式，它以中国职业教育实际为研究起点，体现继承性、民族性的立场主张，具有主体性、原创性的理论观点，彰显系统性、专业性的实践特色，构建起具有中国特色、自身特质的院校办学思想、专业建设模式、课程结构体系、标识品牌概念，形成职业教育的EPIP教育论、EPIP专业论和EPIP课程论。

一、工程实践创新项目（EPIP）的创立与发展

EPIP汲取了中国古代、近现代教育思想。EPIP首创者深度挖掘转化了墨子的“行为本”“亲知”朴素的唯物思想，转化发展了黄炎培的“建教合作”、教育与实业联为一体以解决生计、开发产业职业教育思想，发展创新了陶行知的“生活即教育、社会即学校”的平民教育思想。

同时，EPIP借鉴了世界先进教育理念。EPIP首创者完成了十国职业教育比较研究，开展了近30个国家与地区考察进修、合作办学，例如，中德、中西（西班牙）及中加（加拿大）之间职业教育合作办学实践分别开展了近30年、近20年以及近10年，并深度参与了欧洲（包括德国、瑞士、西班牙、英国、

葡萄牙等国),日本,美国,加拿大,澳大利亚,东盟(新加坡、泰国、印尼等国),非洲(埃及、埃塞俄比亚等国)的实地实践研究和现场项目交流，对国际教育理论、模式、体系、话语、方法进行了深入分析、鉴别、梳理、提炼和试验，以20余年的职业教育教学实践和理论研究为基础，创立了适合技术技能人才培养的教学模式。由此可见，EPIP是围绕中国职业教育在理论、模式、话语、标识、体系领域的一个有益、有效、有价值的成功探索。

民族的，也会是世界的。把中国的实践总结好，就能为解决世界性问题提供思路和办法。例如,2016年在泰国落成的第一个“鲁班工坊”项目,就是以“工程实践创新项目(EPIP)”教学模式为核心，构建起国际化的专业标准、实训装备、教学课程、师资队伍，提供适应合作国的职业教育解决方案，包括教学模式、专业标准、技术装备、师资培训、教材资源和国际品牌，为合作国培养经济社会发展需要的技术技能人才提供支撑。目前，已建成英国、印度、印尼、葡萄牙、吉布提、南非、埃及等10余个“鲁班工坊”，遍布亚欧非三大洲。

EPIP成为中国职业教育的话语和标识。2017年5月，EPIP国际教育联盟(Alliance EPIP International Education)成立，由国内外知名教授学者、行业企业专家、工程技术人员组成。2019年5月，第三届EPIP国际教育联盟学术论坛在天津举行，近400位代表参加论坛活动。此后，泰国、印尼、葡萄牙、印度、吉布提等国家相继建立了EPIP研究机构或推广中心。

EPIP推动海外中国职业教育的研究。《工程实践创新项目教程(中、英文版)》《EPIP职业教育教学模式——改造我们的学习》《EPIP教学模式——中国职业教育的话语体系》以及英国新经典出版社的*TEACHING MODEL OF EPIP*等教程、论著和专著相继出版，为中国与世界各地的职业教育交流提供了基础，增强了中国职业教育的影响力。以葡萄牙洛卡斯教授为代表的一批EPIP国际专家教授，以工程实践项目为导向，正在世界各地开展卓有成效的课程改革、理论研究和实践创新。2019年,在首届“鲁班工坊”与“产教融合”国际论坛上，来自15个国家的200余位专家学者进行了EPIP教学实践成果的交流。

二、工程实践创新项目（EPIP）的“工程化”

1913 年，在中国，詹天佑等人发起成立了中华工程师学会，这是最早的工程师职业团体。当今中国，已经无可争辩地成为全球首屈一指的工程大国。而 EPIP 的工程，是指真实世界，现实生活。EPIP 的“工程化”核心是真实，实践真实，创新真实，项目真实，教与学基于真实；EPIP“工程化”的核心要义是生活化，生产化，现实化及社会化。因此，EPIP 的“工程化”是指职业教育要让学生学会解决实践中遇到的真问题，使学生能够在真实世界、现实生活中得心应手地工作、生活。为真实而教，借真实工程教学；依真实而学，在真实工程上学，用真实工程来考。

（一）“生活即教育”与“工程化”

1915 年 9 月，在美国求学的陶行知，从伊利诺伊大学转入哥伦比亚大学师范学院，由攻读哲学博士转为攻读教育博士。在哥伦比亚大学，他受到约翰·杜威教授的赏识。他第一次接触到杜威正在研究的哲学和教育思想，包括“有用的就是真理”，第一次看到以社会为中心的职业学校取得的成就，完全沉醉于杜威的工具主义（或译为“实用主义”）理论。后来，陶行知经过经验总结、思考整理，结合中国国情，提出了影响他一生的“生活即教育”“社会即学校”及“社会生活是有教育意义的”思想。在多年探索实践的基础上，工程实践创新项目（EPIP）发展了这一思想，是 EPIP“工程化”的缘起。

1917 年，陶行知在他所任职的南京高等师范学校，观察到教师只管教，不管学生学，就认定有改革之必要。他主张要将学校里的“教授法”改为“教学法”。他倡导、坚持并身体力行了两年多，终于在 1919 年，以专修科主任的名义，将学校全部课程的“教授法”，一律改为“教学法”。看似一字之差，却是实现教学合一的起源。教学做的中心，是“事”，即“现实生活”，也就是“战胜现实中实际的困难，解决现实中实际的问题，生实际之利，格实际之物，爱实际之人，求实际的衣食住行，回溯实际的既往，改造实际的现在，探索实际的未来”。工程实践创新项目（EPIP）发展了这一思想，是 EPIP“工程化”的架梁。

1921 年，陶行知多次提到：本国以前的经验，如有适用的，就保存它；如不适用，就除掉它。去与取，只问适不适，不问新和旧。适合国情，适合个性，适合事业，就发扬它。这个适合，是工程实践创新项目（EPIP）的基本方法论，也就是 EPIP 的“工程化”基础，“实”事求是。

1922 年，陶行知指出教育国际交流的重要性。他指出，我们一定要参与国际的教育运动，一是靠着自有的成绩，二是靠彻底的自明。自己有成绩，才能和人家交流；自己了解自己，更是和人家共同解决问题的前提。工程实践创新项目（EPIP）走出去的目标和追求，是 EPIP“工程化”被世界认可的重要转折。

1927 年 3 月 15 日，是一个值得纪念的日子。这一天，是晓庄学校开学典礼。陶行知发表热情演说，当时的晓庄一无校舍，二无教员。校舍，盖的是晴天，踏的是大地；农夫、村妇、渔民、樵夫都可以做我们的指导员。在随后的日子里，陶行知与晓庄师生一起盖房子、建厨房、挖厕所；一起挑粪、挑水、种田、种菜、养猪、养鱼，什么都自己干，盖起了一座座茅屋，图书馆、办公室、会议室、音乐室、陈列室都有了。他的生活教育理论，晓庄的精神，归结为一个字，就是做！陶行知说：“做”弄通了，其余疑问就迎刃而解了。“我们做一件事，便要想如何可以把这件事做好，如何运用书本，如何运用别人的经验，如何改造用得着的工具，使这件事做到最好。我们还要想到这件事和那件事的相互影响。我们要从具体想到抽象，从视相到共相，从片段想到系统。”工程实践创新项目（EPIP）的运用，对教师，是为学生寻找、营造适合的工程目标和工程环境（真实世界、现实生活），并在工程目标和工程环境下“教学做”一体化培养学生，教会学生学，教会学生做；对学生，是要了解工程，掌握技术、构造、工具、手艺，养成工程思维和工程素养。在实践中，“学”学习，“学”应用，“学”创新。

工程实践创新项目（EPIP）强调“改造我们的学习”，改变重教法轻学法，更轻做法的旧习；改进教师学生只认“假”，不识“真”，只会“技”，不知“用”的常规，用工程化实践代替封闭式训练，用一个个由简单到复杂的工程情境和载体,完整、真实地培养学生。EPIP 的“工程”强调“做事”。EPIP 的“工程化”，就是生活化、生产化、现实化及社会化。

（二）“工程化”的几个重要方面

“工程化”是工程实践创新项目（EPIP）教学模式的根基。“工程化”是 EPIP“实践性”“创新型”和“项目式”的开端。没有真实的“工程化”，EPIP 无从谈起!

1. EPIP 的应用层级

从应用层级来讲，EPIP 主要有三个层级，即宏观、中观和微观，对应教育论、专业论、课程论。其时，还有另外两个层级，或另外两观，即更大的宏观，我们叫“达观”或“宇观”；更小的微观，叫“纳观”。

达观或宇观，是指中国的职业教育要结合中国实际办，要围绕重大战略办，要服务经济社会发展办，要为青年成才就业办，要为人人有出彩的机会办。EPIP 的达观，是院校办学思想、办学策略观，是院校开展一切教育教学活动的认识论、方法论体系中的最高层次。EPIP 的达观，不仅是理念和思想，还是路径和方法，重点是提供实现目标的“道”。这个“道”就是要真实地“扎根”中国大地办职业教育。

EPIP 更小的微观（纳观），是指课程中每一个教学单元所含的一个个知识点、技能点和素养点，也是院校的每一项细小的工作，每一个细微的环节，每一处细致的环境。每个知技素点的教学也应该遵循 EPIP 的“工程化”进行组织。

2. “工程化”的“三谛”境界

EPIP 的“工程化”，强调“学而知其用，用而知其所，所而知其在”。这个“在”，就是所处所在和实化具化，就是真真实实的“扎根”，实实在在的“实际”。

任何“学”，都基于“用”“所”及“在”。学而知其用，知其所，知其在，强调无论是学习知识、练就技能、掌握技术还是熏陶素养，都要以真实应用领域、真实世界为背景，要知道学的东西如何用，用在哪，在真实世界中具体的、真实的存在形态，所处位置、所起作用、所生效果。“工程化”的“在”，是真实的、具体的、有相的、完整的，是落地生根的“在”。

EPIP的“工程化”，还强调“在而知其代，代而知其原，原而知其衍”。这个“衍”，就是繁衍、变化、创新。这个“衍”过程，是“原”的“真谛（实谛）”境界，与“代”的“虚谛（名谛）”境界相互圆融，生成“衍”的“空谛（合谛）”境界过程。“衍”是基于“代”的办学空间、教学场所、工作情境、实践项目等要素，与“原”不断比对、演进而生成于脑中、心中的空间、场所、情境、项目；“衍”源于“原”，生于“代”，是“原”与“代”的有机圆融，而高于“原”，高于“代”，也比它们更丰富，更具活力。一念生成三千，融涵真实世界。此一念，就是“衍”。“衍”的生成，是虚真相融、名实相耦，是工程实践创新项目（EPIP）的主旨和要义，是EPIP应用“工程化”的升华。

任何“衍”，是源自“学”“用”“所”及“在”，源自对“代”的深刻、深度、深潜把握，更源自“代”与“原”之间通过学习者反复回象、不断比对、时时演进、步步圆融的生成。在而知其代，知其原，知其衍，强调在教学中，很多情况是在高度仿真、虚拟情境下具体的学习，它是一个代替真实世界的情境、载体、项目，是一种“代”；教学中，教师应该让学生始终知道这个“代”是什么，这个情境、这个载体、这个项目代替什么，而且，要不断地“回象”到现实、“回象”到真实；也可以说，正是因为营造了、使用了这个非“纯”真实的情境、载体，我们的脑中、心中有“衍”，可以去探索、去尝试高于真实的更加丰富的工程实践，去体会“工程实践创新”的乐趣。

3. 教育教学实践的“工程化”

EPIP宏观教育论的“工程化”，涉及院校整体的办学思想，深度的产教融合，紧密的校企合作问题。EPIP明确提出，职业教育发展是现代产业体系发展的组成部分，是营商环境改善的重要内容。EPIP突出强调，职业教育是与经济社会发展、产业结构调整、科学技术进步、国际产能布局的协同；EPIP特别注重基于真实工程、真实世界、现实生活的全面育人。职业院校要围绕区域经济发展，不断探索专业（群）服务产业的运行机制；分析所服务区域的产业、行业、企业、职业发展趋势，面向实际需要，优化办学与需求匹配度，探索构建“服务－累积－孕育－优化”的核心竞争力建设机制，提升社会服务能力。

EPIP中观专业论的“工程化”，是“核心技术一体化”的专业建设模式。学校、企业双方共同调研寻找、研讨确定专业的核心技术技能，通过“四个一体化”实施，保证产业、行业、企业、职业要素全程、全面融入专业建设，为校企共同开发专业、协同教学、共育人才、共赢发展提供合作发展平台、命运共同载体。专业核心技术和技能的搜寻、提取、遴选、确定过程，保证了专业建设的“以用立业”，就是实现“工程化”的过程。

EPIP微观课程论的“工程化”，强调课程所含的知识、技术（技能）、素养都要以工程为基础，源自工程，瞄准工程，服务工程。这个工程是一个由真实情境、真实问题、真实需求构成的世界。课程实施主题的确定、项目的设计、内容的选择，要因地制宜地从真实世界中去寻找，其整体就是真实世界、现实生活。同样，教育科学研究、教学教研改革也要基于“工程化”，克服理论与实际脱节，教研与教学脱节的“空对空”研究。国际教育交流与合作也应该避免“泛、浅、散”，向现实问题聚焦，向教学实践开进，从实践中来，到实践中去。

三、工程实践创新项目（EPIP）的再思考

中国近现代职业教育发轫于1866年的福建马尾船政学堂。1866年，左宗棠连续上奏《试造轮船先陈大概情形折》《详议创设船政章程购器募匠教习折》，得到朝廷批准，成立了福建船政局，奠定了中国轮船制造和海军建设的基础，成立了中国第一所新式教育学堂。厂中校、校中厂，成为中国近现代职业教育的开端。

150多年过去了，中国职业教育取得了大发展。从“工学并举”到“半工半读”，从“两种制度”到“校企合作”“工学结合”，再到“产教融合”直至“知行合一”，等等，我们的理念是先进的，认识是深刻的，方向是准确的，但是，我们不能停留于此。中国职业教育的高质量发展，需要将其落地，需要让其扎根，需要EPIP的“工程化”。

职业院校发展过程中存在“大而统之”“一喊了之”的问题，习惯“想”“说”，好像“想过了”“说过了”，就已经“做了”“干了”，甚至自认为“成了”。

毛泽东讲过，想过河，却不去造船；只看对岸，永远过不了河。我们不仅要有正确的想法，更要找到实现“想法”的“方法”，即“路径”，也就是要找到实实在在的“道”。

EPIP是方法，更是路径，是谋教育事业、做院校管理、干实际项目、当教师、做学生的方法。EPIP是路径，是聚焦服务区域经济社会发展、打造院校核心竞争力、构建专业核心技术技能、推进知技协进、德技并修、精致育人的路径。它结合中国职业教育院校办学实践、教育教学实践、改革创新实践和理论创新实践，举旗以彰理，举中国特色之旗，彰中国职业教育之理；落地以取效，落中国职业教育之地，取促进经济社会发展之效。

进入新时代，中国的职业教育走对了路！前路就是建设扎根中国大地、适合中国实际、造福中国人民的产教融合、知行合一的“新职教”。EPIP的“工程化”，就是探索新教学模式的那个“道”。

——摘自《中国职业技术教育》2021,(02).吕景泉，张维津，米靖.“论工程实践创新项目（EPIP）教学模式的‘工程化’——从陶行知的生活教育思想说起”

第三节 工程实践创新项目（EPIP）的课程论

【此文发表于 2020 年 11 月】

课程改革是教育改革的核心。新时代中国特色课程体系建构需要坚定发展路向，回应实践渴望，调整发展范式，注重课程体系建设，要在根本路径、实践路径、方法路径和理论路径上着力，形成系统的中国课程理论话语解释体系。EPIP 正是从中国实践中来，再到中国实践中去，结合中国实际创立的一种教学模式；EPIP 理论、模式、方案的创新符合中国实际，是具有中国特色的一个典型案例。

EPIP 是 Engineering Practice Innovation Project 首字母的缩写，是“工程实践创新项目”的简称。EPIP 教学模式，即是“工程实践创新项目”教学模式（以下简称 EPIP）。

EPIP 以 20 余年中国的教学实践和理论研究为基础，汲取中国古代、近现代教育思想，借鉴国际先进教育教学理念所创立的，适合创新型、复合型、应用型技术技能人才培养，适合服务经济社会发展，促进学生就业创业，既服务生产，又服务生活的技术技能人才培养的教学模式。它吸收墨子重视实践的“行为本”“亲知”朴素唯物思想，黄炎培的“建教合作”、教育与实业联为一体以解决生计、开发产业职业教育思想，消化陶行知的“生活即教育、社会即学校”平民教育思想，通过职业教育的教学实践和理论研究总结，围绕中国职业教育企教结合工学一体模式，是一个有益、有效、有价值的探索。

民族的，也是世界的。把中国的实践总结好，就能为解决世界性问题提供思路和办法。2016 年，第一个“鲁班工坊”在泰国落成，目前已建成泰国、英国、印度、印尼、葡萄牙、吉布提、南非等 10 个国家的“鲁班工坊”，遍布亚、欧、非三大洲。鲁班工坊，作为中国职业教育国际合作品牌，其核心要义，是以“工程实践创新项目（EPIP）”教学模式为主线，构建世界水平的专业标准、实训装备、教学课程、师资队伍，为世界提供产教融合、服务发展的职业教育解决方案，为合作国培养经济社会发展急需的技术技能人才。EPIP，已经成为中国职业教育的话语体系和标识。

一、有关教学模式及EPIP话语

国内外对教学模式概念的理解并不完全一致。

在国内，概括起来有如下几种。第一种是认为“教学模式是在教学实践中形成的一种设计和组织教学的理论，这种教学理论是以简化的形式表达出来的”，可称其为“理论说”。第二种是认为教学模式是在“一定教学思想或理论指导下建立起来的各种类型教学活动的基本结构或框架”，可称其为“结构说”。第三种是认为教学模式是“在一定教学思想指导下建立起来的完成所提出教学任务的比较固定的教学程序及其实施方法的策略体系”，可称其为“程序说”。

基于EPIP的教学实践与理论研究认为，把握教学模式，要注意：（1）模式不是方法，教学模式与教学方法不属于同一层次；（2）模式不是计划，教学计划是外在表现，不足以揭示所含的教学思想；（3）模式不是理论，至少不仅仅是教育理论，还含有程序、结构、方法、策略等，教学模式远比教育理论更丰富。教学模式应该是开展教育教学活动的一整套方法论体系，是在一定教育理念、教学思想、教学理论指导下，建立起来的较为稳定的教学活动结构框架和活动程序。教学模式是教育理论的具体化，是教学实践的系统化。

EPIP是结合技术技能人才培养的中国实际而创立的一种教学模式。EPIP有“三观”，即，微观EPIP、中观EPIP、宏观EPIP。其内涵分别对应EPIP的课程论、EPIP专业论和EPIP教育论。EPIP是工程（Engineering）、实践（Practice）、创新（Innovation）、项目（Project）四个关键要素的组合，是以实际工程为背景，以工程实践为导向，以能力培养为目标，以工程项目为统领的技术技能人才培养的教学模式。它是中国职业教育理论上发展成果的具体化，也是中国职业教育实践中改革经验的系统化。

以 EPIP 教学模式为主要内容的成果，获得了中国职业教育领域的首个国家级教学成果“特等奖”。

二、EPIP的课程论

中国职业教育已经走过了从知识本位向能力本位的转变。

职业院校在课程体系构建方面，也基本完成了向专项（核心）技术技能培养转变。也可以说，能力本位“落地有声”了，实现了专业建设、课程体系从标准规范、资源供给、条件保障等方面的整体规划建设，以支撑专项（核心）技术技能的“教”与“学”。近年来，在注重了专项（核心）技术技能培养培训之后，又在营造专业综合实训环境，把各个专项技术技能在一个综合环境下进行应用。全国职业院校技能大赛，就是在引导或引领这种专业建设和课程体系改革。这期间的教学改革，突出体现了教学实践载体的力量。

1. EPIP 的“工程化”

在中国，最早的工程师职业团体是 1913 年詹天佑等人发起成立的中华工程师学会，早期著名工程是京张铁路。中国工程事业的长足发展，是在改革开放之后。中国的工程从业者、工程师人数急剧增长，一大批世界领先的大型工程如三峡工程、“南水北调”工程、杭州湾跨海大桥、青藏铁路、京沪高铁等举世震惊，中国开始向外输出先进的大型工程经验，如高铁建设。当今的中国，已成为全球首屈一指的工程大国。从某种意义上说，当代中国，名副其实进入了“工程时代”。

EPIP 的“工程化”，是指职业教育要使学生学会解决“真实情境”中的问题，其目标是使学生在真实世界、现实生活能得心应手地工作、生活。真实情境不可能是无人之境，必须要和他人一起合作，也需要“工程化”的素养。为真实而教，就需要在真实中教。真实化的教育，是“工程化”的。借真实工程教、依真实工程学，在真实工程上做，用真实工程来考。

EPIP 的“工程”，是真实世界，是现实生活。EPIP 的“工程化”，其核心是

“真实”，实践要真实，创新要真实，项目要真实，教与学的整体要基于真实。

EPIP“工程化”的课程，其所含的知识、技术（技能）、素养都要以工程为基础，源自工程，瞄准工程，服务工程。这个工程，是真实的世界，是一个由真实情境、真实问题、真实需求构成的世界。课程中涉及的各种活动、环节、情境也不是来空的、不是来虚的、更不能来假的，其活动对象是要来源于真实世界，活动目标是服务于真实世界。课程实施主题的确定、项目的设计、内容的选择都要因地制宜地从真实世界中去寻找，其整体就是真实世界、现实生活。

2．EPIP 的“实践性”

EPIP 的“实践性”要求：知技协进、德技并修。

EPIP 的课程设计与实施的整体过程，应该是以德为先理实一体的，是动脑动手结合的，是技术技能训练贯穿的，是为专业核心技术的综合应用、专业核心技能的全面达标、职业道德素养的内化形成服务的。在教学实践中，构建“相互平行、融合交叉”的理论教学与实践教学课程体系。

在工程背景下，实施工程实践导向、真实任务驱动式教学，其教学使用的实践载体和情境应该是真实现场的，或者是依据真实现场工程化仿真的；可以是借助信息技术工程化虚实结合、软硬结合的，当然也是校内校外、学校社会结合的。

3．EPIP 的“创新型”

创新既是一个过程，也是一个结果。创新需要深厚的实践积累，也需要广阔的实践空间。

在 EPIP 教学中，要做到“学而知其用，用而知其所，所而知其在”，而“在”，是它的所处所在和应用的具化。学而知其用，知其所，知其在。无论是学习知识、练就技能、掌握技术还是熏陶素养，都要以真实应用领域、真实世界为背景，要知道学的东西如何用，用在哪，在真实世界中具体真实存在的形态、位置、作用、效果。

在 EPIP 教学中，创新型更为重要的，还要实现“在而知其代，代而知其原，原而知其衍”，而“衍”是它的繁衍和变化。在而知其代，知其原，知其衍。学习中，很多情况是在高度仿真、虚拟情境的环境下具体的学习，它是一个代替真实世界的情境、抽取要素的载体，是一种代替；但是，教学过程中，教师应该让学生始终知道这个代替是什么，这个情境代替、这个载体代替的是什么，而且，要不停地不断地“回象”到现实、“回象”到真实；也可以说，正是因为营造了、使用了这个非纯真实的情境、载体，我们可以去探索、去尝试高于真实的更加丰富的工程实践空间，去体会“创新”的乐趣。正所谓，“道生一，一生二，二生三，三生万物”。而那个“生万物”，我们理解为创新，即创新之所得，Income from Innovation！（创新收益）

EPIP 提供了“工程化”的背景和基础，提供了“实践性”的载体和积累，也提供了广阔“创新型”的工程实践空间。

4. EPIP 的“项目式”

我们的教育教学，时常是片段的、割裂的、不完整的，要在教学生学知识和技能的过程中，注重培养关键能力，注重全过程的整体教学。关键能力的培养，应该是项目式的。在一个个的项目教学中，培养学生独立思考、逻辑推理、信息加工、文字应用的认知能力；培养学生自我管理，与他人合作的合作能力；培养学生创新能力，激发学生的好奇心、想象力和创新思维，鼓励学生勇于探索、大胆尝试、创新创造；培养学生职业能力，引导学生适应社会需求，爱岗敬业、精益求精，动手实践和解决问题。

每门课程、每项活动、每个环节都要力求体现完整、体现过程、体现全面，教师（团队）与学生（团队）不停地在做一件件完整的事情，在一件件完整的事情上“教”，在一件件完整的事情上“学”。

三、有关EPIP的本质思考

改革开放四十余年，中国职业教育取得了前所未有的巨大成就，无论是教育规模还是培养学生能力方面，都有令世人瞩目的成绩。但是，中国职业教育在内在品质、课程设计、组织实施、产教融合、校企合作等方面相较新时代的要求还有差距。

中国的教育不仅要面对未来，面对世界，也应该回过头来重温我们自己的教育传统，重温20世纪中国自己的教育哲人，进行更深入、更彻底的思考。

1.“完整”与“真实”

陶行知是美国杜威教授最具有创造力的学生，他提出的一系列教育理论源自他的导师，但是，他的教育理论又是对原有理论深刻的、彻底的升华与异化。“生活即教育”“社会即学校”等命题是出自中国国情的考量，是对教育本质的回归。

陶行知强调，新的教育应当与民众亲近，与自然万物亲近，并着重培养孩子的创造力和动手能力。他认为，生活教育的价值不限于学校教育，更不局限于教学过程，它既有很强的现实性、针对性，也有很大的实践空间、创新空间。黄炎培倡导，办职业教育必须联络和沟通所有教育界和职业界，参与全社会的活动和发展，要更多地探寻职业教育外部环境的适应问题。他们都认为，中国最需要解决的是教育与生活、学校与社会、理论与实践相脱节的问题。最好的课堂并不是在学校、在教室里，而是在校外、在生活里。

最好的职业教育是产教融合的教育。

EPIP的真逻辑，是让学生完整地学，让教师完整地教，让项目完整地做，让教育教学完整；是在真上学，在真上教，在真上做，让教育教学真实；也是力求让产教融合政策、校企合作理念真实落地，让技术技能人才培养和评价完整真实。

2.“工程”与“真实”

“士虽有学，而行为本焉”，墨子重视实践在教育中的作用。

EPIP的应用，对于教师，就是要为学生寻找、营造适合的工程目标和工程环境（真实世界、现实生活），在工程目标和工程环境下培养学生，实施教学做一体，教会学生学；对于学生，就是要了解工程，掌握工程技术、构造、流程、工艺、文化，养成工程思维和工程素养，在教学做的工程实践项目中，学会学习，学会应用，学会创新。

黄炎培认为中国的教育“乃纯乎为纸面上之教育”。九十年前，陶行知与晓庄学校师生一起盖校舍、建厨房、挖厕所；自己挑水、种菜、养猪、烧饭；盖起了一座座茅屋：图书馆、办公室、会议室、音乐室、美术室……他的生活教育、晓庄精神，归结为一个字，就是“做”！

教学做的中心，是“事”，即“现实生活”。现实生活指的是“战胜现实中实际的困难，解决现实中实际的问题，生实际之利，格实际之物，爱实际之人，求实际的衣食住行，回溯实际的既往，改造实际的现在，探索实际的未来”。

我们现实中的教育，其教学时常是分离的，重教轻学，重“教法”轻“学法”，更轻视“做法”。我们过分偏重于直接培养技术、训练技能，教师和学生只识“假”而不识其“真”，只会“技”而不知其“用”，“封闭性训练”代替了“工程化实践”，忽视了真实世界、现实生活里的“做事”。

EPIP，需要建立一个一个从简单工程到复杂工程的情境和载体，完整、真实地培养学生的自主学习能力、问题观察能力、问题分析能力和问题解决能力。

“工程”强调“做事”。EPIP 的“工程”，是真实世界，是现实生活。EPIP 的“工程化”，是生活化，生产化，现实化，社会化。真实出真知，完整育真人。

——摘自《天津职业院校联合学报》2020,(11). 吕景泉，耿洁 .“EPIP 教学模式的课程论探究”

第四节　工程实践创新项目（EPIP）的专业论

【此文发表于2020年12月】

专业建设是教育改革的永恒课题。新时代职业院校的专业建设需要增强服务意识和服务能力，需要脚踏中国大地办专业，瞄准国家重大战略，聚焦区域经济社会发展，为生产、生活服务，为青年人实现职业梦想服务。经过几十年的快速发展，中国职业教育的专业建设要在根本路径、实践路径、方法路径和理论路径上着力，系统构建中国特色的专业建设理论体系和实践范式。

EPIP是“工程实践创新项目”的简称，是Engineering（工程）Practice（实践）Innovation（创新）Project（项目）首字母的缩写。EPIP教学模式，即“工程实践创新项目”教学模式（以下简称EPIP）。

EPIP是在中国的教育实践和理论研究基础上，汲取中国古代、近现代教育思想，借鉴国际先进教学理念所创立的，围绕职业教育的教学模式，进行的有益、有效、有价值探索。EPIP，是从中国实践中来，再到中国实践中去，是结合中国实际创立的教学模式。EPIP应用中观层面，对应的就是专业论。

总结好中国实践，为解决世界性问题提供方案。自2016年以来，中国职业院校已经在泰国、英国、印度、葡萄牙、吉布提等10个国家建设了“鲁班工坊”。鲁班工坊遍布亚、欧、非三大洲，专业范围涉及机电一体化技术、数控技术、物联网应用技术、高铁动车、光伏发电、新能源汽车、通信技术、商贸物流10大类近30个专业。作为中国职业教育国际合作品牌，鲁班工坊的核心要义，是以“工程实践创新项目（EPIP）”为教学模式，与合作国的院校共同研发国际化专业标准，依据EPIP为合作国的专家、骨干教师团队开展标准化进阶式培训，应用EPIP共同研制教学资源与教材，运用EPIP校企共同开发教学仪器装备，为合作国培养经济社会发展急需的技术技能人才。

一、有关专业建设和EPIP话语

“职业”是职业教育的核心概念。广泛使用的“职业”，是指人在社会中所从事的为社会服务的，并作为个人和家庭主要生活来源的工作。从社会学看，职业是个体社会生存的载体，职业是社会分工的表述。社会的职业，是用于就业谋生的职业；而教育的职业，是用于教育教学的职业。“专业”是职业教育的核心。职业教育的“专业”是对社会职业群、岗位群所需的共同知识、技能和能力的科学编码。

教育部高职专科专业目录中，分为专业大类、专业类、专业三个层级。专业大类一般面向产业领域。在专业类中，一个专业之所以能够成为一个专业，是因为这个专业有着与其他专业不同的本质属性，也就是区别于其他专业的固有属性。专业建设，一般指专业或专业群（在一个专业类中的相关专业集合）建设。

专业的固有属性是什么？固有属性是专业的“核心技术和技能”。企业面向职业院校招聘毕业生，其主要需求是学生在专业学习中学到的独特技术、掌握的专门技能。职业院校顶岗实习质量的高低、毕业生就业对口率的水平高低，其标度主要是顶岗实习、就业岗位与专业核心技术的符合度、契合度高低。专业建设，抓住专业核心技术和技能这一主线，开设什么样的课程，课程开设的深浅，理论知识、技术技能和职业素养如何进行综合训练就有了依据。

EPIP，从层面上讲，包含有“三观”：微观 EPIP、中观 EPIP、宏观 EPIP，对应课程论、专业论、教育论；从要素上讲，EPIP 有四个核心要素，即工程化、实践性、创新型和项目式。EPIP 是以实际工程为背景和基础，以工程实践为导向和贯穿，以能力培养为目标和归依，强化实践创新，强化项目统领的技术技能人才培养的教学模式。它是职业教育理论的具体化，更是职业教育实践的系统化。EPIP 的专业建设，采用“核心技术一体化”模式。通过课程设置、教学环境、顶岗实习、职业资格（能力等级）与专业核心技术的“四个一体化”实施专业建设。

二、EPIP的专业论

应用EPIP，首先要设计和制定人才培养方案，要依据区域经济和产业、行业、企业需求，针对相关职业岗位（群）要求，力求实现产业、行业、企业、职业与专业的“五业联动”，校企共同确定专业核心技术技能；以其为主线，搭建专业（专业群）教学平台；通过校企合作机制，采取现场调研与网上调研，分析研讨与梳理遴选，专业要明确若干核心技术或技能，并用其规划专业课程体系；在此基础上，课程要明确核心知识点、技术技能点和素养点（核心知技素）；构建基于工程实践导向、真实任务驱动的工程项目和教学场景，实施理论教学与实践教学，顶岗实习与毕业就业相一致，以校内课堂与实验（实训）场所、实习车间、生产现场四点相融的网状一体化教学格局；突出理论教学与实践教学的相互平行、融合交叉，纵向衔接、横向融通，整体人才培养围绕核心技术技能展开；突出课程体系和教学内容为核心技术技能服务，使该类专业毕业生掌握真正就业本领、创新能力，培养“短过渡期”技术技能人才。具体体现就是“核心技术与课程设置一体化”“核心技术与教学环境一体化”“核心技术与顶岗实习一体化”“核心技术与职业资格（能力等级）一体化”。

（一）专业建设的“工程化”

EPIP的“工程化”，是指要使学生学会解决“真实情境”中的问题，“工程化”目标是，使学生在真实世界、现实生活能得心应手地工作、生活。“工程化”，是借真实工程教、依真实工程学，在真实工程上做，用真实工程来考；其核心是“真实”，工程要真实，实践要真实，创新要真实，项目要真实，教与学的整体要真实，体现EPIP专业建设的“工程化”。

EPIP专业建设的“工程化”，是“核心技术一体化”专业建设模式，是通过“四个一体化”实施，保证了产业、行业、企业、职业要素全程、全面融入专业建设，实现了开放性、针对性、职业性，为校企共同开发专业、协同教学、培养人才、共赢发展提供了合作发展平台、命运共同载体。它是一种产教融合、工学结合、校企合作的专业建设模式的成功探索，突出EPIP专业建设的“工程化”。

该模式的核心内涵，是依托区域经济社会发展，面向人才资源市场，依据产业、行业、企业需求，针对相关职业岗位（群）要求，校企双方共同调研寻找、研讨确定专业的核心技术技能。这一过程本身，就保证了专业建设的“以用立业”，基于真实工程、真实世界和现实生活；保证了技术技能人才培养与区域经济、产业升级、行业企业需求的一致性；保证了教育教学过程“教学做”的一致性；保证了企业需求、学校学习和实际工作的一致性；保证了校企共同建设专业、校企共同组织教学、校企共同培养学生、校企共同实现发展的一致性；强化 EPIP 专业建设的“工程化”。

EPIP 的“工程化”，主要体现在专业核心技术和技能的搜寻、提取、遴选、确定过程，是基于真实工程、真实世界和现实生活。

（二）专业建设的“实践性”

EPIP 的“实践性”，要求知技协进、德技并修。

核心技术与课程设置一体化，要求教师与学生共同将专业核心技术综合应用到各种不同的生产环境中，强化了学生专业核心技术和技能的真实掌握。

EPIP 的专业建设须有与之相适应的理论教学和实践教学保障体系。以专业核心技术和技能为人才培养主线，整体教学过程分为基础教学、专业教学、专长教学、毕业顶岗四个层面（时间轴为纵向）；平台学习和主体学习两个阶段（平台学习阶段包括基础教学，主体学习阶段为专业教学、专长教学、毕业顶岗），工程实践导向、真实任务驱动的专业技术和技能校内校外实践培养培训始终不断线，贯穿教育教学始终，即构建所谓“四层两段一贯穿”课程结构体系，体现 EPIP 专业建设的“实践性”。

在“四层两段一贯穿”的结构上，对课程进行有机整合，形成纵向贯通、横向融合的理论教学和实践教学课程体系，两个体系相互平行，融合交叉，即构建所谓“相互平行、融合交叉”的理论教学和实践教学课程体系，把专业核心技术和技能的综合应用、工程实践和创新创业等能力培养作为交叉点和教育教学重点，突出 EPIP 专业建设的“实践性”。

相互平行，是理论教学与理论应用的实践教学相互平行，教学进程相互平行；相互融合，是知识学习与面向知识应用的技术技能培养相互融合，理论和实践“讲训”场所相互融合，校内学习、企业实习和顶岗就业相互融合，知识学习、技术技能培养和素质养成相互融合。相互交叉，是理论与实践两大体系的功能相互交叉，“先教－后学－再做”、“先做－后教－再学”、“先学－后做－再教”等“教学做”的启运顺序，结合认知规律、教育规律相互交叉，强调基于真实工程，基于实践运用，让学生实现完整的“学习”，强化EPIP专业建设的“实践性”。

EPIP的“实践性”，主要体现在专业核心技术的综合应用、专业核心技能的全面达标、职业道德素养的内化形成的整体专业“教”与“学”的实践过程，是知技协进、德技并修。

（三）专业建设的“创新型”

EPIP的“创新型”，要求做到“学而知其用，用而知其所，所而知其在”，而“在”，是其所处所在和应用的具化；还要实现“在而知其代，代而知其原，原而知其衍”，而“衍”，是其繁衍和变化。EPIP提供“工程化”背景和基础，提供“实践性”的载体和积累，更提供广阔“创新型”空间。

为实施“核心技术与课程设置一体化”，就要使“核心技术与教学环境一体化”，校企结合的教学团队对实验、实训、实习等教学环境进行完善，体现工程实践导向、真实任务驱动；同时，也要设计实施“核心技术与顶岗实习一体化”，行业企业人员从专业建设与教学实施的前端开始介入，从专业认知入手，到顶岗实习，再到毕业就业，贯穿全过程。校企人员共同从典型职业岗位群的真实现场需求中确定专业核心技术技能，也要将专业核心技术和技能的涵盖程度、水平，作为顶岗实习符合程度、毕业就业胜岗程度的重要评鉴标准。

EPIP专业建设的教学场所，分为校内实训条件和校外实训条件。校内实训室要建设适合“专业核心技术与课程设置、教学环境一体化”需求的实训场地；校内实习车间建设要强化企业真实环境、现场工艺流程的模拟与再现，寓职业素质、工程素养于实训实习中，体现EPIP专业建设的“创新型”。

整体实训基地要注重设备的先进性，注重主流设备的配置，增强为企业培训、职业鉴定、技术服务能力，使学生学到的技术技能能够适应产业变化、社会发展需要。将校内实训室、实习车间网络化连接，实现车间级、现场级和设备级的监控与管理，将现场的工艺管理、组织形态融入教学。加强真实性、仿真性、虚拟性实际工程环境的营造，实现“虚实结合”逼真式情境下的综合职业能力训练，探索校内实训基地与生产性实训协同实施，突出 EPIP 专业建设的“创新型”。

校外实训条件建设，要求适度前移核心技术和技能培养，使学生在参与顶岗实习时已基本掌握专业技术技能，提升学生实习的服务性、参与性，使企业收益；为企业提供技术服务，开展“订单”或“委托”培养，探索“双赢”模式下的校外实训基地建设；探索多元化的校外实训条件建设途径，通过收购、入股、混合所有制等形式参与校外实训基地的运营，建立以学生培养为主导、校企合作共赢、可持续性的校外实训基地，强化 EPIP 专业建设的“创新型”。

EPIP 的“创新型”，主要体现在专业核心技术和技能的培养和训练，要在不同学段、不同时空、多维度、多形式、多应用场景下，进行单项、多项、综合反复性进行，让学生知其然，更知其所以然，达到运用自如、熟能生巧、创意创新的目的。源于真实，高于真实。

（四）专业建设的“项目式”

EPIP 的“项目式”，要求体现完整、体现过程、体现全面。教师与学生要在一个个完整的项目上教、学、做。

核心技术与职业资格（能力等级）一体化，是通过对专业课程（项目）、核心课程（重要项目）、综合实训课程（大型项目）的核心知技素分析，参照职业岗位（能力等级）要求，对照国家职业分类大典和职业岗位技术证书的知识、技能、素养点要求，将产业升级、行业指导、企业转型、职业岗位要求嵌入到职业教育专业教学体系，实现专业技能考核与职业资格（能力等级）考试，以及社会化技能考试接轨，实施以工程实践为导向、以真实任务为驱动、以项目场景为载体的教学培训取证一体化，为推动构建专业认证体系和“1+X”制度，提供知识技能素养互换依据，体现 EPIP 专业建设的“项目式”。

探索建设具有 EPIP 理念的“教学工厂”，将企业管理、生产现场、工艺流程、质检形式等融入实训教学；将“排式”教学组织改造成“圆桌式”“六角式”形式，服务“小组工作”；融入优秀企业文化，营造工匠精神气息，规范劳动安全管理；完善“学校特派员”和“企业联络员”制度，突出EPIP专业建设的“项目式”。

探索EPIP的专业认知和顶岗实习运行机制，在培养方案设计中，第一、二两个学期，安排学生到专业针对性强、合作紧密企业进行为期1～2周的企业认识和专业认知，另外安排1周的校内相关实训室、实习车间和生产性实训基地进行专业认知，使学生对职业、专业有进一步的了解，体会职业氛围，获得一定的岗位经验，建立专业信心、专业信念、专业信仰。第四学期或第五学期，实施到企业或校内生产性实训基地进行跟岗实习，根据实习的情况及企业岗位需求，以短期培训方式对学生技术技能和关键能力进行针对性强化；第六学期安排学生进行顶岗实习，提升职业技能，拓展职业能力，独立完成工作任务，达到顶岗目标要求。认知与实习计划由校企双方协调、共同商议确定，毕业设计采用企业或校内的真实课题，为实习企业和学校解决实际问题，强化EPIP专业建设的“项目式”。

EPIP的“项目式”，主要体现在以专业核心技术和技能为主线，实施工程实践单元、任务导向单元的模块化教学，培养完整做事，客观评价，崇尚质量，团队合作的意识和能力。

三、有关EPIP专业论的本质思考

改革开放以来，中国职业教育无论在规模、质量、结构和服务能力上都取得了前所未有的巨大成就。但是，如何让产教融合、校企合作、工学结合、知行合一等理念在专业建设中落实、落细、落地，在促进区域经济社会发展中体现更大担当，在培养符合中国实际、适应真实需求的技术技能人才方面取得实实在在的成效，已经成为制约职业教育高质量发展的瓶颈。

黄炎培是中国近现代大教育家。他所看到的，当时的中国教育，所学非所用，所用非所学，直到当下尚没有根本解决。他提出“大职业教育主义”，办职业教育须联络和沟通所有教育界和职业界，职业教育要参与全社会的活动和发展，要探寻职业教育与外部环境变化的适应问题。他强调，要理论与实际并行、知识与技能并重，要把教育和实业联为一体。黄炎培的职教思想，体现了职业教育的本质内涵，达到了职业教育理念的最高境界。

陶行知创立了当代中国完整的教育理论，进行了大量教育实践。他主张，只有在生活中求得的教育才是真教育；生活教育的内容要随生活的变化而变化，要把学校放到社会大环境中去办，使学校与社会息息相关。

他们的共识是，如果学生仅接受知识，不发展谋生能力，必然是满地青年“学成无用”。改变这种情形，就应“以用立业”，就当“授以直接谋生之术”，使学生具备社会所需的、应有的职业能力和职业素养。当代“盖商战、工战，无非学战”。这一极富警世意味的结论，促使我们必须深度思考职业教育的本质、专业建设的内涵：切合实用，发展能力，完整培养真人。

EPIP 专业论传承并具化了黄炎培职教思想和陶行知教育思想，工程化、实践性、创新型、项目式“四要素”融会贯通的专业建设，核心技术“四个一体化”专业建设模式，是推进职业教育专业领域改革创新发展的一个有益、有效、有价值的探索，是将墨子重视实践的“行为本”“亲知”，黄炎培的“建教合作”、陶行知的“生活即教育、社会即学校”等思想，在专业建设范畴内落地取效的一个成功实践。

专业核心技术和技能的校企共同寻找、确认的过程，解决了专业建设、专业学习的目标性问题，学为所用，用为所学。通过课程设置、教学环境、顶岗实习、职业资格（能力等级）与专业核心技术“四个一体化”的专业建设，保证了技术技能人才专业培养与区域经济、产业升级、行业企业需求的一致性；实现了理论学习、技能培养和素质养成相互融合，理论和实践教学场所相互融合，“教学做”与职业资格要求相互融合，校内学习、企业实习和顶岗就业相互融合，达到了专业建设的 EPIP 目标。

EPIP 专业建设的有效实施，推动了产业、行业、企业、职业要素全程融入专业建设，实现产业、行业、企业、职业、专业的“五业联动”，推动了“服务宗旨、就业导向”的理念落地，推动了创新型、复合型、应用型技术技能人才培养在专业范畴的整体化解决进程。

——摘自《天津职业院校联合学报》2020，（12）. 吕景泉，芮志彬．“EPIP 教学模式的专业论探究”

第五节　工程实践创新项目（EPIP）的教育论

【此文发表于2021年4月】

新中国成立以来，中国教育科学取得了巨大发展。但是有些教育科学研究脱离或不甚了解教育实践，其研究结论有时不能指导教育实践，教育论应有很强的实践性，应成为“活”的科学，应是教育实践和经验总结的结果，应是指导教育实践、引领教育实践的航标。

改革开放以来，中国的职业教育不断面向世界，职业教育科学研究逐步关注实际，形成了全面开放性的国际职业教育论比较研究趋势。但是，几十年实践证明，任何片面地、孤立地、笼统地学习国外职业教育，而忽视职业教育的环境、土壤、本质及适配条件去介绍、引进、推广国外职业教育，原汁原味地吸收应用，都可能导致教育失误，伤害中国的本土教育。世界上，各个国家都应根据自己的国情和教育环境，依据自己国家社会对职业教育的需求和受教育者的要求，选择适合的职业教育模式，切不可盲目照搬国外的职业教育模式。

新时代中国职业教育要增强服务意识和服务能力，扎根中国大地办教育，瞄准国家战略，聚焦区域经济发展，为生产服务，为生活服务，为青年人实现个人职业梦想服务，为人人都能够出彩服务。

EPIP是“工程实践创新项目”的简称，是英文Engineering Practice Innovation Project首字母的缩写。EPIP教学模式，即“工程实践创新项目”教学模式（以下简称EPIP）。EPIP是在中国的职业教育实践和理论研究基础上，围绕职业教育的教学模式，汲取中国古代、近现代教育思想，借鉴国际先进职业教育经验我们创立的。EPIP，从中国本土实践中来，再到中国本土实践中去，是结合中国实际创立的教学模式。

自2016年以来，中国职业教育走出国门，在泰国、英国、印度、葡萄牙、吉布提等国家建立了“鲁班工坊”，鲁班工坊项目实体和内涵品牌覆盖了10大类近30个专业。作为中国职业教育国际品牌，其核心要义，是以“工程实践创新项目（EPIP）”为教学模式，为合作国培养经济社会发展急需的技术技能人才，培养熟悉中国技术、了解中国工艺、认知中国产品的当地技术技能人才，为合作国青年高水平就业服务。

一、有关院校办学和EPIP话语

本文所要研究的EPIP教育论，是EPIP在宏观层面的应用，聚焦的是院校办学与服务区域经济关系。我们通常讲，EPIP有三观，宏观、中观和微观。中观对应着专业论，即专业建设；微观对应着课程论，即课程改革。

职业教育的EPIP教育论，涉及院校整体的办学思想，深度的产教融合，紧密的校企合作问题；EPIP明确提出了职业教育发展是现代产业体系发展的组成部分，是营商环境改善的重要内容；它强调职业教育与经济社会发展、产业结构调整、科学技术进步、国际产能布局的协调同步；关注的是职业院校基于真实工程、真实世界、现实生活的全面育人。

在办学思想、办学策略层面，宏观EPIP包含许多更加丰富的东西，是学校开展教学活动的一整套方法论体系中的最高层，是在EPIP教学模式、教学思想指导下，建立起来的较为稳定的教学活动结构框架的最高层。

二、EPIP的教育论

职业院校围绕区域经济社会发展，对接需求，发挥优势，探索院校专业（群）服务产业的运行机制，首要的是要分析所服务区域的产业、行业、企业、职业发展趋势，面向所服务领域的工程实践，优化院校办学与区域需求的匹配度；其次是以院校的工程项目服务集聚资源，以院校的工程实践累积孕育专业（群），以院校的实践创新成果升级优化专业（群），构建“服务—累积—孕育—优化”的院校核心竞争力建设互动机制，提升院校办学、专业累积服务现代产业能力。

院校办学的核心竞争力打造，就是高水平服务能力不断形成的过程。这一过程中，院校办学充分体现了 EPIP 的四个核心要素，即工程化、实践性、创新型和项目式。

1．院校办学 EPIP

职业院校，要与时俱进，规划、布局、建设主体专业群，也就是学校的“核心技术”（相似于专业建设的“核心技术”），或者是“核心竞争力”；核心竞争力的构建要基于工程化方式进行。深化产教融合是一项重要工作，将此项工作做实、做细、做具体，其中，做具体最难。教育链、人才链与产业链、创新链衔接，是职业院校提高教育质量、提升办学效能的一项核心课题，将此项课题做好，同样很难。院校办学找准“真实”需求，“工程化”最重要。

院校办学体现“实践性”，要依据主体专业群需要，开展校企合作工作，分析专业资源和企业需求的匹配度，整合院校现有专业资源，实施针对性重大项目服务，集聚校外优势资源；以校企合作工作，汇集师资力量、设备资源、工艺标准累积孕育新专业；以产业升级、工艺变革、模式变化推动现有专业改造提升。建立“高效依托型”“合作紧密型”校企合作的实践育人基地，探索实施两种教育制度与两种劳动制度的结合，有效实施思政实践教育和劳动教育，落实全员、全方位、全过程育人。院校办学抓住“知技协进、德技并修”，用其推动主体专业群全方位建设，“实践性”最重要。

职业院校的科学发展离不开创新，院校办学的创新是基于主体专业群教学质量和服务能力提升这一中心的。开门办学，跳出职教看职教；开放办学，注重高质量引进和高水平输出；品质办学，强化要素整合和培育品牌。吸引高端企业共研共建、共享共用，形成倍增效应。引进国际优质行业教学资源、通用职业资格标准、新兴产业应用技术，形成聚集效应。搭建技能大赛服务和成果展示平台，联动“政、行、企、校、研”多方协同，形成辐射效应。国际合作依托，校企合作支撑，强化内涵，打造品牌，是院校办学的一条“创新型”发展之路。

职业院校的每个部门、每个岗位、每门课程、每项管理都要服务高素质的技术技能人才培养，也都是在“做”每一项工程实践创新“项目”，“做”教书育人、管理育人、服务育人、环境育人、过程育人、全员育人的“完整”和“真实”的项目。打造优秀企业文化，孕育工匠精神，是EPIP项目；设置反映三体专业群水平的综合实践教学现场、营造全程化真实（高仿真）育人场景，是EPIP项目；面向社会招生就业的诚信辅导宣介是EPIP项目；开展学风、教风、班风、考风、校风建设，更是EPIP“项目式”工作。院校办学实践中的各个侧面、各个线路、各个空间、各个时段、各个环节，都是应该做精的EPIP“项目式”项目。

2. 专业认知 EPIP

院校办学中，新生入学教育，是帮助学生转变角色、适应环境、认识专业、培养综合职业素养的起始环节。开展专业认知教育，一定程度上决定了学生学习动力和专业稳定率。运用EPIP，创新专业认知这一教育环节，让学生在亲身体验中了解专业特色、巩固专业思想，提高专业学习兴趣、职业忠诚度和自信心，是非常重要的。

专业认知是专业教育的重要内容。认知一个专业，讲它是学校的一个历史悠久专业、一个长线举办专业、一个重点建设专业、一个永不过时专业，这些重要；强调专业在院校办学中的地位，加强学生对所学专业的重视，介绍这个专业教什么、就业怎么样，主要学什么、应该怎么学习，让学生能够快速了解所学专业，这也重要。这些都是院校办学中一贯保持的做法。

但更重要的，应该考虑增加：真实的产业发展态势、鲜活的专业应用场景、优秀的毕业生成长经历、丰富的校企育人环境、亮眼的技术应用未来、先进的教学组织模式、共享的社会资源平台、典型的专业社会贡献，整体的专业认知设计与实施，要基于院校办学的主体专业群、专业的核心技术技能，要基于工程实践导向，真实任务驱动的，应用“工程化、实践性、创新型、项目式”EPIP模式，给学生一个“完整”和“真实”的专业认知，一个别开生面的职业启蒙。用EPIP，开启学生的职业生涯设计与专业学习互动、协进的首课。

3. 课程概论 EPIP

每门课程的教学，都有第一课，都有一个课程的缘起。课程概论是围绕一门课程，教师“教”与学生“学”的起点，要由感性切入，由学生身边熟悉的生活导入，与“真实工程、真实世界、现实生活”相融，这一教育环节也直接决定着学生的课程学习动力和出勤稳定率。应用EPIP，创新课程概论讲授模式，让学生完整了解课程要义，真实体验课程魅力，激发学习主动性，在院校办学中同样是非常重要的。

应用EPIP，为学生建造对于院校、专业、课程的信心、信念、信仰，极其重要。学生的信心、信念和信仰，是院校办学的基础！

4．知技素点EPIP

院校办学中，更小的单元就是知识点、技能点和素养点，是每一项细小的“说知”，每一处细微的“闻知”，每一个细致的“亲知”。

专业是由课程有序有机排列组成的，课程是由各个知（知识）技（技术技能）素（素养）点有序有机组成的。每个知技素点的教学也应该遵循EPIP进行组织和实施。

三、EPIP的本质思考

宏观层面的EPIP，是职业教育领域，或者说，是在创新型、复合型、应用型技术技能人才培养领域，深化产教融合、社教融合，密切工学结合、校企合作的具体的策略、措施、招法。

EPIP是强调“以用立业”的教学模式，是在职业教育领域，落实以服务发展为宗旨，以促进就业为导向，为生产服务、为生活服务的一种教学模式，是在创新型、复合型、应用型技术技能人才培养领域中的一种教学模式。

EPIP，是理念，是方法，是路径，更是启示。

它将古代墨子重视实践的“行为本”“亲知”，将近现代黄炎培的“建教合作”，陶行知的“生活即教育、社会即学校”和“教人求真，学做真人”，结合院校办学实践、教育教学实践、改革创新实践和理论创新实践；举旗以彰理，举中国特色之旗，彰中国职业教育之理；落地以取效，落中国职业教育之地，取促进经济社会发展之效；EPIP，是中国职业教育在模式、话语、标识、体系领域的一个探索。

EPIP 是一种理念，它对于职业教育发展、职业院校办学、专业组群构建、课程教学设计、师资队伍建设、实训装备研制、教育教学管理、培养绩效评价诸方面都有指导作用。

EPIP 是一种方法，是谋教育事业、做院校管理、干实际项目、当教师、做学生的方式方法。

EPIP 是一种路径，是聚焦服务区域经济社会发展、打造院校核心竞争力、构建专业核心技术技能、推进知技协进、德技并修、精致育人的路径。

EPIP 是一种启示，是我们的睿智圣者、职教先贤给予我们教育同仁的启示。改造我们的学习，改造我们的学风。让学习有效！

——摘自《天津职业院校联合学报》2021,(04). 吕景泉，申奕．“EPIP 教学模式的教育论探究”

第六节　工程实践创新项目（EPIP）的探索

【此文发表于2017年2月】

应用型技术技能型人才是现代制造业的中坚，在生产制造流程中起到技术实现和再造的作用。教育界与产业界的互动是支撑经济社会转型发展的推进器，产业界需求和召唤应用型技术技能型人才培养目标再瞄准，培养模式因事而制，课程内容因时而变。

应用型技术技能型人才培养的关键、难点和特色都在工程实践创新教学，当下的实践教学模式与工程实践脱节、面向实际企业的工程训练不足，企业顶岗实习沦为廉价劳动，技术创新能力培养手段缺乏，不能适应和满足工业变革和社会转型升级发展的需要。

2012年，笔者启动了“工程实践创新项目”建设计划，组建了工程实践创新项目工作组，意在探索一种教育界与产业界互动的应用型技术技能型人才培养新途径，并在实践中不断发展完善。

一、工程实践创新项目（EPIP）教学模式的内涵

（一）工程实践创新项目（EPIP）的定义

EPIP是工程（Engineering）、实践（Practice）、创新（Innovation）、项目（Project）四个英文单词首字母的缩写。反观工程技术创新的逻辑路径，人们总是先了解学习先前的工程项目，然后进行工程项目实践，在实践中观察、发现问题，最后应用技术技能创新性的解决工程实践问题。“工程实践创新项目”（以下简称EPIP）教学模式是以实际工程项目为导引，以实践应用为导向，以创新能力培养为目标，以项目实践为统领的应用型技术技能型人才培养新途径。

举例说明，搭建一个自动化门系统，学生第一步从实际工程需求入手，需调研分析真实工程，分析结构、工艺和流程；第二步提炼出真实工程项目中的核心技术，思考真实工程如何转换为模型；第三步，通过 EPIP 平台完成自动化门系统的工程构建，这一步包括自动化门系统设计、结构搭建、线路连接、运行调试和故障诊断；第四步根据前述完成情况，发现问题与不足，进行更新完善，完成实实在在的工程技术创新。EPIP 从“兴趣”切入，从“工程”入手，用“创新”作为拓展，实现从工程到实践再到创新项目的培养过程，丰富学生的工程实践知识与经验，提升工程技术应用能力、工程实践创新能力和职业素养，拓展学生的专业视野。

EPIP 通过工程项目中实践与创新的交替与融合，实现学生在知识和技能、方法与过程、情感与价值方面的改善和升华，并产生持续变化。

（二）“工程实践创新项目”（EPIP）教学模式的内涵

1. 工程

工程是应用有关的科学知识和技术手段，有组织地将某些现有实体转化为具有预期使用价值的人造产品过程。应用型技术技能型人才的工作对象是工程，现有的工程技术则是过去条件和技术能力积淀下来的结果，既有合理的地方，也有需要革新的地方。对于教学者来讲，就是要帮助学生去搭建一个工程技术环境；对于学生来讲，第一步是要学习了解掌握现有的工程技术、构造、流程、工艺，系统地培养一种工程思维和工程素养。目前的职业教育偏重于技能培养，以“练”代替“技术内化”的学习过程，忽视了真实工程的教学内容，忽视了工程思维和工程素养培养是一个渐进的过程。因此，在 EPIP 教学模式中，需要建立一个从简单工程到复杂工程的教育环境和载体，来锻炼学生的自主学习能力、分析能力和观察能力。

2. 工程实践

应用型技术技能型人才关注解决问题。掌握与应用自然界规律，物化自然界规律，成为技术；人掌握并应用技术形成技能，将技术技能用于工程、工业实际来实现和满足社会需求即工程实践。当学生了解一个工程载体后，如何检验其是否真正掌握其中的技术和技能呢？要解决这一问题就要从实践中来，到实践中去。工程实践可以是利用搭建的工程教育环境和载体，真题真做、真题重做、真题仿做，在实践中学习，在团队中学习。工程实践相比一般技能训练和实习是一种更具职业责任的系统性学习，它将现场工程技术人员的素养要求融入其中。

3．工程实践创新

创新始于问题，源于实践。没有实践，就提不出问题，更谈不上创新。工程实践中总是会遇到各种情况和问题，解决工程问题的过程就是工程实践创新。有了前面的工程实践，创新也有了三种形式和意义：改变、更新和创造新的东西。实践是创新的根本所在，教师应在教学中引导和培养学生的好奇心理，引发学生对工程项目的兴趣，这是唤起创新意识的起点和基础。兴趣是最好的老师，兴趣是感情的体现，是学生学习的内在因素，教学脱离了工程实践，毫无兴趣可言；通过工程项目让学生感兴趣，并自觉地、主动地观察、思考、探究工程项目，才能发挥学生的主观能动性。发现工程项目实践中的问题即质疑的过程，它是以智力多边互动为主的教与学相互作用的教学活动，是创新行为的举措，也是创新学习的方法。

4．工程实践创新项目（EPIP）

项目是为创造独特的产品、服务或成果而进行的工作，也是指一系列独特的、复杂的并相互关联的活动。这些活动有明确的目标，必须在特定的时间、预算、资源限定内依据规范完成。通过 EPIP 统领构建工程技术环境和载体，贯穿工程实践能力、沟通能力、管理能力、团队合作、严谨作风、质量意识、时间意识、成本意识等工程思维和素养培养，进而达成工程实践创新能力的培养。在互联网时代，教师不能只是一个“先知”，而应是引导启发学生学习去掌握、应用技术技能解决工程问题，启发学生的学习兴趣、激活学生的思维、发掘学生的潜能、促进学生的个性发展、培养学生的创造精神和创造能力。

EPIP 是面向未来产业发展要求而进行的教学改革和创新，强调了人才培养目标、课程体系、教学内容、教学方法以及教学评价的整体性改革，EPIP 反映了一种新教学模式的系统、要素、结构、功能关系（见图 5–1）。

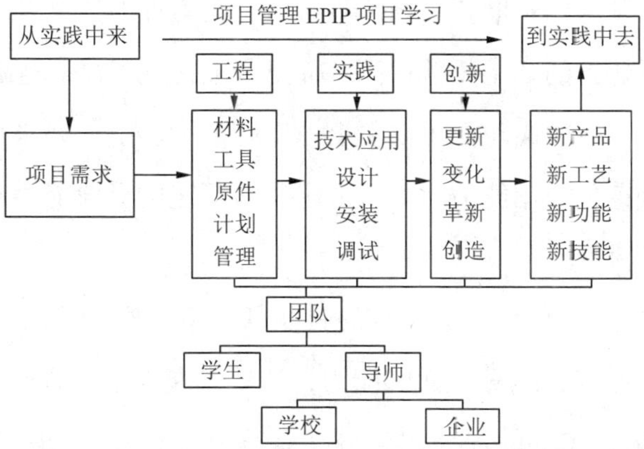

图 5-1　EPIP 教学模式的系统、要素、结构、功能关系

二、工程实践创新项目（EPIP）的人才培养理念

（一）EPIP教学模式符合应用型技术技能型人才成长规律

中国政府提出了健全多层次人才培养体系，完善从研发、转化、生产到管理的人才培养体系。高素质技术技能人才队伍建设，要以技师、高级技师、现场工程师为重点。上述工程技术人才的概念应该既包含劳动密集型的一线工作部门，也涵盖知识密集型的研究机构，从而形成一个完整的人才层次谱系，每个层次的人才都应在发现、解释和解决实际问题上具备一定的知识和能力；而他们的区别主要取决于知识和技能的丰富程度，对此，可以依靠“专业水平”来区分。德国将“专业水平”分为“门外汉”“新手”“入门者”“学徒期满的职员”“专家”“大师”几个层级。而这个层级梯次也是应用型技术技能型人才的职业成长路径，学生的职业认知只能以整体化的形式进行，在工作中需要的知识，必须在具体的工作情境和整体化的工作过程中获得。在应用型技术能型人才培养中，教育的对象主要是新手、入门者和学徒，而理想的教育目标是培养学徒期满的职员，经过一些实践积累能够独立完成工作。因此，EPIP 以工程为主线，以职位簇所需工程实践能力的培养为核心，构建渐进式的工程实践创新教育环境，是符合应用型技术技能型人才成长规律的。

（二）EPIP教学模式符合产业对复合型技术能型人才的要求

在高等职业院校，应用型技术技能型教育都是按照专业领域来进行的。虽然随着工程综合领域的不断拓展与跨界融合，各专业对人文社会学的知识和语言、交流、合作能力的要求日益提高，而且专业之间的融合也越来越多，对学生的培养逐渐由单一的岗位能力向复合的工程能力转变，要求学生具有复合型的职业能力和信息化应用能力，并且要求其对既定的专业能力有全面深入的掌握，而不是浅尝辄止。

EPIP 教学模式就是在一个综合的科技环境下进行教学，培养学生解决问题、探索知识和系统思维等方面的能力，这是专业人才必须具备的基本能力；EPIP 是一种团队合作下的探究式学习，提升个人能力、人际交往技能；通过递进式的工程实践创新项目训练，使学生在创造能力、认知能力、分析能力、判断能力等方面形成优势，从而获得复合型应用型专业人才所具备的知识、能力和经验。这些在一定程度上能够弥补当前学习过程过于关注“硬技能”的不足，有利于“软技能”的发展，也能为跨学科的交流奠定基础。使学生成为未来工程技术人才的“毛坯”，再经过实际工作的锻炼，最终成为熟练的人才。

（三）EPIP教学模式是用工程方法培养学生的“做中学”

从方法上讲，EPIP 模式实质上是在用工程方法培养学生，是“做中学”在经济社会新常态下的具化的教学模式。所谓“工程方法”，是根据工程项目的特点总结出来的，“工程方法”的目的是创造新的产品或工艺技术实现某种市场功能，其具体的实施步骤为：（1）明确工程项目需求；（2）进行工程项目背景学习研究，分析工程对象的特点和相关信息；（3）明确完成任务的几种可能的方法和实施途径；（4）通过试验验证不同的方法和途径，并应用技术技能在工程载体上实施；（5）分析试验数据、成本和其他相关条件，再加以综合创新；（6）完成自己的新作品、产品或功能。

工程项目另一个最重要的特点是团队合作。EPIP 模式遵循了工程的规律，团队学习贯穿整个工程项目周期，其过程让学生理解、掌握科学知识和相关领域的技术技能，在团队合作中运用这些知识、技术技能去实现、创造实用的可持续发展的产品。

三、工程实践创新项目（EPIP）教学模式的实践

从 2012 年始，笔者及其教学团队选定高职电气自动化技术专业开始进行了 EPIP 教学探索，2014 年底开始在职业本科层次进行试点，详情如下所述。

（一）EPIP课程体系的构建

EPIP 教学模式需要渐进的工程实践创新项目课程体系去支撑，包括课程项目、学期项目、毕业综合项目三个层次，每个阶段项目都是由教师带领学生通过合作来制作一个产品或完成一项应用的过程。每一门课程有一个简单的课程项目要学生实现。正如陶行知先生所讲，“学校之课程，应以一事之始终为一课”。在第一和第二学年，每学期均安排有学期项目。第一学年学期项目根据本学期课程选择，为基础简单模块，让学生学得有乐趣，产生兴趣，形成一种工程思维和意识。第二学年学期项目综合专业技术技能课程，从简入繁，从企业案例中选择，真题重做或真题仿做。第三学年根据专业方向选择企业项目或自主创新项目。三年的项目“做中学”，大大激发了学生学习兴趣，也开发了学生的潜力。教师“做中教”，提高了教师专业能力，提高了教学质量，促进校企联系和产学互动，同时适应社会发展。工程实践创新项目课程体系如图 5-2 所示。

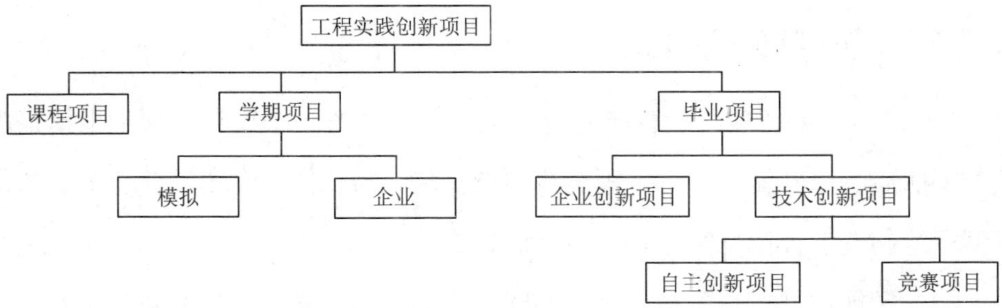

图 5-2　工程实践创新项目课程体系

循序渐进的课程体系结构是 EPIP 能够实现工程实践能力培养三阶段的基础。教师团队（项目组）和学生梯队（可以是跨年级的）围绕实际问题提出解决方案，完成工程项目，并持续改进，建立了良性递增螺旋圈。EPIP 模式下，三阶段、三层次贯穿，这种培养路径也是从“学徒工人”到“技术员”再到“现场工程师”的专业化成长路径，学生也表现出向专家水平提升的后劲。

（二）EPIP课程教学平台构建——“鲁班工坊”

EPIP课程教学平台笔者命名为“鲁班工坊”，有以下几个层次的含义：一是鲁班是中国工匠精神的代表，是应用型技术技能人才的象征；二是有技术超群的师傅，也有认真钻研的徒弟，可以演绎现代学徒制，寓意在这个平台上要培养具有工匠精神的大国小匠、高级技术员和现场工程师；三是工坊是一个实践教学场所，有材料，有工具，有项目，学生能够根据需要制作作品，实现工程再现和工程创新；四是鲁班工坊中的教学载体具有国际教育通用元素，方便在国际院校中交流。

从结构形式上看，“鲁班工坊”延伸课程教学内容，将理论与实际、知识与能力在“工坊”中相融合，相比单纯的理实一体更为综合。工坊在时间上是开放，管理是项目化的，任务是明确的，项目是学生、教师、企业专家多方参与，技术要素和工程现场一致的。

从组织流程上看，学生根据兴趣寻找实践创新课题，成立实践创新小组，在教师指导下，学生通过前期工程调研、技术分析、结构设计与搭建、工程激活，结合自身的专业知识和创新设想，经过多次的实践，通过实践创新实践平台逐步将自己的设想孵化为成果，师生在“工坊”中教学相长。

（三）EPIP课程教学案例

“工程实践创新项目·智能制造”是学生选择的一个项目。师生根据兴趣组建团队后，以“能力源·工程实践创新套装”为载体，自主设计、搭建高仿真型智能制造工程项目实体。教学组织如下：

（1）智能制造产业领域中某一实际工程的调研和学习。按照项目主题，根据自身地域特性，自行选择实际工程，通过校企合作，深入了解实际工程，完成《工程调研报告》《核心技术分析报告》《核心元件对照表》。

（2）智能制造产业领域中该实际工程的核心技术提取、核心元器件提取与对照，制订详尽的工作计划、材料计划，分配时间和任务、进度规划，并形成《项目计划表》。

（3）工程复现阶段设计并模拟出该实际工程的部分或全部功能。通过“能力源·工程实践创新套装”将已调研过的实际工程在“鲁班工坊”仿制出来。仿真过程要实现已经提取的核心技术，应用既定核心元件，设计程序，技术改造，最终完成工程复现。这个过程中可能不断有新问题出现，需要不断的改进和革新。

（4）完成该实际工程模拟搭建过程中的项目管理，同时完成《工程展示》文档和其他要求的图纸文档资料。

（5）工程评比阶段是学生展示自己的工程，交流总结的过程，也是工程验收，学生做工程展示文档（PPT）汇报，接受校企导师组综合考核。

四、工程实践创新项目（EPIP）的未来

自2011年来，EPIP在全国一批高职院校进行了试点，连续举办了全国性的“工程实践创新项目”挑战赛，也引起国际院校的关注。2012年，东盟一些国家的学生也开始参与在中国天津举行的“工程实践创新项目”国际挑战赛。2016年3月，“鲁班工坊”在泰国大城府大城技术学院正式挂牌成立，标志着工程实践创新项目（EPIP）教学模式的整体国际化输出。

工程实践创新项目（EPIP）教学模式通过“工坊”开放式实践教学、双元化的团队合作探究学习，让学生认识工程要素，参与工程实践项目，在解决工程项目问题中开展技术应用和创新活动，实现学生的社会责任感、创新精神、实践能力的培养。目前，笔者在实践基地、课程、双语教材、双能师资、国际化输出等方面进行了一些探索；未来还将在围绕人才培养“双元化”、培养路径“专业化”、教学模式“项目化”、创新实践“工程化”等方面展开应用型技术技能人才培养的实践性研究和理论探讨，探索不同专业领域EPIP课程体系构建的路径，探索EPIP的课程结构、理论和实践教学体系的建设思路，探索EPIP服务于技术创新创业师资队伍的建设方法，探索EPIP实施条件、实施过程、实施要素、实施效果量化评估，并通过实践运行、验证效果、修正方案，为经济新常态下应用型技术技能型人才培养提供理论支持和可借鉴的路径和案例。

——摘自《中国职业技术教育》2017，（05）. 吕景泉，汤晓华，史艳霞.“工程实践创新项目（EPIP）教学模式的研究与实践”

第七节　工程实践创新项目（EPIP）的运用

【此文发表于 2020 年 10 月】

创新是职业教育发展永恒的主题，专业与课程建设是职业教育改革的核心。如何将“真实”的生产和服务场景、核心技术以及“完整”的生产和服务项目落地落实，融入职业院校的专业建设、课程建设与日常教学中，如何让教师“真教”、学生“真学”，实现“千教万教教人求真，千学万学学做真人”，是长期以来困扰职业教育产教融合、校企合作的一个难题。

“工程实践创新项目”（Engineering Practice Innovation Project，简称 EPIP）教学模式正是基于这一难题，立足中国职业教育教学实际，以 20 余年的教学实践与理论研究为基础，历经 15 年的国家职业教育改革创新试验区、示范区、示范区升级版建设，通过广泛汲取中国近现代教育思想，借鉴国际先进教育教学理念，探索创立形成的，并成为中国职业教育领域的首个国家级教学成果特等奖的核心内容，成为中国职业教育的话语体系和重要标识。

高速铁路是中国高科技发展的一张名片，中国高铁被称为“世界第一”，到 2019 年底，铁路通车总里程 13.9 万公里，其中高铁达到 3.5 万公里。在“一带一路”倡议中，高铁建设是排头兵，肩负通达世界、互联互通的重要角色。需求推动建设，建设拉动需求，快速发展的高铁，迫切需求高铁技术类的技术技能人才支撑，对职业院校的高速铁道技术类专业与课程建设、人才培养规格要求更高，提出了如何在真实、完整的环境和条件下培养高水平、高素质的高铁技术类专业的技术技能人才的课题。本文重点研究 EPIP 教学模式在高铁技术类专业与课程建设中的应用。

一、EPIP更新高速铁道技术类专业教育思想

工程（Engineering）、实践（Practice）、创新（Innovation）、项目（Project）是EPIP核心内涵的四个关键要素，具体说，就是以实际工程为背景，以工程实践为导向，以能力培养为目标，以工程项目为统领培养技术技能人才。它构建了“宏观EPIP”的教育论、“中观EPIP”的专业论和“微观EPIP”的课程论。

宏观层面的EPIP强调，真实完整的工程化教学、实践性教学、创新型教学、项目式教学，四个维度的“真实、完整”是构建高速铁道技术类EPIP教育思想的核心基调，引领院校激活现有的各种要素，包括教学理念、教学团队、教学设施、教学方案、教学管理、教学环境、教学考评，构建一个“真实、完整”的教育教学新生态和新形态。EPIP教学模式更新了高速铁道技术类专业建设路径，要求建立“政、行、企、校、研”的五方携手的合力机制，产业、行业、企业、职业、专业的“五业联动”产教融合的内生机制，依据高速铁道技术领域真实工程背景，以真实任务为驱动，搭建高仿真教学环境，开发高仿真教学装备，构造高仿真管理流程，深化产教融合、工学结合、校企合作、知行合一的实践，升华学以致用、以用促学、学用结合、“以用立业”的院校办学思想，焕发院校建设新活力。

二、EPIP实现核心技术一体化的高速铁路类专业建设

中观层面的EPIP强调，“核心技术一体化”专业建设模式，即基于专业（群）面向的产业、行业、企业和职业领域，针对真实工程、真实世界和现实生活，提取专业核心技术技能，构建核心技术与课程设置一体化、核心技术与教学环境一体化、核心技术与顶岗实习一体化、核心技术与能力等级（职业资格）一体化。这“四个一体化”就是EPIP教学模式在专业建设层面的核心要素。

在高速铁道技术类专业（群）人才培养方案设计中，依据产业、行业、企业需求，针对铁道运输类，特别是高铁领域职业岗位（群）要求，以校企共同确定的专业核心技术技能为主线，搭建高速铁道技术类专业教学平台，明

确若干个核心技术或技能；根据核心技术技能整体规划专业课程体系，明确每门课程的核心知识点、技能点和素养点（简称核心“知技素”），形成基于工程实践导向、真实任务驱动的教学情境（项目），实施理论与实验、实训、实习、顶岗、就业相一致，以课堂与实验（实训）室、实习车间、生产车间四点相融的网状一体化教学新格局。在高速铁道技术类专业建设中，以动车组检修、通信与信号、运营管理等专业核心技术技能为中心，通过课程设置、教学环境、顶岗实习、能力等级（职业资格）与专业核心技术的“四个一体化”进行专业建设。专业理论与实践教学相互平行、融合交叉，纵向上前后衔接、横向上相互沟通，使整体教学过程围绕核心技术技能展开，强化课程体系和教学内容为核心技术技能服务，培养高速铁道技术类职场“短过渡期”技术技能人才。

三、EPIP构建高速铁道技术类课程（体系）建设

微观层面的EPIP强调，工程化、实践性、创新型、项目式四个方面，也是EPIP教学模式的核心要义，构建了高速铁道技术类专业课程（体系）。

1. 高速铁道技术类课程的工程化

课程中所包含的知识、技术（技能）、素养（简称“知技素”）均以真实工程为基础，源自工程，瞄准工程，服务工程。基于动车组模拟驾驶器，通过课程工程化，把以高速铁道技术类专业核心技术为主的真实世界引入课程，浓缩在动车组模拟驾驶实训装备中，使教师的教学过程和学生的学习过程始终围绕真实工程情境，围绕从真实现场抽取出来的核心“知技素”展开，激活已有专业和课程建设的各种要素、各方环节、各项任务，让学生在工程化建立的真实情境、真实问题、真实需求中学习，通过“真学”激发学生学习潜能，并学会掌握发现问题、分析问题、解决问题的真本领。

EPIP课程设计的核心，是要具有真实的工程化背景。高速铁道技术、高铁动车组检修技术、高速动车组驾驶、高速铁路工程与技术维护、铁道通信信号、铁道交通运营管理等专业，分别侧重于培养高铁动车组的运用与检修、铁道信号系统应用与维护、高铁行车组织、客运组织、行车综合演练等专业核心技术、

教学设计与实施中，学生首先要从高速动车组司机、随车机械师、质检员等实际岗位业务职责出发，充分了解列车司机与列车调度员、车站工作人员的真实业务关系；基于动车组模拟驾驶器等高仿真教学装备，教师应该具有在真实的工程化项目中提炼出专业核心技术技能的能力，包括司机标准化作业、驾驶、行车组织、信号系统应用、列车故障处理、行车应急处置等岗位核心技术技能。

2．高速铁道技术类课程的实践性

学生学习的所有课程内容都以真实的高速铁道运行、运营实践为基础，突出实践特色，体现知技协进，德技并修。以真实高速动车组列车以及运行线路为原型选用相应的高仿真实训装备，学员的操作、行为动作及用语等均按照行业标准进行实践教学；通过数字化模拟和真实列车设备相结合，构建司机驾驶相关的列车、线路、车站、乘客等实践教学环境；在正常标准化作业中穿插各种故障情况及应急事件，全面训练并考察学员的专业知识、操作技能、职业素养；实现高仿真动车组模拟驾驶的控制设计、运行、调试和故障诊断，确保核心技术与教学环境一体化。

基于 EPIP，高速铁道技术类专业开发的动车组模拟驾驶器能够真实地还原动车组在各种运行环境与运行工况下的运行状况、操纵特性、牵引 / 制动特性以及其他特性，从视觉、听觉、操纵真实感等方面真实地再现列车在不同情况下的运行状况，实现列车运行仿真、列车动力学仿真、控制特性仿真、控制逻辑仿真、牵引特性仿真、制动特性仿真，实现了理论学习、技能培养和素质养成相互融合，理论和实践教学场所相互融合，“教学做”与能力等级（职业资格）相互融合。该装备在鲁班工坊的高速铁道技术类专业项目中发挥了重要的作用，已在泰国、吉布提等国家实现专业标准认证和教学应用推广。

3．高速铁道技术类课程的创新型

实施核心技术与课程设置一体化，学生在学习“动车组列车操作”“动车组列车故障处理”“铁路运营组织”“高速列车通信与信号”“动车组列车突发事件处理”“行车综合演练”等相关课程，掌握专业核心技术和司机标准化作业技能、驾驶技能、行车组织技能、信号系统应用能力、列车故障处理能力、行车应急处置能力等岗位核心技能基础上，构建真实情境，形成工程实践教学高于“真实”的效果，激发学生的创新意识和创新能力。以 CRH380B 动车组模拟驾驶器的项目“应急故障处理模拟训练”为例，该装备采用模块化组件搭建、真实化线路连接、图形化交互系统技术，具备不少于 20 条常见机车故障数据，通过创新延展及系统随机性排列组合可以产生新故障，最终形成不少于 100 个综合故障。从现有的故障库中任意选择事件及故障，排列组合形成综合故障，实时激活新故障，撤销并重置故障。这些“排故”教学，可以使学生学到在真实现场难以学到的经验，积累多角度多维度的体验，可以使教师在课程实施过程中，为学生创设广阔的创新型实践教学空间。

4. 高速铁道技术类课程的项目式

课程组织以项目统筹，构建一个个完整的项目模块。核心是实施整体性、完整性项目教学。例如，项目“动车组机车检查试验”“行车安全装备使用训练”“一次出乘作业标准化训练”等，由项目强化“教学做”一体化，全面训练和培养学生的综合职业能力，并在项目教学中贯穿诚实守信、爱岗敬业、精益求精的职业品质养成。让教师完整地教，让学生完整地学，让教育教学的实施呈现完整。

EPIP 教学模式，让学生在真实中学、真实中做，以更高的视角、更宽的视野，让教师与学生之间，实现工程化、实践性、创新型、项目式的“教与学”。EPIP 教学模式中的教师，不是直接帮学生解决问题，而是通过柔性化项目式任务，强调思维、方式的创新，情境代替、载体代替，让学生在学习解决项目式任务中，不断回象到真实工程、真实世界、现实生活，回象到高于真实，回象到超越真实的更加丰富的工程实践创新空间，激发学生的创新兴趣，强化创新意识，培养创新能力，锻造创新人格。

四、EPIP在高速铁道技术类专业的应用成效

EPIP 教学模式实现了从微观课程建设，到中观专业建设，再到宏观院校办学的系统和整体创新，使高速铁道技术类教学改革更深入、更深刻、更彻

底。EPIP 教学模式下的专业建设、标准制定、师资培养、课程开发、教材编写、装备研发、场景营造等中国职业教育解决方案也因此伴随鲁班工坊走出国门、落户欧、亚、非 10 余个国家。其中，高速铁道技术类专业获得泰国和吉布提专业标准认证。

1. EPIP 高速铁道技术类专业引入泰国和吉布提国家职业教育

2016 年 3 月，第一个“鲁班工坊”在泰国建成，泰国“EPIP 教学研究中心”落户大城技术学院。2018 年 7 月，“鲁班工坊铁院中心”在泰国大城技术学院成功启运。“鲁班工坊铁院中心”是中国在海外建立的第一个高铁技术技能人才培养中心，中心以大城技术学院为基础，联合泰国具备高铁专业的院校，开展职业教育和职业培训，培养熟悉中国高铁技术、产品、标准的服务中泰高铁项目的应用型技术技能人才，形成覆盖泰国全境、辐射东南亚国家的高速铁道技术类专业教育网络。

2019 年 3 月，非洲第一个鲁班工坊“吉布提鲁班工坊”正式揭牌运营。该鲁班工坊培养铁路运营调度、铁路司机、铁路工务维护、电路维护以及确保整个铁路运营安全的技术技能人才，运营维护中国投建的亚吉铁路项目，为整个吉布提的经济社会发展注入新的动力和活力。

2. EPIP 高速铁道技术类专业获泰国和吉布提认证并实施

泰国鲁班工坊“铁院中心”两个（高铁）专业，动车组检修技术、铁道信号自动控制专业获得泰国职教委员会认证，两个专业的培养方案和课程标准由泰国职教委员会同意实施，学习期满，成绩合格，颁发高等职业教育（专科）毕业证书。动车组检修技术、（高铁）铁道信号自动控制专业以核心技术技能作为技术技能人才培养的主线，通过中国高速列车 CRH380B 教学区，完成三年基础、专业、专长、毕业实习四个教学层面，平台学习和主体学习两个阶段，工程实践导向、真实任务驱动的专业技术技能校内外实践培养培训始终不断线，形成“四层两段一贯穿”课程结构体系。同时建设了（高铁）铁道交通运营管理、（高铁）铁道工程技术两个专业，技能大赛和设备研发区、高铁运营（沙盘）教学区、高铁线路维修与养护教学区（室外），以及中国列车运行控制系统 CTCS 教学区和空中课堂教学区。

吉布提鲁班工坊将 EPIP 教学模式引入吉布提国家职业教育，铁道工程技术、铁道交通运营管理两个专业获得吉布提国民教育与职业培训部认证，开创了吉布提举办高等职业教育层次的先河，填补了吉布提没有铁道类专业的空白。吉布提鲁班工坊建设了铁道运营实训区、机车模拟驾驶实训区、企业模拟经营认知实训室等多个高标准教学区，在非洲第一条跨国标轨电气化铁路亚吉铁路的那噶德车站设立了“校外实训基地”，学生可以模拟火车驾驶，演练实操中出现的各种突发状况；工坊内铺设有铁轨现场情景，可供铁道专业学生实践学习；企业全景感知实训区内，沙盘模拟实现场景化教学。

3．EPIP 打造国际化高速铁道技术类师资队伍

教师是教学模式的关键基础支撑，再好的模式没有教师，无法实现。泰国和吉布提鲁班工坊在合作筹备阶段，先期开展合作国的师资培养和培训。教无定法，教而有道。EPIP 教学模式的应用是鲁班工坊的核心要义之一，为精准、持续推进 EPIP 教学模式在国外应用，合作国家在鲁班工坊项目启动前，选派教学团队来中国参加标准化 EPIP 师资培训。在培训中，认识、了解、理解、感悟 EPIP，在项目合作中实施 EPIP 教学。2017 年 5 月，由 20 余个国家和地区的专家学者、高校教师发起成立了“EPIP 国际教育联盟”，泰国、印尼、葡萄牙、印度、吉布提等 8 国在本土建立了 EPIP 教研机构或推广应用中心。《工程实践创新项目教程》《EPIP 职业教育教学模式——改造我们的学习》《EPIP 教学模式——中国职业教育的话语体系》及英国新经典出版社 *TEACHING MODEL OF EPIP* 等教程、专著和论著相继出版，为中国教师和外国教师教研交流、教学应用、论坛分享提供了基础。以葡萄牙洛卡斯教授为代表的一批国际化 EPIP 专家教师正在按照企业现场实际，以工程实践项目为导向、以现场真实任务为驱动，进行卓有成效的专业建设和课程改革。2019 年 5 月，首届鲁班工坊与产教融合国际论坛在天津举行，来自 15 个国家 200 余位专家学者参加的论坛，演进成为 EPIP 国际教育教学交流的平台。

中国职业教育的发展，已经进入了一个新时代。EPIP 教学模式的新实践，

把真实工程、真实世界、现实生活、实际问题搬入到院校，融入到专业，延伸到课程，解决了教学做一体化的工程化精度、实践性深度、创新型宽度、项目式整度问题，解决了产教真融合、校企真合作的内生内审标度问题。

——摘自《天津职业院校联合学报》2020，(10)．吕景泉，耿洁，芮志彬，等．“工程实践创新项目（EPIP）教学模式应用研究——以高速铁道技术类专业与课程建设为例”

第八节　EPIP 国际教育联盟发展路径、效应与展望

【此文发表于 2021 年 11 月】

在面向教育国际化的时代，由中国、美国、泰国等 8 国 20 余所院校 37 名知名专家学者发起的工程实践创新项目（EPIP）国际教育联盟（以下简称“联盟”）成立 5 年来，形成了以年会为中心的国际研究与交流平台，与多国教育行政部门、院校和行业企业共同推动中国职业技术教育创新成果——工程实践创新项目（EPIP）的研究、实践、推广和发展，在鲁班工坊建设、国际专业标准和师资培训、国赛装备开发、教学资源建设等方面取得了显著成效，吸引和聚集了越来越多的中外院校应用 EPIP 教学模式，探索出了一条理念共识、模式共享的发展路径，产生了联盟效应。这种效应源于 EPIP 教学模式为解决“教师如何教，学生如何学”这一世界教育共性问题提供的教学整体方案，即“五观、四元、三谛、两核、一宗”，构建中国特色的职业教育教学话语体系。

通过回顾分析联盟发展路径，探讨 EPIP 教学模式的联盟效应及发展趋势。

一、面向教育国际化的EPIP话语构建与发展脉络

只有提高把握时代、把握国内国际两个大局的自觉性和能力，才能建构具有现实穿透力和超强解释力的话语体系。EPIP 是在全球化时代，中国职业教育机构和教育工作者立足于中国特色职业教育的长期理论研究和教学实践，关心和研究世界职业教育面临的共同问题，用世界视野和时代视野，汲取中国古代教育观念、近现代职业教育思想，借鉴国际职业教育先进理念，创新发展出来的具有中国特色的职业教育理念和教学模式，把中国职业教育教学改革成果转化为话语。

话语的背后是思想、是道，EPIP 以“五观、四元、三谛、两核、一宗”

归纳了模式内涵。五观，即纳观（知技素点）、微观（课程论）、中观（专业论）、宏观（教育论）以及达观（办学思想）；四元，即四个关键元素，分别是工程化、实践性、创新型和项目式；三谛，即EPIP的“原”实谛、“代”名谛、“衍”合谛三个境界；两核，即真实和完整两个核心；一宗，即知行合一宗旨。

从某种意义上说，理论创新的过程就是发现问题、筛选问题、研究问题、解决问题的过程，EPIP通过再现现实生活与工程技术应用的真实场景，将生产过程、生活过程与教育过程相融合，培养学生自主探究和动手制造能力，形成解决实际问题能力，培养创新型、复合型、应用型技术技能人才。EPIP模式是现代产业转型视野下，探索出的一种教育界与产业界互动，以实际工程项目为导引，以实践应用为导向，以创新能力培养为目标，以项目实践为统领的应用型技术技能型人才培养新途径。EPIP模式遵循了工程的规律，用工程方法培养学生，是“做中学”在经济社会新常态下具化的教学模式。

从2010年开始，十余年间，中外教育工作者和专家学者为EPIP的实践探索、理论研究、经验总结、模式推广群策群力，将其应用推广拓展到技能竞赛赛项设计、教学装备研制、教材资源开发、鲁班工坊建设等领域，验证了EPIP在职业教育领域的有效性和适用性。目前，“推广工程实践创新项目（EPIP）教学模式应用”，已经被写入教育部和天津市“共建国家职业教育创新发展标杆”协议和《天津市教育现代化“十四五”规划》。工程实践创新项目（EPIP）教学模式的发展脉络见表8–1。

表8–1　工程实践创新项目（EPIP）教学模式的发展脉络

纪年	重要事件
2010年	教育部高等学校高职高专自动化技术类专业教学指导委员会启动EPIP项目研究与推广应用。 2010年以来，运用EPIP开发的“自动化生产线安装与调试”国赛赛项分别成为第八、九、十、十一、十二届东盟技能大赛指定赛项，竞赛标准、国赛装备、教学资源进入东盟。 2010年，EPIP首创者开发的“自动化生产线安装与调试”，获评国家级精品课程

续表

纪年	重要事件
2011年	2011年以来，运用EPIP开发的四位一体教材《自动化生产线安装与调试》《自动化生产线安装与调试（英文版）》出版。“自动化生产线安装与调试”，获评国家级精品资源在线课程，《自动化生产线安装与调试》获评“十二五”职业教育国家规划教材，获评“十三五”职业教育国家规划教材 相继出版《数控机床安装与调试》《楼宇智能化系统安装与调试》《机器人技术应用》《智能电梯装调与维护》《工业机械手与智能视觉系统应用》《工业机械手与智能视觉系统应用（英文版）》《现代电气控制系统安装与调试》《现代电气控制系统安装与调试（英文版）》《机电一体化设备安装与调试》《机电一体化设备安装与调试（英文版）》；《工业机械手与智能视觉系统应用》获评“十二五”职业教育国家规划教材
2012年	2012年6月，首届自动化工程实践创新国际交流会暨工程实践创新国际挑战赛举办。 2012年9月，创新课程套件的EPIP教学应用及教学资源参加南宁举办的首届中国—东盟职教论坛，参赛作品获得一等奖。 2012年11月，《工程实践创新项目教程》中文版出版。 2012年至2014年，连续举办三届“能力源”自动化工程实践创新国际挑战赛
2013年	2013年6月，《工程实践创新项目教程英文版》出版。 2013年6月，全国职业院校工程实践创新项目大赛在上海电子信息职业技术学院举办
2014年	2014年，以工程实践创新项目（EPIP）教学模式应用为重要内容的教学成果，荣获首个国家职业教育教学成果“特等奖”。 2014年，《工程实践创新项目教程》获评“十二五”职业教育国家规划教材。 2014年至2017年，天津在全国职业院校学生技能大赛中连续举办了四届机电技术工程实践创新赛项
2015年	2015年5月，EPIP互动体验区落户全国职业院校技能大赛成果博物馆。 2015年12月，天津市中等职业学校第一届“能力源”工程实践创新挑战赛开赛

续表

纪年	重要事件
2016年	2016年3月，全球首家鲁班工坊在泰国落成，EPIP作为其核心教育理念与世界分享。 2016年5月，天津渤海职业技术学院建成2 000平方米的工程实践创新项目（EPIP）体验中心。 2016年5月，工程实践创新项目参加天津市首届家庭与儿童创意节的科技展览。 2016年5月，首届IEEE电脑鼠走迷宫国际邀请赛在天津举行。 2016年11月，印度鲁班工坊EPIP师资研修班开班。 2016年12月，天津中等职业院校技能大赛设立普职融通EPIP挑战赛
2017年	2017年3月，海外首家工程实践创新项目教学研究机构——EPIP教学研究中心在泰国揭牌。 2017年5月，EPIP国际教育联盟在天津成立。 2017年5月，第二届IEEE电脑鼠走迷宫国际邀请赛暨2018年世界APEC电脑鼠国际大赛中国选拔赛在天津举办。 2017年11月，举办印度尼西亚鲁班工坊EPIP师资培训班
2018年	2018年3月，《天津市人民政府办公厅转发市教委关于推进我市职业院校在海外设立“鲁班工坊”试点方案的通知》（津政办函〔2018〕16号）明确提出：要提升已有“鲁班工坊”建设水平，充分发挥中泰两国EPIP教学研究中心的作用。 2018年4月，巴基斯坦鲁班工坊EPIP师资研修班在天津开班。 2018年5月，工程实践创新项目（EPIP）国际教育联盟论坛在天津召开。 2018年5月，第三届IEEE电脑鼠走迷宫国际邀请赛暨2019年世界APEC电脑鼠国际大赛中国选拔赛在天津举行。 2018年7月，天津机电职业技术学院牵头申报“基于‘工程实践创新项目（EPIP）’的教学模式与实践”获批教育部重点课题。 2018年12月，葡萄牙鲁班工坊EPIP师资研修班在天津开班。 2018年12月，印度金奈理工学院成立EPIP教学研究中心。 2018年至2019年，印度尼西亚鲁班工坊开展了九期EPIP师资培训班

续表

纪年	重要事件
2019年	2019年2月，《EPIP职业教育教学模式：改造我们的学习》专著出版。 2019年5月，第三届EPIP国际教育联盟高峰论坛举行。 2019年5月，第四届IEEE电脑鼠走迷宫国际邀请赛暨2020年世界APEC电脑鼠国际大赛中国选拔赛在天津举办。 2019年6月，巴基斯坦、南非鲁班工坊EPIP师资研修班在天津开班。 2019年9月，《EPIP教学模式——中国职业教育的话语体系》正式出版。 2019年12月，EPIP全面纳入天津市“鲁班工坊”建设项目和资金管理办法
2020年	2020年11月以来，“EPIP”课程论、“EPIP”专业论、“EPIP”教育论、“EPIP”工程化、“EPIP”核心要义等系列文章发表。 2020年12月，《EPIP教学模式——中国职业教育的话语体系》列入中华文化走出去项目清单，其英文版在英国出版社出版
2021年	2021年1月，《工程实践创新项目（EPIP）解析》出版。 2021年3月，《EPIP教学模式——中国职业教育的话语体系》葡萄牙文版在英国出版。 2021年5月，迷宫机器人项目参加第五届世界智能大会。 2021年5月，第五届智能鼠走迷宫国际邀请赛在天津举办。 2021年6月，埃塞俄比亚鲁班工坊EPIP标准化进阶式培训班结业。 2021年6月，第四届EPIP国际教育联盟年会在天津召开

二、EPIP国际教育联盟发端与路径逻辑

“具有中国特色的EPIP教学模式话语是什么、为什么、怎么样、怎么用”引出EPIP国际教育联盟的建立。EPIP理念和模式提出后，其在教育教学、技能比赛、教学资源开发等方面的应用效果得到了国内外院校和行业企业的关注和认可。

（一）磁铁效应：EPIP国际教育联盟成立

《工程实践创新项目教程》等系列教程出版、国家级职业教育教学成果特等奖获得以及在鲁班工坊建设过程的应用，吸引了越来越多的院校、机构、学

者和教育工作者，加入 EPIP 的学习、研究与应用之中。为给中外各类机构、专家学者和教育工作者提供研究交流 EPIP 理念和实践的平台，推动开展 EPIP 国际化相关工作，从 2016 年起，国内外知名大学教授共同倡议、发起并组织筹建了工程实践创新项目（EPIP）国际教育联盟。

2017 年 5 月 9 日，在中外各方的努力下，成立了工程实践创新项目（EPIP）国际教育联盟（Alliance EPIP International Education）。EPIP 联盟首届主席团由核心发起人组成，联盟秘书处总部设在天津渤海职业技术学院，联合有关企业和泰国大城技术学院作为服务支撑。首批加入联盟的成员是来自中国、美国、泰国、柬埔寨等 8 个国家的 20 余家院校和行业企业，11 名中国知名职业教育学者、26 名国际职业教育学者聘任为联盟专家。时任中国教育部职成司司长王继平宣布联盟正式成立，东盟有关国家政府官员及职业院校领导、有关省市自治区教育行政负责同志、中国石化行业协会及化工行业龙头企业等行业企业领导，以及中外优秀企业、相关院校代表 200 余人共同交流和学习 EPIP。

联盟确定“服务构建人类命运共同体，服务中外人文交流，服务‘一带一路’建设，服务职业教育改革发展和职业教育现代化，服务高素质技能人才培养”宗旨，借助国际智力资源、教育资源、企业资源开展跨国界、跨专业的教育科技交流，推动 EPIP 教学模式的国际应用、推广、创新和发展。

（二）极化效应：EPIP国际教育联盟壮大

随着更多成员的加入，联盟组织不断壮大。联盟授权天津渤海职业技术学院联合项目推广单位、泰国大城技术学院组建秘书处，负责联盟的日常事务，盟员沟通，协调联盟活动组织等工作，为盟员创建合作与交流平台。以美国麻省理工学院教授 David Otten、佐治亚大学教授宋文战、德国职教专家纳格、英国职业资格机构 Qualifi 首席运营官 Ray Brogden、中国台湾地区龙华科技大学教授苏景辉、法国图卢兹大学丹尼尔教授等为代表，国外 50 余家院校、企业，波兰欧洲 – 亚洲商业教育基金会主席卡利克先生等世界各地近百位著名教育领域学者、行业企业专家、工程技术人员和数十个团体加入联盟，EPIP 教学模式在多个国家教育领域得到广泛推广和实践。

泰国、印度尼西亚、葡萄牙、印度、吉布提等国家相继建立了EPIP应用中心、研究机构或推广中心。中国天津渤海职业技术学院、泰国大城技术学院、葡萄牙塞图巴尔理工学院的“工程实践创新项目（EPIP）体验中心”和“EPIP教学研究中心”已经成为中外EPIP教学研究的集散地。以葡萄牙洛卡斯教授为代表的一批EPIP国际专家教授，以工程实践项目为导向，正在世界各地开展卓有成效的课程改革、理论研究和实践创新。

（三）路径逻辑：EPIP国际教育联盟国际化

EPIP国际教育联盟发展路径的核心在于联盟围绕EPIP共识、共享、共用的内外诉求及其成员相互之间交流与提升，遵循国际化的逻辑，组织建立交流、交融的通道。EPIP联盟通过举办论坛、校企互动、项目培训等多种形式，推动EPIP的国际应用和创新发展。

联盟创办了中国－东盟职业院校高峰论坛、中泰职业院校校长论坛、EPIP国际教育联盟高峰论坛、鲁班工坊产教融合国际论坛等系列论坛。中国—东盟职业院校高峰论坛有来自中国、泰国、新加坡的80多名专家学者分享EPIP教学经验；鲁班工坊产教融合国际论坛有来自欧洲、非洲、亚洲的15个国家的200余位专家学者分享EPIP应用成果及经验。

2018年5月8日，中国职业技术教育学会与天津市教育委员会共同主办第二届EPIP国际教育联盟论坛，天津市教育委员会领导、泰国大城省副省长、泰国中北部地区商会主席、泰国大城省基础教育服务部副部长等出席论坛，来自新道科技股份有限公司、泰国大城技术学院院长、山东商务职业学院、南开大学、英国伯明翰城市大学等的行业专家和院校教授，围绕EPIP人才培养模式研究与实践等交流研讨。

2019年5月8日，天津市教育委员会主办第三届“EPIP工程实践创新项目”国际论坛，论坛以“EPIP——改造我们的学习”为主题，来自日本、马来西亚、泰国、印度、印度尼西亚、天津相关院校以及EPIP国际联盟成员单位的400余位代表参加了相关活动。

2021年6月2日，第四届EPIP国际教育联盟年会以“EPIP，让学习更有效”

为主题，EPIP 国际教育联盟理事单位代表，专家学者代表，有关研究机构、职业院校的领导和代表，相关企业代表，以及海外合作伙伴等 150 余人参加会议。泰国原大城省副省长、泰国大城市市长、泰国大城体育协会会长、泰国大城技术学院以及泰国 EPIP 教学研究中心成员在泰国分会场出席。泰国大城技术学院、新加坡国际专家工教局 ITEES、美国海洋航空公司等专家教授、高级工程师通过视频形式做了 EPIP 教学模式应用的经验分享。中国台湾地区龙华科技大学苏景晖教授，葡萄牙 Micromouse 竞赛组织委员会负责人、米尼奥大学 ROLANDO 博士，印度尼西亚波罗若歌第二私立学校 Agus pariadi，葡萄牙特拉斯奥斯蒙特大学安东尼奥・瓦伦特教授，美国佐治亚大学宋文战教授，柬埔寨国立理工学院 KEAT 教授等 EPIP 国际教育联盟特聘专家视频致辞。

三、EPIP国际教育联盟应用范畴与实践成效

（一）鲁班工坊建设应用，着力培养本土国技术技能人才

EPIP 教学模式是鲁班工坊的重要教学理念与教学模式，在亚、非、欧三大洲的 17 个国家指导建设了 18 个鲁班工坊，服务当地技能人才培养和经济社会发展。EPIP 联盟参与了鲁班工坊的建设与推广，在场地建设、师资培训、专业建设和教学资源开发等方面为中外双方合作院校提供咨询与服务，取得良好的成果。2016 年以来，运用 EPIP 教学模式培养的鲁班工坊学生，多次在其所在国技能大赛中斩获各类奖项。在 EPIP 指导下，鲁班工坊的教学成果正在越来越深入地服务于所在国经济发展。天津市鲁班工坊研究与推广中心调查显示，87.5% 的鲁班工坊教师认为能够熟练地将 EPIP 应用到教学中，其中非常肯定能熟练应用的达 45.83%；87.5% 的认为 EPIP 的教学效果很好或较好，其中效果很好的达到 66.67%；88.4% 的鲁班工坊学生对鲁班工坊项目的教学方式满意，其中十分满意的达 52.17%。

（二）国际专业教学应用，全面提升职业院校办学质量

EPIP 教学模式用工程化及时体现产业新变化，主动适应新常态下经济社会发展对应用技能人才提出的新要求，推进授课教师提升工程能力、教学内容

引入工程案例、教学过程具有工程属性、教学现场仿真工程环境，成为产教融合、协同育人机制落实到操作层面的一种工具，创新人才培养模式、构建教学标准体系的一把“新钥匙”。

在EPIP联盟的推动下，天津职业院校以EPIP创新应用为主线，以真实的工程项目为主导，设计整个专业教学的各个环节，采取项目驱动、真实任务作为主线，建构课程体系、教学内容和教学方法，全面提升学生的综合职业能力水平和创新能力水平。联盟还支持各职业院校应用EPIP开发了50个国际化专业教学标准，出版了《高职高专国际化专业教学标准》等。这些国际化专业教学标准具有鲜明的中国特色，立足于职业能力标准的国际对接，针对跨国企业对技术技能人才的需求，着力开发反映国际发展趋势的专业课程，以世界水平建设为保障，以国际权威职业资格证书为龙头，突出国际互认优势，在建设高质量专业方面取得了累累硕果。目前已经有10个以上鲁班工坊的合作专业标准获得合作国家政府部门的评估认证。

（三）国赛装备开发应用，多项国际技能竞赛认可并使用

EPIP联盟参与并推动相关院校开发国赛装备，在多个领域得到国际技能竞赛认可。为服务产业结构调整，设计开发“自动化生产线安装与调试”教学装备；为服务技术革新的新需要，设计开发“数控机床安装、调试与维护”教学装备；为服务传统技艺与现代工艺融合，设计开发“鲁班锁现代技能大赛”；为服务行业升级改造，设计开发“机器人应用技术”教学装备。经过应用，一些教学装备得到所在地区国际竞赛的认可。联盟还指导举办了五届IEEE电脑鼠国际邀请赛，开发基于EPIP教学模式的各类教学资源。泰国鲁班工坊的自动化生产线安装与调试设备也已经成为东盟国家的职业教育技能比赛的指定设备。

（四）国际师资培训应用，锻造能教能做能创的中外师资

EPIP联盟支持和推动职业院校以EPIP创新应用为主线，有机融合校企双元、国际多元、教学融合、教育整合等要素，打造和锤炼教师队伍，探索EPIP视域下“双师型”教师队伍的培养途径；以工程实践能力的提升，带动

专业教学能力提升为目标，针对新教师和在职教师开展专门培养培训，形成有效提升教师专业能力的机制，培养大批具有国际视野和相互学习交流的能力、校企协同和组织实施能力、工程实践和环境营造能力，专业知识与实践技能好、专业技术与信息化教学能力强、教学组织与写作方式活、职业道德与文化素养高的教师。

（五）理论与实践研究成果，扩大中国职业教育国际影响力

EPIP 研究与实践者先后发表数十篇论文，如《EPIP 教学模式的教育论探究》（2021）、《论工程实践创新项目（EPIP）教学模式的“工程化”——从陶行知的生活教育思想说起》（2021）、《EPIP 教学模式的专业论探究》（2020）、《EPIP 教学模式的课程论探究》（2020）、《工程实践创新项目（EPIP）教学模式应用研究——以高速铁道技术类专业与课程建设为例》（2020）、《基于工程实践创新项目的“机电设备维修与维护”课程与技能大赛衔接研究》（2020）、《EPIP 模式在高职化工类专业教学中的探索与实践》（2020）、《“工厂供配电技术”EPIP 教学改革与实践》（2020）、《工程实践创新项目智能鼠赛教互动人才培养 》（2019）、《普职融通 EPIP 工程实践创新项目职业生涯引航体系的探索与实践》（2018）、《基于工程实践创新项目的 VBSE“鲁班工坊”模式初探》（2016）等；完成全国教育科学“十三五”规划 2018 年度教育部重点课题、天津市教育科学“十三五”规划多项课题成果，即《基于“工程实践创新项目（EPIP）”教学模式研究与实践》《现代职教体系下基于“工程实践创新项目”实践教学模式的研究与实践》《职业教育校企联动开展“工程实践创新项目”教学研究》《高职化工类专业工程实践创新项目探索与实践》《校企联动开展工程实践创新项目，培养双栖人才研究与实践》等。

论文和课题研究聚焦 EPIP 理论探讨，在交通、机电、化工、经管等大类专业中的实践经验总结和提炼，在课堂教学、赛项开发、资源建设等各方面的应用与探索，为中国与世界各地的职业教育合作交流、深度分享提供了素材，推进了中国职业教育话语体系建设，扩大了中国职业教育的影响力。

（六）教学资源建设应用，提高技术技能人才培养品质

天津职业院校申报的鲁班工坊建设成果和教学资源建设成果，分别荣获国家级教学成果一等奖、二等奖。基于五年鲁班工坊实践，联盟首创EPIP视域下的“首体羽翼”的鹰式学习法，形成EPIP视域下的教案范例集，探索EPIP视域下的顶岗实习改革和人才培养模式改革，并将上述EPIP应用成果推广至国内外多家成员单位，实现EPIP应用维度的历史性突破。

EPIP联盟支持和指导中外教育机构专家学者开发40余种基于EPIP教学模式和真实工程实践，服务先进制造类专业的立体化教学资源。EPIP教学模式规划教材《工程实践创新项目教程》《自动化生产线安装与调试》《工业机器人视觉系统安装与调试》《现代电气控制系统安装与调试》《机电一体化设备安装与调试》等一批双语教材相继出版。专著《EPIP核心要义——中国职业教育话语体系》已出版并被翻译成英文、葡萄牙文、泰文等在国外出版。

四、EPIP国际教育联盟行动计划与展望

（一）以EPIP为抓手，持续筑牢鲁班工坊质量和水平

EPIP是鲁班工坊的内涵根基之一。2019年12月，EPIP已纳入《天津市“鲁班工坊”建设项目和资金管理办法》，明确鲁班工坊要以工程实践创新项目（EPIP）为教学模式，要以EPIP教学模式设计教学，致力于培养海外学生的职业素质素养、专业技术技能、实践综合能力和创新创造能力。未来，EPIP联盟将继续支持和服务中外院校建设和运营鲁班工坊，帮助各项目院校强化工程实践创新项目（EPIP）为教学模式，构建国际专业教学标准、实训装备、教学课程、师资队伍，提供适应合作国的职业教育解决方案。

（二）落细EPIP应用，支撑国家职业教育创新发展标杆建设

根据教育部、天津市共建国家职业教育创新发展标杆的协议和《天津市教育现代化“十四五”规划》中关于“推广工程实践创新项目（EPIP）教学模式

应用”的要求，天津作为EPIP教学模式的创新策源地，也是EPIP应用于教育教学的成果转化地，将采取有力措施研究与推广EPIP教学模式，分享国家职业教育创新发展标杆优质成果。作为在国家职业教育改革示范区建设中孕育并成长起来的教育研推机构，EPIP联盟将把助力国家职业教育创新发展作为自己的历史任务，协调推动各方力量贡献智慧和力量。

（三）加强EPIP推广，深化多专业多维度的实践应用

EPIP联盟将支持和组织各成员单位及专家学者开展EPIP视域下的技术技能人才培养的实践研究和理论探讨，探索基于机电类，辐射电商类，扩展经贸类等各专业领域EPIP课程体系建设的路径，探索基于EPIP的课程结构、专业教学理论和实践体系的构建思路，实施有效的应用型技术技能人才培养体系，为经济新常态下探索职业技能人才培养提供理论支持的路径和可借鉴的典范。

（四）讲好EPIP故事，促进各成员国实践应用的成果转化

EPIP联盟将协调成员单位落实《天津市“鲁班工坊”建设项目和资金管理办法》建设任务中“要提升已有‘鲁班工坊’建设水平，充分发挥‘EPIP教学研究中心’的作用”要求，以“紧贴需求、服务大局，做强现有、稳中求进，系统谋划、质量为先”为原则，在亚洲，以泰国EPIP教学研究中心为主体；在欧洲，以葡萄牙EPIP教学研究中心为主体；在非洲，以埃塞俄比亚EPIP教学研究中心为主体，初步形成EPIP亚、非、欧三大洲推广网络。结合联盟成员的实际情况，充分发挥联盟成员的优势，积极开展形式多样、渠道广泛、富有成效的工作，帮助联盟成员在发展中共同提高。联盟还将促进EPIP教学模式与教学资源共享，促进EPIP教学模式应用于各成员国职业教育实践的成果转化。

（五）拓宽应用领域，探索各领域人才培养创新路径

在联盟成员中，探索EPIP教学模式在普通教育、职业教育、高等教育中的应用，探索用EPIP理念开展中高本硕各阶段人才培养改革，推动各类各级

学校将其作为开展教学、组织活动、实践创新的载体和抓手，激活教学和学习，让知识、技能学习更有效、更快乐。

——摘自《职业教育研究》2021，(11).耿洁，黎志东，张磊.“工程实践创新项目（EPIP）国际教育联盟：发展路径、效应与展望”

第六章

专业标准与资源开发

依据软实力理论，建设国际化专业教学标准无疑是凸显国家职业教育软实力的重要环节。国际化专业教学标准作为一种教学质量和专业建设的衡量系统，它不仅影响国内社会民众对职业教育的价值判断，还会影响职业教育的发展趋向；在国际社会多元文化相互碰撞、融合的背景下，它将成为我国职业教育质量保障和职教文化软实力的具体体现，成为我国现代职业教育综合实力竞争的品牌标志。世界职教文化璀璨多姿，我们要善于取其精华，学会洋为中用，在吸收优秀文明成果中推进我国国际化专业教学标准建设的特色创新。

开发竞赛赛项，积极回应经济转型、产业升级和社会发展对技能人才的需求，瞄准战略性新兴产业，顺应工业发展趋势，为专业设置和调整指明方向。通过赛项设计及其教学资源开发，解决技能大赛引领专业建设途径不明晰问题，引导职业教育教学改革方向；解决综合实训课程的教学载体和资源短缺问题，发挥服务日常教学的作用；解决职业教育综合实训教学的标准不清晰问题，使得更多的院校、更多的学生受益。

第一节　国际化专业标准的学理考量

【此文发表于 2014 年 9 月】

为鼓励我国经济发达地区围绕区域支柱产业和特色产业发展需求，对接国际产业发展，培养具有国际视野的高素质技术技能人才，2012 年教育部下发《关于借鉴国外先进经验开展职业教育部分专业教学标准开发试点工作的通知》，同时组织部分城市进行了试点。然而，国际化专业教学标准的质的规定性是什么？选择什么理论分析工具厘清其现实价值和发展趋势？如何从实践上系统考察其建设路径和教学支撑体系？这一系列问题仍是教学改革实践探索中亟待解决的问题。

一、专业教学标准的质的规定性

高水平的产业发展需要高水平的职业教育支撑。走向世界的中国现代职业教育，必然要求具有国际水准、中国特色的职业教育专业教学标准与之匹配。然而，什么标准才是国际化专业教学标准？

1．对专业教学标准的认识

专业教学标准是一种在专业教学和专业建设范围内、用于衡量教学质量的客观尺度。作为一种“标准系统”，它必须具备公信力。因此，它又是以科学、技术和教学实践的综合成果为基础，经社会有关方面协商一致制定，由主管机关批准，以特定形式发布的一种规范性文件。一经发布，它将成为该专业教学共同遵守的准则和依据。鉴于此，教育部有关文件给出的界定是：“专业教学标准是开展专业教学的基本文件，是明确培养目标和规格、组织实施教学、规范教学管理、加强专业建设、开发教材和学习资源的基本依据，是评估教育教学质量的主要标尺，同时也是社会用人单位选用高等职业学校毕业生的重要参考”。2012 年 12 月，教育部公布了首批高等职业学校专业教学标准。该标准涉及18个大类410个专业，并在各专业的名称、代码、招生对象、学制学历、就业面向、培养目标与规格、职业证书、教学内容、办学条件及教学建议、学习深造建议等十个方面提出了具体要求。

高职专业教学标准是国家教育质量标准之一，也是高职院校进行教学基本建设和专业建设的标尺。它清楚地反映了培养什么人、怎样培养人的基本要求。在培养目标方面，高职专业教学标准要求高职教育为生产、管理、服务一线培养具有良好职业道德、专业知识素养和职业能力的高素质技能型人才；在课程设置方面，要求高职教育与中职衔接、与职业岗位对接、与个人发展相适应；在教学方式方面，要求高职教育工学结合，推行任务驱动、项目导向等教学模式；在办学条件方面，规定了高职教育专业建设应具备的师资、教学设施等基本条件。

2. 对国际化专业教学标准的理解

一般认为，所谓国际化专业教学标准是指以国内现行专业教学标准为基础，将一些发达国家行之有效且获得国际公认的专业教学标准适当融入相关专业的教学过程之中，以引导学生掌握国际通行的行业规则、技术要求、服务规范，增强学生对跨国企业职业环境适应能力的教学标准。国际化专业教学标准的定位与国内现行专业教学标准具有明显的区别。

与普适性的、基本的专业教学标准不同，国际化专业教学标准是一种更高层次的标准体系。首先，这是一种瞄准国际先进产业和高水平职业教育的专业教学标准。一般而言，涉及国际先进产业、新兴产业、先导性产业的专业教学标准，应该加以消化吸收；一些国际公认的、成熟的发达国家或国际重要教育组织的专业教学标准，应该消化借鉴，以便向国际高水平看齐。其次，这是一种国际互认的专业教学标准。要赢得国际互认，就应拥有“国际要素”。也就是说，这种专业教学标准，除从内容到方法都应遵循国际通用规则以外，还应具备广阔的国际视角，既能俯瞰缤纷世界复杂多元的各类“高标准”，又能聚焦其中共同的元素，寻求共同的规律。第三，这是一种突出本土特色和优势的专业教学标准。具体说，它应结合我国具体国情，借鉴发达国家职业教育成功经验，进而确定专业教学标准的人才培养目标，决定教育内容的选择及教学模式的选用，最终通过跨文化学习借鉴而形成的、体现中国文化软实力、具有国际竞争性的专业教学标准体系。

二、建设国际化高职教育专业教学标准可借鉴的理论分析工具

建设国际化专业教学标准除了要以科学发展观为指导外，还需要以一些理论为分析工具，从观念、整体设计、实践操作等层面对标准本身及其建设过程进行综合的价值判断。

1. 在观念层面，要体现文化软实力

建设国际化高职专业教学标准是一种职教文化的全球竞争，体现的是一个国家的职教文化实力。因而，以文化软实力理论为分析工具来讨论这一标准及其建设过程，有助于我们判断其现实价值和发展趋势。

文化“软实力”概念（Soft Power）由美国哈佛大学教授约瑟夫·奈于20世纪90年代提出。他在2004年出版的《软实力——国际政治的制胜之道》一书中对软实力理论作了较为完整的阐述。他认为，一个国家的综合国力既包括由经济、科技、军事实力等“硬实力”，也包括以文化、价值观、政治观和政策吸引等构成的“软实力”。该理论的核心是强调“软实力”的发挥，特别是通过价值观的影响去吸引、引导人们的观念和行为。依据软实力理论，建设国际化高职专业教学标准无疑是凸显国家职业教育软实力的重要环节。首先，国际化高职专业教学标准作为一种高层次的教学质量和专业建设的衡量系统，它不仅会影响国内社会民众对职业教育的价值判断，进而影响职业教育的发展趋向；在国际社会多元文化相互碰撞、融合的背景下，它也将成为我国职业教育质量保障和职教文化软实力的具体体现，成为我国现代职业教育综合实力竞争的品牌标志。其次，要确立文化自信。中华职教文化源远流长，我们要在新的国际环境和新的教育发展使命中学会古为今用，逐步建立起以中华文化为核心的高职教育专业教学标准体系。再次，高职教育要感知世界、融入世界。世界职教文化璀璨多姿，我们要善于取其精华，学会洋为中用，在吸收优秀文明成果中推进我国国际化高职教育专业教学标准建设的特色创新。

2. 在整体设计层面，要突出测量和评价

教育测量是指依据一定原理、规则，运用特定的测量工具对教育现象进行数量化描述；教育评价则是根据一定的教育目标，运用一切有效可行的技术手

段，对教育活动的效果和影响进行价值判断。

测量和评价作为一种广泛应用于质量管理的理论和质量认证手段，越来越引起人们的关注。目前，各国都在认真考虑将国际公认的质量认证控制体系引入到教育领域。美国国家教育测量理事会（the National Council on Measurement in Education，NCME）在每年春天举行的年会上，关于信度和效度的研究报告占很大比重，成为年会的一大特色。

从原理上看，由于教育测量和评价理论是在哲学、心理学、教育学、管理学、教育测量学、教育统计学与系统科学等学科的基础上建立起来的，因此它不仅可以为国际化高职教育专业教学标准建设的质量监控提供理论指南，还可以为专业教学标准本身提供一个综合性的质量考察视角。具体包括以下3方面：（1）国际化高职教育专业教学标准建设需要教育测量和评价理论为其监测专业教学标准本身的效度，即保障这套专业教学标准能够准确和有效衡量出它所涉及的相关教学要素的各项特质。（2）国际化高职教育专业教学标准建设需要教育测量和评价理论为其监测专业教学标准本身的信度，即保障这套专业教学标准在各种使用环境和条件下的可信和可靠程度。（3）国际化高职教育专业教学标准建设需要教育测量和评价理论为其监测专业教学标准本身的稳定性，即反映职业教育的客观规律对教学实践提出的共同要求，保障这套专业教学标准的内涵在相当一段时间内、在不同国家或地区不会频繁修订和更换，保持相对恒定。

3. 在实践操作层面，要强调系统性

毫无疑问，建设国际化高职教育专业教学标准是一项系统工程，应当遵循一般系统理论的基本原理。也就是说，我们在建设国际化高职教育专业教学标准的过程中，要从多个层次、多个侧面探讨专业教学标准系统的整体性，研究系统的结构与功能，探究系统、要素、环境三者的关系，并用优化系统的观点看问题。如在讨论具体的专业教学标准的度量基准时，一方面应以“适度够用”为基础，充分尊重学科知识的整体性，不仅不能人为割裂其中的联系，相反还要尽量通过教学留下知识链接的线索，以便为学生的自主学习打好基础；另一方面应充分尊重操作技能的形成规律，循序渐进而不是突击强化地开展实训教学。

在讨论专业教学标准的整体结构时，要突出职业教育为现代产业服务的主题，特别关注教学要素与实习实训环境之间的关系，关注专业建设与产业发展趋向之间的协调互动，注重产教融合、校企结合。

在讨论专业教学标准的衡量与导向功能时，应结合国情，注重与时俱进，紧跟现代产业国际化发展的步伐。一要全面考察现代产业发展的国际潮流，从中筛选出代表未来趋势的案例；二要系统梳理一些发达国家和重要国际组织的专业教学标准，从中遴选出国际公认的专业教学标准；三要深入研究我国的职教传统，从中找出优良的文化基因。只有全方位、立体化考察这些要素，才能保障国际化高职专业教学标准系统的整体功能优化，进而保证该标准体系的先导性。

三、国际化高职教育专业教学标准的建设路径和教学支撑

基于我国经济社会和职业教育发展均处于转型升级时期这一现实，建设国际化的专业教学标准面临两个关键问题，即在建设路径上如何与国际专业教学标准的发展相协调，在教学实践上又如何与之相适应并对其内涵加以支撑。

1. 建设路径分析

国际化专业教学标准的建设路径分析是指基于一定的教育理念，对专业教学标准的国际化内涵和发展指向进行探讨和梳理。当前，我国正由制造业大国向制造业强国转变。在这个过程中，建设国际化专业教学标准在宏观上要着力推进建设具有中国特色、世界水平的现代职业教育体系；微观上要着力提升职业教育的专业教学质量，打造有国际影响力的品牌特色专业，培养国际化技术技能人才。正是这种内在的发展需求，要求在专业教学标准的建设发展方向上要转变观念，树立全球化的教育发展理念，既要立足我国职业教育的优良文化传统和特色，又要注重学习借鉴发达国家的经验与模式，达到办学理念和教学实践与国际先进教育思想相融合。

国际化专业教学标准的形成与完善是一个开放的、动态平衡过程。因此，在建设路径方面，既要求我们围绕区域支柱产业和特色产业发展需求，集聚有实力的学校、行业和中资及外资企业共同参与，合作制定并适时修订；又要体现我国现行的专业教学标准与发达国家或重要国际组织专业教学标准（或

类似标准）在核心构成要素方面的协调与融合。依据上海、天津等试点城市部分院校的经验，在以下方面应特别关注与国际专业教学标准的协调、融合：

（1）人才培养目标的协调与融合。一是要积极引进国际通用的专业技术技能人才培养标准，并通过职业院校的国际合作，消化完善这些标准。二是要重视与国际跨国公司和知名企业合作，培养既服务区域经济社会发展，适应产业结构升级要求，能从事生产一线生产、经营、管理工作；又有国际意识，国际文化背景，国际交往能力，国际化知识、能力、素质结构，具备获取国际职业资格证书实力的高素质技术技能人才。

（2）人才培养模式的协调与融合。在师资、课程、教学理念与方法等人才培养要素中，要强调国际视野。要在人才培养模式中，融入德国“双元制”等国际先进人才培养理念；要以国际先进技术应用为导向，强化学生基础知识和基础技能的学习和训练；要突出学生的综合技术技能、职业素养的培养；要坚持工学结合、校企合作共同育人。

（3）专业课程体系的协调与融合。要以国家职业资格标准和国际化专业教学标准为依据、以跨国企业岗位技能要求为导向、以实践创新能力培养为核心，着力构建生产过程无缝对接的课程体系；要强调突出综合实践能力培养，开展课程与职业证书相融合的“双证书”一体化教学改革，鼓励将国际职业资格证书纳入课程框架；要广泛采用项目式课程、学习领域等课程模式，课程体系设计中突出企业实践能力培养；毕业设计要立足为实习企业解决技术上的实际问题，鼓励采用企业生产中的真实课题，真题真做。

（4）教学模式的协调与融合。要坚持在七个维度上向国际先进水平的教学模式看齐，即坚持实践教学案例的“真度”，将工程案例转换成教学案例；坚持技术应用教学的“深度”，着眼于问题导向教学，训练学生解决问题的能力；坚持实训教学创新空间的“广度”，不仅关注技能训练，更关注关键能力、职业素养的培养；坚持教学资源的“厚度”，为学生的自主学习准备丰富的知识链接；坚持虚拟仿真形式的“效度”，用信息化手段创建高效学习环境；坚持教学与学习过程的“乐度”，从学生的兴趣出发设计教学内容；坚持教材内容的“适度”，使教学和实训内容的难易程度恰当，提倡适度紧张下开展教学活动。

（5）教学方式的协调与融合。要积极引入国外先进的教学方法，强化教学方法的改革。一是加强教育资源信息化建设，建设共享型、国际化的教学资源库，搭建校企互动的信息化教学平台，开展微课程教学，拓展学生学习空间，促进学生自主学习。二是采用“行动导向教学”“项目教学”“CDIO”等教学方式，加强教学过程的学生主体性及工程实践性。三是提升跨国企业对教学活动的参与度，努力为学生争取跨国企业岗位实践学习机会，提高国际化专业实践教学和技能训练的效率和效果。

2. 教学实践支撑

（1）国际化课程体系及课程建设。国际化专业教学标准必然是基于国际化课程的标准。因此，它理所当然地要求在现行职业教育课程框架体系内积极引进与专业培养目标相适应的国际职业资格证书课程；要求推进外语教学改革，并根据职业教育的特点，强化听说能力，突出专业应用；要求适当增加国际知识与文化等课程的比重；要求开发多种课程形式，举办跨文化专题讲座等丰富多彩的第二课堂活动。

（2）国际化教学团队建设。具体途径有三个：一是通过国内外进修和培训，提高教师团队的专业技能、教学能力和外语水平；二是通过参与企业项目开发和到企业实习，了解企业的研发及生产过程，提高教师实践能力，打造“双师型”教师团队；三是建设稳定的外籍教师团队，通过中外教师的协同合作，在共同完成核心专业课程双语教学的过程中，提升整个教师队伍的国际化水平。

（3）国际化实训教学环境建设。必须注重与国内外跨国公司和知名企业合作，共建操作性强、技术先进、具有示范作用的实训基地，建设具有仿真企业环境的校内实训基地；必须注重紧跟行业企业国际化发展趋势，充分满足专业理论与实践“一体化”教学需要，扩大实训项目的覆盖面。唯有如此，才能把实训基地真正建设成为融教学、培训、职业技能鉴定、技术研发为一体的多功能、开放型的高素质技术技能型人才养成基地，才能使国际化专业教学标准真正拥有“用武之地”。

——摘自《中国高教研究》2014,(09). 吕景泉，汤晓华，周志刚.“建设国际化高职教育专业教学标准的学理考量”

第二节　赛项资源开发与实训课程改革

【此文发表于 2014 年 10 月】

一、引言

自 2008 年开始，教育部、天津市政府联合国家的相关部委办（从 2008 年 11 个部委办，到 2013 年 31 个部委办）共同主办了 6 届全国职业院校技能大赛（简称国赛，又称大赛）。它成为我国职业教育工作的一项重大制度设计和创新，也是新时期职教改革与发展的重要推进器。职业教育已成社会系统的神经，国赛作为一项改革和创新的举措必然牵涉到诸多部门，也必然引起相关要素的变化。这无疑要求教育的决策与行动转变为以系统的、客观的、持续的、整体性的教育创新，准确把握制约职业教育发展的关键问题，创造性地解决具有战略性的个性化问题。

职业教育目标是职教改革和创新的根本依据，国赛的成果转化怎样才能体现职业教育目标？如何引导专业建设、课程开发、课堂教学这三个原点性的基本问题？如何找到制度管理升级到文化管理的方法与途径？

天津中德职业技术学院先后与德国西门子、日本三菱电机自动化、德国 DMG、德国博世力士乐、美国 NI、深圳汇川工控、北京昆态等企业全方位合作，联合相关职业院校，从首届全国职业院校技能大赛开始，开发技能赛项及其教学资源，策划、设计了“自动化生产线安装与调试”等 6 个国赛赛项，“工程实践创新项目”等 4 个全国性技能赛项，“飞机蒙皮维护”等 3 个国际化赛项，航空电子技能大赛等多个企业赛项，围绕实现“以赛促学、促教、促改、促建”进行了系统研究与实践。

二、赛项设计及其教学资源开发解决的教学问题

首届全国职业院校技能大赛结束后，通过赛项设计及其教学资源开发，解

决了技能大赛引领专业建设途径不明晰问题，引导职业教育教学改革方向；解决了综合实训课程的教学载体和资源短缺问题，发挥了服务日常教学的作用；解决了高职专业综合实训教学的标准不清晰问题，使得更多的院校、更多的学生受益。

开发的赛项积极回应经济转型、产业升级和社会发展对技能人才的需求，瞄准战略性新兴产业，顺应工业发展趋势，为专业设置和调整指明方向；研发的高仿真赛项装备选取企业现场的典型设备要素，结合专业培养目标，为专业综合实训教学和实训基地建设提供解决方案；设计的竞赛内容强化学生的综合职业能力培养，强化工程实践和创新能力培养，引领教学改革方向。

以大赛为依托，探索分阶段递进、项目式训练，为构建专业综合实践课程体系、培养学生综合职业能力提供了教学载体；研发的立体化教学资源，为专业综合实训课程提供丰富的教学资源；搭建了学校教学过程向企业生产过程转化的桥梁；引导教师如何“教”、学生如何“学”，促进企业、岗位、职业资格与专业教学的有机衔接，为教师运用现代教学组织形式和方法提供了支撑。

将赛项设备转化提升为教学设备、赛项任务转化设计为教学项目、赛项内容转化建设为课程内容、赛项标准转化完善为教学标准、赛项评价转化形成为教学评价，形成了高职机电大类多个专业的综合实训教学标准，得到高职院校普遍认可。2012 年教育部发布了第一批涉及 18 个大类的 410 个高等职业学校专业教学标准，13 个自动化技术类专业教学标准被采纳。

三、赛项设计与开发的模式、路径

赛项设计与开发是赛项引领高等职业教育专业建设与教学改革的关键。天津中德职业技术学院在进行赛项设计与开发的实践中，探索了“服务产业升级与社会需求，面向教学改革实际，聚焦综合实训教学，融入行业企业标准，采纳国际通用技术，着眼大赛教学资源转化”的开发模式。按照“社会需求调研—实际应用分析—提炼专业技术—研发竞赛实训装备—开展竞赛资源建设—举办全国性技能赛项”的赛项开发六步骤，实施了“技能赛项设计、教学资源转化、赛事国际对接、文化体验活动”为一体的系统化赛项承办组织方式。

1. 赛项设置对接产业发展和社会需求

竞赛内容设计主要源自国家支柱产业、战略新兴产业和社会生活服务领域，为产业发展和社会生活需要的技能人力服务。例如，“自动化生产线安装与调试”“机器人应用技术”等赛项开发顺应国家产业结构调整和升级的需要，紧扣了工业化进程的技术方向；“数控机床安装、调试与维护”“飞机发动机拆装与维护”等赛项，以装备制造业对人才的新需求为出发点，衔接产业升级需要；“楼宇智能化系统安装与调试”“智能电梯安装与调试”等赛项开发，以频发的电梯惊魂事件为背景，以城市让生活更美好为主调，瞄准了职业教育服务人民群众生活的需要；而“工业机械手与智能视觉系统”赛项，面对世界“智能制造”回流，以“后工业化”时代富士康事件为引子，引导高职专业向服务智能制造转型。

2. 赛项设计引导专业建设、课程改革

围绕高职机电类专业综合实训教学项目，赛项设计团队会同行业企业工程技术人员共同设计赛项内容和装备载体，从社会需求调研出发，由典型工程应用提取专业技术和生产工艺，研发竞赛实训装备，共同制定竞赛标准，研讨教学资源建设，力求为职业院校的专业与产业对接、课程实施载体与典型现场装备结合、教学与企业管理运行联系搭建一座共通的“桥梁”。

技能赛项和竞赛实训装备以专业核心技术作为统领，嵌入多项技术领域的专项技术。赛项内容和装备通过局部与整体、单体与总体、机械与电气、机构搭建与编程调试等架构组合方式，进行设计。例如，单站、双站、多站、整体联调（自动化生产线安装与调试），单梯、双梯、连梯联调（智能电梯安装与调试），居室、小区、管控中心、整体联调（楼宇智能化系统安装与调试），物料配送生产线、工业机械手搬运中心、物料仓储立体库、成品储藏库、各部联调（工业机械手与智能视觉系统）……实现引领专业综合实训课程改革，同时，为现代教学方法运用提供载体支撑。

3. 赛项标准融入行业企业标准和职业资格要求

“自动化生产线安装与调试”赛项的内容设计参照了“可编程控制系统设

计师”、“维修电工”国家职业资格标准，“楼宇智能化系统安装与调试”赛项参照了“智能楼宇师”及行业安装标准……同时，竞赛装备的开发立足于日常教学，全面融入行业企业和生产现场要素，满足职业资格取证的训练要求，满足行业企业的操作规范和工艺。赛项设计围绕专业核心技术展开，实现了专业核心技术与课程系统设置一体化、训练竞赛装备一体化、职业资格取证一体化和企业顶岗实习一体化的目标。为技能竞赛、日常专业教学有效融入行业企业标准、职业资格标准提供了支撑。

4．赛项内容对接国际通用技术、器件和工艺

在竞赛内容与装备设计开发过程中，研究和借鉴国际赛项经验，立足本土的国际化资源开发，大量选取在工业技术领域国际通用性强、应用效果好的主流技术和器件，参考现代生产工艺流程，分析典型跨国企业、高端技术企业用人标准，研究工程现场实际和综合职业能力要素，强化国际通用的“工艺考核、过程考核、功能考核和素养考核”，为赛项国际化奠定基础。

通过开发国际通用的“工程实践创新项目”、“自动化生产线安装与调试”教学装备和双语教学资源，为中国职教与国际职教对接提供了交流平台。

5．服务高职机电类专业综合实训教学

在赛项设计、开发中，将团队协作能力、计划组织能力、交流沟通能力等职业素养纳入竞赛内容，引领综合实训教学的课程设计与教法、学法改革；将专业教学中的多项技术在高仿真现场环境下进行综合应用，结合赛项内容和装备在局部与整体、单体与总体、机械与电气、机构搭建与编程调试协同设计的条件下，增强了专业课程体系中各个课程、各个实验实训场所的有机关联，融会贯通；将教师日常教学的线性流程改造为并行、综合实施流程，构建“相互平行、融合交叉”的理论和实践教学体系。

6．为赛项注入技术与文化传承、体验与经验分享

在赛项策划、设计和申报之初，联动国内外相关机构、技术企业、教学装备公司，启动配合国赛赛项的承办主题、体现赛项特点、融合技术文化传承、新技术体验和分享、生活技术文化交融的竞赛环境设计与实施。将赛项的举办与师生的技术文化体验相结合，将赛项开发设计理念体现出来。

2010年以来的四个主题体验活动：

2010年，主题为“当一天智能家居人”技术文化体验活动为“楼宇智能化系统安装与调试”赛事创设了“科普性”竞赛环境。

2011年，主题为“机器人世界体验之旅”技术文化体验活动为“机器人技术应用”赛事创设了国际主流机器人“大聚会”的展示比擂环境。

2012年，主题为“自动化穿越之旅”技术文化体验活动为“自动化生产线安装与调试”赛事创设了自动化技术“全生活”感受环境。

2013年，主题为“自动化创新之旅”技术文化体验活动为“工程实践创新项目”等多个赛事创设了自动化技术在高科技领域“创新应用”的体验环境。

四、赛项教学资源开发模式

在赛项资源建设过程中，探索了“将竞赛理念、内容、考核方式融入日常教学，将现代生产流程、技术标准、服务规范引入实践教学，将生产过程和教学过程结合”的教学资源转化模式，建设了指向技能赛项对应装置、兼顾通用性的学习资源，基于技能赛项对应专业的综合性实践教学资源，衔接国际技能赛项和教师学生开展赛项活动服务资源。

赛项资源开发立足于工程实践案例的“真度”，机电技术应用的“深度”，训练创新空间的“广度”，教学资源内容的“厚度”，软硬系统结合的“密度”，虚拟仿真形式的“效度”，教学学习过程的“乐度”，人才培养目标的“适度”，开发基于技能大赛成果，服务高职专业综合实训教学的教学资源是成为国赛遵循的“法则”。

1. 明确教学资源开发定位和形式

基于工作过程导向、面向全国职业院校技能大赛、服务于高职机电类专业综合职业能力培养的立体化教学资源，增加了职业岗位所需要的有关实例和现场环境、运行管理方式的介绍，以激发学生的学习兴趣和职业意识；编写图文并茂，以图载文，通过丰富的图表，可以使学生直观了解各种型号的设备和器件，形象清晰地展示技术要点，深入浅出，紧扣时代脉搏，使教学资源体现科学性、时代性、趣味性、可教性和可学性的特点。

2. 设计教学资源开发的架构

立体化教学资源由竞赛训练装备、彩色纸质教材、数字资源光盘、专题教学网站等四部分组成。彩色纸质教材以完成大赛项目为线索，采用任务引领、项目驱动的模式编写，由点到面，从局部到整体，由易渐繁，通过小任务学习专项技术，反映认知规律；通过大任务学习技术综合应用，体现职业属性。

教学指导、专业标准、精品课件、典型视频、题库案例、工程实景、工具器件、实训条件、教师参考、学习拓展等音视频文案资料放入配套的数字资源光盘中，使学生在使用教材时，可有的放矢地进行资讯，制定自主学习和工作计划，从教师为中心向学生为中心转换。

配套的专题学习网站是多样性、交互性的辅助资源，有力支持了课堂教学和课外学习，支撑了教师教学和“泛在式”学习。

3. 开发适合现代教学法运用的教学资源

教学资源充分适应现代职教教学方法和教学手段的运用，按照项目导向、任务驱动式组织，应用了行动导向的教学理念、项目化教学及小组式工作。每一个项目按照任务提出、信息资讯、工作步骤制定、材料准备清单、电路设计、机械装配、程序流程、项目验收、项目拓展等真实工作流程组织编写。在项目拓展部分，让学生以小组为单位完成一个创新项目，实现综合实训与综合设计的系统衔接，培养学生的创新意识和创新能力。

4. 开发推动职教国际交流的教学资源

成果建设团队在竞赛内容与装备设计中，融入国际要素，开发国际通用性教学装备，强化了国际通用的“工艺考核、过程考核、功能考核和素养考核”融合渗透，为赛项资源国际化奠定了基础。

五、结语

通过六年多的研究、实践与探索，开发的教学资源已在全国高职院校得到普遍应用，嵌入到了专业课程体系，开发了《自动化生产线安装与调试综合实训》等15门国家级精品课程和10门精品资源共享课程，建成了教育部首批信息化试点项目“基于全国高职技能赛项成果，开发机电类综合实践教学信息化应用平台”，并融入日常教学过程中，逐渐形成了职业院校的竞赛文化，有效推动了全国高职机电类人才培养质量的提升。

其中，“工程实践创新项目”“自动化生产线安装与调试”赛项英文版教学资源开发，促成了“自动化生产线安装与调试”赛项被指定为2010年、2012年东盟第八届、第九届技能大赛赛项。“工程实践创新项目”赛项成为2012年、2013年的国际化赛项，标志着中国职教成果“软实力”的国际化输出。

2013年，“飞机蒙皮技术”、“工程实践创新项目”赛项引进国外智力资源，被评为国家级引智项目。通过东盟参赛的推广，泰国机电一体化技术专业留学生班正式在学院实施。

通过实践探索的“以赛促学、以赛促教、以赛促改、以赛促建、教赛结合”的机制和途径，推动职业技能赛项开发和赛项成果转化，推进我国职业院校技能赛项国际化，扩大了我国职业教育在世界上的影响力。

——摘自《中国职业技术教育》2014，(30). 吕景泉，张兴会，汤晓华，等. “开发技能赛项及其教学资源推进高职机电类专业综合实训教学的改革与实践”

第七章

鲁班工坊的发展构型

解析鲁班工坊核心要义的金字塔“静态构型”发现，鲁班工坊的五个建设原则是所有五层15个要素的基础，在核心要义的应用层面需要针对国际合作的现实情况构建相应的实施策略。在平等合作原则上可考虑探索实施成果分享与发展认同并重的策略，在优质优先原则上可考虑探索实施稳步推进与自信自强并重的策略，在重能强技原则上可考虑实施人才培养与人文交流并重的策略，在产教融合原则上可考虑实施教育教学与五业联动并重的策略，在因地制宜原则上可考虑实施国际合作与扎根本土并重的策略。这些基于核心要义五项建设原则的实施策略在内容上需要系统构建，在发展上需要在实践中不断加以验证、修正和完善。

解析鲁班工坊知行合一的双螺旋“动态构型”发现，鲁班工坊发展进入新征程之后，发展实践方面，在区域上形成了亚洲、非洲、欧洲三大区域，而建设重点则聚焦于上海合作组织国家、东盟国家和非洲国家；认知倾向上在三大区域的建设策略上出现了新的理论创新，聚焦于重点发展区域的发展策略有待理论构建。

今后相当长一段时间内，鲁班工坊核心要义及其运用在区域发展理论创新和策略构建方面需要应时而生。

【此文成稿于 2021 年 12 月】

2016 年以来，中国的职业院校和应用型本科院校走出国门开展境外办学，创建了一种与世界分享中国职业教育成果在当地培养技术技能人才的新型教育国际合作形式，即鲁班工坊。截止 2021 年 11 月，天津的院校已经在亚洲、欧洲、非洲 18 个国家揭牌运营了 19 个鲁班工坊，其中亚洲 5 个，欧洲 3 个，非洲 11 个。作为一种新的教育国际合作模式，鲁班工坊品牌创设过程中需要对其建设原则、内涵、路径、功能和品牌，以及在启动运营过程中的标准、机制和质量保证等进行系统性的规范。在鲁班工坊的创始策源地，天津的项目建设团队针对鲁班工坊的建设、运营与发展开展了系统性的研究，研发了鲁班工坊核心要义，在鲁班工坊建设实践中发挥了指导性的作用。对核心要义的内容和结构进行解析，有助于在鲁班工坊建设新征程中构建和发展中国职业教育国际合作的话语体系，并完善与世界分享中国方案的合作机制。

一、鲁班工坊及其核心要义

鲁班工坊，是以国家现代职业教育改革创新示范区建设成果为支撑，以平等合作、优质优先、重能强技、产教融合、因地制宜为建设原则，以“工程实践创新项目（EPIP）”为教学模式，以国际化专业教学标准为基本依据，以全国职业院校技能大赛赛项装备为主要载体，以师资培训先行和教学资源开发为必要保障，通过国际化的校际合作、校企合作和政府间项目合作在境外创建的实施学历教育和技术培训的实体化合作机构，是在境外为当地培养熟悉中国技术、了解中国工艺、认知中国产品的本土化技术技能人才而创设的职业教育国际合作品牌。

鲁班工坊于 2015 年 9 月萌动于“国家现代职业教育改革创新示范区”的国际化架构设计中，6 个月后，天津渤海职业技术学院与泰国大城技术学院合作设立了全球第一个鲁班工坊，鲁班工坊的建设与研究以此开端。三年内，天津的院校在英国、印度、印尼和巴基斯坦又陆续探索建设了4所鲁班工坊，鲁班工坊的建设与发展完成了初创期的实践探索与理论准备。2018年9月，习近平主席在中非合作论坛北京峰会上宣布将在非洲设立10个鲁班工坊，向非洲青年提供职业技能培训。之后三年，14个鲁班工坊在柬埔寨、葡萄牙、吉布提、肯尼亚等13个国家相继落成，鲁班工坊的建设与发展臻于成熟。2021年9月，习近平主席在上海合作组织元首理事会宣布将在上海合作组织国家建成10所鲁班工坊；同年11月，习近平主席在中非合作论坛第八次部长级会议开幕式宣布，中国将继续同非洲国家合作设立鲁班工坊。自此，鲁班工坊的发展开启了新的征程。

作为一个富涵中国古代班墨文化与近现代职业教育成果的国际品牌，鲁班工坊从宗旨目标到标识品牌，从办学功能到实施路径，从主旨要义到建设原则，都形成了一整套指导规程。这些规程是鲁班工坊建设团队在多年的实践研究中形成的经验总结和理论升华，被称为鲁班工坊核心要义。对鲁班工坊核心要义进行基于内容的静态考察和基于发展的动态考察，有助于把握其核心要义之内涵内容与内涵拓展的辩证关系，在为新阶段鲁班工坊的建设与发展提供规程指导的同时，进一步构建和完善中国职业教育的话语体系、发展模式、建设标准、机制体系，推出中国职业教育国际合作的整体解决方案。

鲁班工坊的定义，是基于核心要义而提出来的。鲁班工坊首创者与建设团队将核心要义的内容凝练为“12345”，即“一个品牌，两个功能，三个路径，四个内涵和五个建设原则”。具体来说，一个品牌是指鲁班工坊是中国职业教育国际合作与对外人文交流的品牌，其核心目标是培养适应当地经济社会发展需要的技术技能人才；两种功能是在当地开展培养技术技能人才的学历教育和专业培训；三条路径是在建设鲁班工坊过程中依托的是国际化的校际合作、国际化的校企合作以及国家政府间的项目合作；四个内涵是指鲁班工坊建设与运营的教学模式、基本依据、主要载体和必要保障，即“工程实践创新项目（EPIP）”，教育部主导下职业院校开发的国际化专业教学标准，全国职业院校技能大赛赛项装备，以及师资培训先行和教材教学资源开发；五个原则是指鲁班工坊建设中要根据“平等合作、优质优先、强能重技、产教融合、因地制宜”的要求实施。

二、鲁班工坊核心要义的静态构型

1. 核心要义的金字塔结构及其时空解析

从形态上看,鲁班工坊核心要义的内容建立了一种金字塔状的静态构型(见图7–1)。在这种构型中,处于金字塔构型第一层的是建设鲁班工坊的五个原则,是经过实践验证和检验并完善发展而来的理论贡献,事关鲁班工坊建设中合作主体的相互认同与责任共担、品牌本质与质量保障、项目定位与装备选配、人才培养与服务社会、标准规范与实际诉求,是在项目建设伊始就要执行并且应贯穿鲁班工坊建设运营全过程的行动准则,是核心要义的基础要素。处于金字塔构型第二层是鲁班工坊建设与运营的四个内涵,这四个内涵是鲁班工坊建设的具化内容,系统说明了鲁班工坊在海外办学过程中对于教学模式、专业标准、教学设施、师资队伍和教材资源等核心教育要素的建设内容,是鲁班工坊核心要义的主旨内涵,也是创设中国职业教育国际合作话语体系关键所在。处于金字塔构型第三层的是鲁班工坊项目开发与合作的三条基本途径,这三条路径所包含的政府、行业、企业、学校与研究机构之间的国际化互信合作是鲁班工坊共研、共建、共享、共用、共赢“五共”机制的必要条件,是实现鲁班工坊两大本土育人功能而创设品牌的必由之路。处于金字塔构型第四层的是鲁班工坊建设与运营所要最终实现的两个功能,是鲁班工坊作为一个教育机构所提供的教育产品从学历和学习性质方面的规定,也是鲁班工坊作为一个教育实体能够向当地经济社会发展所提供的教育产出的类型,即经过系统专业教育获得学历证书的毕业生和经过专门培训获得专门技能的技术人才,这是鲁班工坊在海外落地的现实意义所在。处于金字塔构型顶端的是前四层所指导的建设行动、内容、路径所实现功能的最终目的指向所在,那就是通过培养适应当地经济社会发展所需的技术技能人才而创设中国职业教育国际合作品牌。

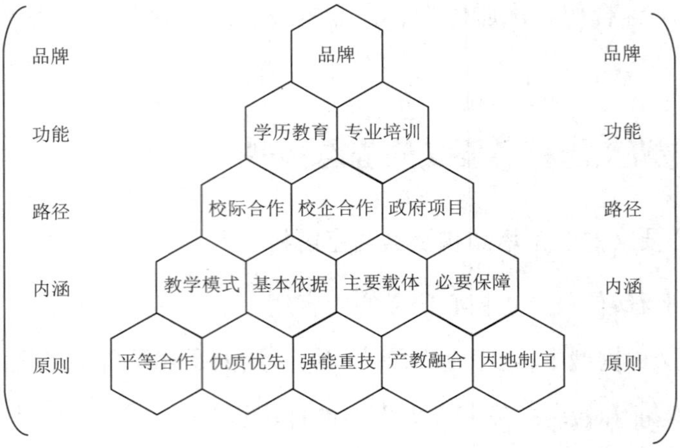

图 7-1　鲁班工坊核心要义的静态构型

这种金字塔构型除了具有核心要义内容的空间排列属性外，还有一种要义行动的时间继起属性。在时间方面，沿着核心要义静态构型逐层而上，实际上正是鲁班工坊“意向决策—项目开发—落地运行—实现功能—树立品牌”的建设与发展的时间路径。沿着这条路径，鲁班工坊从合作初期确定合作原则和遴选合作伙伴，到把中国职业教育创新发展的优秀成果开发成国际合作项目，进而依托合作方式确定的合作路径开展境外办学，从而发挥学历教育和专业培训两个功能，最终实现为当地培养技术技能人才的核心目标并打造了职业教育国际合作的品牌。如此，核心要义的静态构型在空间与时间两方面诠释了鲁班工坊的建设要求。

2. 金字塔构型的话语体系线索

考察鲁班工坊核心要义静态构型的空间与时间属性，可以发现，这个构型里蕴涵了一条构建中国职业教育话语体系的线索。从核心要义的内容空间考察，五个原则从总体上确定了合作各方在鲁班工坊建设与运营中的角色地位以及合作的方向、重点、方式与机制等，这种制度设计下各方合作的前提和基础就是对于中国职业教育创新发展的认同。在五个原则基础上，中方院校将中国职业教育创新发展的优秀成果，也就是核心要义的四个主旨内涵，提供出来与合作伙伴共研共建、共享、共用、共赢，而作为合作基础的工程实践创新项目（EPIP）教学模式、国际化专业教学标准、全国职业院校技能大赛赛项装备、师资培训和教学资源这些主旨内涵无不是以中国话语表述并以此为基础进行项目开发的，这四个主旨内涵开发的过程本身就是中国职业教育话语体系在境外落地生根的实践。至于通过院校、企业和政府之间的国际合作确定鲁班工坊境外办学方式和路径，则是共同建设了一个话语体系的传播媒介或机制。在国际化校际合作、国际化校企合作和政府间项目合作的机制下，鲁班工坊作为一个以中国职业教育话语体系打造的平台，向当地提供的学历教育和技术培训等教育产品也必然是具有话语体系特性的，因而培养出来的人才在熟悉中国技术、了解中国工艺、认知中国产品方面具有先天优势。在国际产能合作和全球化背景下，鲁班工坊与世界分享中国职业教育优秀方案，服务当地经济社会发展与国际合作，所形成的国际合作品牌必然凝结着中国职业教育话语体系的“核”。

3．金字塔构型的功能特征及寓意

解析鲁班工坊核心要义静态构型的时空属性，可以发现鲁班工坊核心要义在静态上具有核心性、稳定性和指导性等功能特征。所谓核心性是指核心要义在内容上对鲁班工坊的建设原则、核心内涵、合作路径、办学功能以及品牌宗旨等进行了系统化、体系化的深度凝练，是定义、判断和评价一个境外教育机构是否可以称作鲁班工坊以及是否是一个合格的鲁班工坊的根本准绳，这是鲁班工坊核心要义的关键所在。所谓稳定性，一方面来自具有内容空间和行动时间双重属性的金字塔构型的几何稳定性特征，另外一方面也源自对亚、欧、非三大洲 18 个国家 19 个鲁班工坊建设经验的系统总结与理论升华，由此归纳沉淀下来的智慧与经验对未来的建设与运营必然提供了共同的通用之策，是一种整体的、系统化的解决方案，能够在相当长的时间跨度内保持内容的稳定并发挥鲁班工坊建设指导作用，这是坚持鲁班工坊核心要义的现实逻辑。而所谓指导性是核心要义在理论上、行动上、内容上对于中国院校走出国门与世界分享中国教育创新发展的成果提供了权威的指导方案，是“品牌化”建设反映中国职业教育话语体系的鲁班工坊的根本保证。

核心要义静态构型的核心性、稳定性和指导性三个功能特征蕴含的意义就是要在实践中坚持运用鲁班工坊核心要义，坚持使用核心要义指导鲁班工坊的建设，规范鲁班工坊的发展，构建中国职业教育国际合作的话语体系，提升项目品牌质量。

三、鲁班工坊核心要义的动态构型

1. 核心要义的发展属性

知行合一是鲁班工坊核心要义在形成与发展过程中呈现出来的特征与属性。鲁班工坊“萌动于国家职业教育改革试验区建设，发端于国家职业教育改革创新示范区建设，起步于国家现代职业教育改革创新示范区建设，成熟于服务‘一带一路’，促进国际产能合作，助力构建人类命运共同体，定型于上升为国家战略”。其核心要义并非一蹴而就，而是项目建设团队在泰国、英国、印度、印尼等 8 个鲁班工坊的建设与运营实践探索中不断进行经验总结和理论创新而逐渐成型的，并且在后续肯尼亚、埃塞俄比亚、保加利亚等 11 个鲁班工坊的建成和其他鲁班工坊的筹建中得到验证、完善和发展，具有动态的发展属性，是对于鲁班工坊的认知和实践在动态发展过程中辩证统一的结果。2015 年 9 月，鲁班工坊项目建设团队在“国家现代职业教育改革创新示范区”国际化进程中开始谋划与设计鲁班工坊出海方案；2016 年 3 月至 2018 年 9 月，5 个鲁班工坊在泰国、英国、印度、印尼和巴基斯坦建成，完成了鲁班工坊建设项目从务虚走向务实，从设计走向实施，从推演走向实战的实验探索，鲁班工坊的定位、目标、内涵、路径和模式等建设与运营的解决方案逐渐成型成熟，并集大成于鲁班工坊核心要义；2018 年 9 月到 2021 年 9 月，随着柬埔寨、葡萄牙鲁班工坊和非洲一批鲁班工坊的建成及运营，建设团队在坚持与运用鲁班工坊核心要义的基础上着重开展了对鲁班工坊空间布局、专业布局、区域发展协同等方面的研究，核心要义的运用在实践中得到充分验证和发展；2021 年 9 月开始，鲁班工坊的发展进入新征程，上海合作组织国家、非洲国家和东盟国家成为鲁班工坊建设与发展的重点目标区域，鲁班工坊的发展战略与核心要义的运用策略满足了理论指导实践与引领创新的需求。回顾鲁班工坊品牌建设的进程以及核心要义的形成与运用过程可以发现，鲁班工坊的发展与核心要义的形成二者是相辅相成的，鲁班工坊从建设摸索到规范发展的实践过程正是核心要义从理论策源到运用指导的升华过程，对这一过程的构型进行分析能够解析出鲁班工坊核心要义的动态特征及创新方向。

2. 核心要义的双螺旋动态构型

双螺旋是沃森（Watson）和克里克（Crick）于20世纪50年代发现并提出的关于细胞基因结构的生物学理论，根据该理论，生物基因是由两条反向平行的长链构成的，生物体内的遗传信息隐藏在基因的要素排列中并通过基因复制进行传递。该理论除了推动生命科学的发展，还被引入到社会科学的研究中，亨利·埃茨科威滋曾使用螺旋理论解释了大学、产业和政府之间的创新关系。

鲁班工坊建设与核心要义在辩证关系上是知行合一。如果把鲁班工坊的建设与运营实践当成一条知行合一中的“行”主线，把核心要义的理论形成与创新发展当成知行合一的“知”主线，把实践探索与理论创新作为行动与认知结合的配对机制，那么鲁班工坊事业发展与核心要义的动态发展在结构上也呈现出一种类似于双螺旋的上升构型。将鲁班工坊发展的历史事件与理论创新研究纳入这个构型中，将形成一个非常长而复杂的双螺旋结构。截取部分关键时间点上的片段信息将这个双螺旋过程压缩，能够解析出鲁班工坊建设过程中的知行合一特征。我们的尝试如下：截取19个鲁班工坊的建设与行动内容作为“行”主链上的排列要素，将每一个鲁班工坊作为行动内容与另一条链上理论认知的互动配对对象，这样就构造了一条鲁班工坊事业发展中的实践链；另一方面，选取2016年到2021年期间论述鲁班工坊核心要义的10篇文献作为对鲁班工坊理论创新发展的认知载体，将其作为与鲁班工坊行动链配对的认知主链上的互动对象，将这10篇文献中所论述的核心要义5层15个要素及其运用发展策略按时间顺序解析出来并排列成认知主链上的认知内容，这些要素通过经验总结和理论创新等认知形式串联起来，从而构造出鲁班工坊事业发展中的认知链。如此，按照时间顺序排列组合，鲁班工坊事业发展的实践链上的每一个鲁班工坊与相应时间段上的文献相配对，将行动实践与理论认知进行互动，形成了鲁班工坊事业发展过程中建设实践与理论认知互动融合发展的双螺旋结构，如图7–2所示。

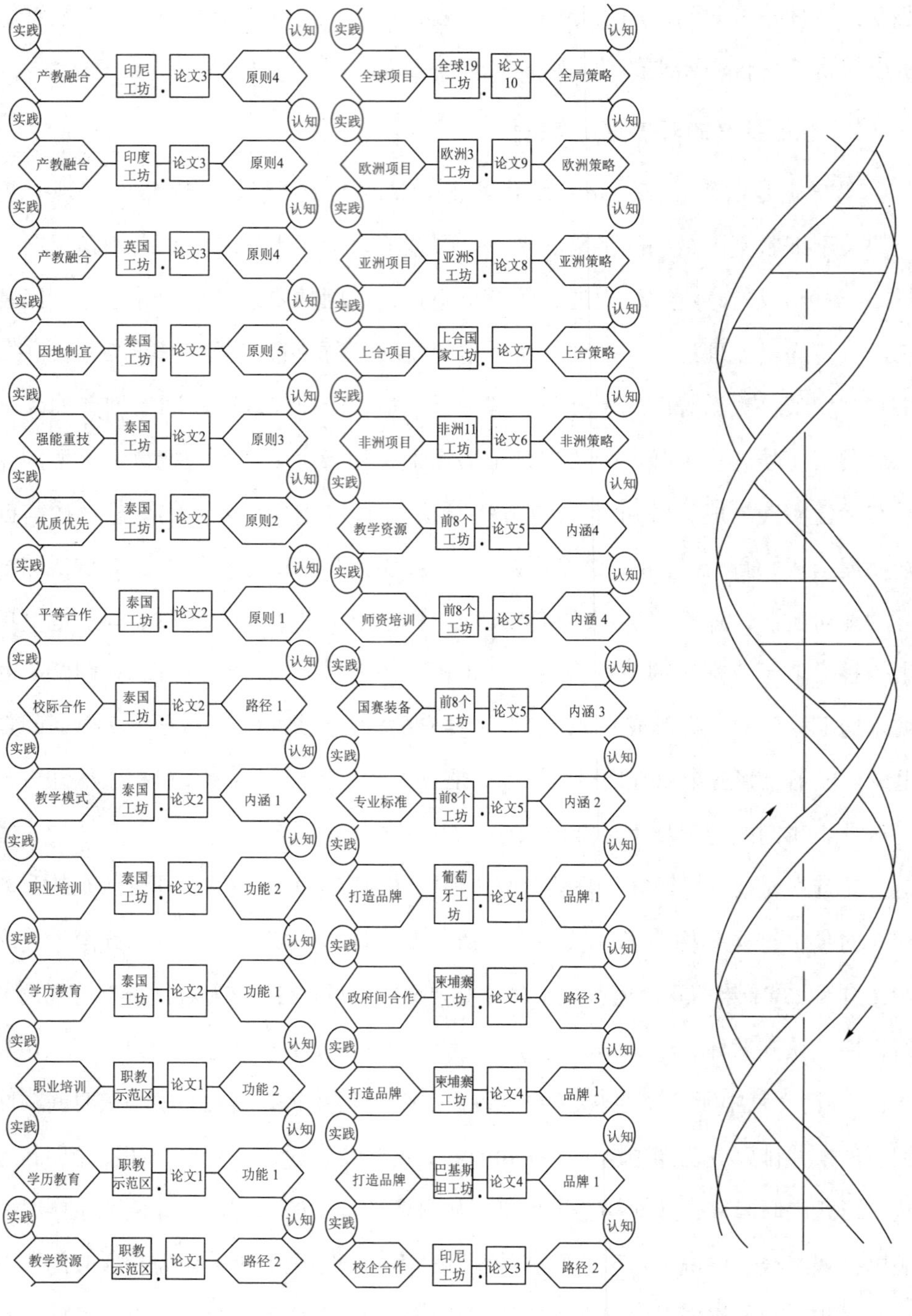

图 7-2　鲁班工坊事业发展与理论认知的双螺旋构型

图 7–2 中出现的 10 篇论文按编号分别是①《“五大理念”引领国家现代职业教育改革创新示范区发展》（2016）②《“鲁班工坊”——职业教育国际化发展的新支点》（2017）③《服务“一带一路”，职业教育的新作为——“鲁班工坊”》（2018）④《鲁班工坊——中国职业教育国际知名品牌》（2019）⑤《鲁班工坊的核心内涵——中国职业教育的国际品牌》（2020）⑥《非洲鲁班工坊项目建设、发展策略及管理政策研究》（2021）⑦《“一带一路”下以上合组织为框架推动中亚鲁班工坊项目建设之思考》（2021）⑧《亚洲鲁班工坊项目建设、品牌创建及推广应用研究》（2021）⑨《欧洲鲁班工坊项目建设、品牌创建及推广应用研究》（2021）⑩《鲁班工坊溯源，国际品牌创成，内涵要义构建，发展策略研究》（2021）；品牌、功能、路径、内涵和原则按其编号分别代表鲁班工坊核心要义金字塔构型中每一层自左至右的每一个具体内容，例如内涵 1 就代表鲁班工坊的教学模式“工程实践创新项目（EPIP）”，原则 2 就代表鲁班工坊的建设原则“优质优先”，以此类推。

3．双螺旋动态构型的功能特征

解析图 7–2 所示的鲁班工坊行动与认知的双螺旋结构图谱可以发现，鲁班工坊基因组合所隐藏的话语信息及功能表达具有核心性、发展性和互动性等特征。

（1）核心性

生物的多样性隐藏在基因序列的长度和组合中，而生物生命的关键特征则是少数或部分基因片段的组合排列所决定的基因表达，也就是说少数关键基因片段决定着生物物种特征和生命健康程度。鲁班工坊知行合一的双螺旋构型也具有这种少数关键因素决定事业整体特性与发展潜力的属性。实际上，鲁班工坊事业发展过程中的每一个行动要素点，大至工坊建成并启动运营，小至课堂教学，都可以纳入双螺旋的实践链中；对于鲁班工坊的每一个认知要素点，大至品牌与战略，小至标识与断语，都可以纳入双螺旋的认知链中。从这些数量巨大的行动集合与认知集合中提炼出来的关键要素整合而成的双螺旋构型片段是鲁班工坊实践与理论的关键要素，其中实践链要素是鲁班工坊事业发展的一个个里程碑或者说是标志性事件，而认知链则是对这些标志性事件进行经验总结和理论创新而成的抽象集合，因而这两条链从实践和认知两方面反映着鲁班工坊发展过程中必需的具体行动和关键的抽象认知，以此提炼出的行动和理念成为鲁班工坊建设与发展的核心，因而可以命名为鲁班工坊核心要义。

（2）发展性

鲁班工坊核心要义是在鲁班工坊建设与运营的过程中不断进行经验总结和理论创新并且到实践中验证效用并完善而形成的，这种形成过程是一种以时间为标度的动态过程，螺旋上升的发展性是这种动态过程的特征和属性。鲁班工坊知行合一的双螺旋发展构型中，实践链和认知链都是按照出现时间先后而截取排列的，反映的是一种基于时间的变动，而这种变动是上升的、积极的、全面的，是一种发展性质的变动。从实践链看，每一个片段都代表着某个鲁班工坊在建设中解决的一个系统问题，而对应的认知链则代表着某一篇文章对此进行经验总结和理论创新凝聚而成的要义。

纵观整条螺旋构型，鲁班工坊的核心要义是在国家现代职业教育改革创新示范区建设中于 2015 年开始架构并体现在 2016 年初的一篇文章中，该文章贡献了两个功能和一个路径。在建设了 8 个鲁班工坊之后，核心要义才系统总结而成型，其中，2016 年揭牌运营的泰国鲁班工坊建设实践和 2017 年发表的一篇文章贡献或验证了核心要义的 8 个要素，即两个功能、两个内涵、一个路径和四个原则；2017 年揭牌的英国、印度和印尼鲁班工坊和 2018 年发表的一篇文章贡献了核心要义的两个要素，即一个原则和一个路径；2018 年揭牌的巴基斯坦、柬埔寨、葡萄牙三个鲁班工坊和 2018 年、2019 年发表的 2 篇文章贡献了核心要义的两个要素，即一个品牌和一个路径；2019 年揭牌的吉普提鲁班工坊以及在其揭牌之后截稿的一篇文章总结完善了鲁班工坊的另外三个内涵，最终在 8 个鲁班工坊的建设实践与理论创新中完成了鲁班工坊核心要义的系统阐述。2019 ～ 2021 年揭牌的肯尼亚、南非等 10 个鲁班工坊以及在 2021 年 5 月发表的一篇文章系统阐述了鲁班工坊在非洲的建设策略，也即核心要义的运用策略，当年 9 月份发表的另外一篇文章则阐述了鲁班工坊核心要义的致用之道。在亚洲5个鲁班工坊建设与运营的基础上，2021年10月份的一篇文章系统论述了亚洲鲁班工坊建设中核心要义的运用策略；在欧洲鲁班工坊建设与运营的基础上，2021年11月一篇文章系统论述了欧洲鲁班工坊建设中核心要义的运用策略。总体而言，鲁班工坊核心要义是在实践中不断完善发展而来的，随着时间标度从核心要义的各个要素点的总结凝练逐渐形成要义体系，之后深化发展成要义的应用及策略，呈现出一种发展的上升的属性和特征。

（3）互动性

鲁班工坊建设的行动要素与核心要义的认知要素是在实践中互动发展形成的。在认识论上，鲁班工坊的建设实践为核心要义的理论认知提供了认知基础，核心要义为建设实践提供了理论指导，二者是在实践中互动上升实现鲁班工坊事业的不断壮大和健康发展的。考察鲁班工坊知行合一的双螺旋构型中实践链和行动链在时间标度中的出现次序能够清晰地发现这一逻辑表现。横向看，鲁班工坊核心要义5层15个要素并不是同时出现和凝练而出的，其中品牌这个要素是在建设了7个鲁班工坊在第四篇文章中才提出的；两个功能是在国家现代职业教育改革创新示范区建设和泰国鲁班工坊建设后在第一篇文章中构思并在第二篇文章中验证确认的；三个路径这三个要素是在建设了4个鲁班工坊后在第四篇文章中提出，其中第三个路径要素是在第6个鲁班工坊（柬埔寨）中验证的；四个内涵中第一个要素出现于泰国鲁班工坊的建设中并在第二篇文章中提出，而另外三个要素则是在前8个鲁班工坊建设完成后在第五篇文章中才系统总结完善提出的；五个原则中的4个要素是在第一个鲁班工坊和第二篇文章中提出来的，第五个要素则是在前四个鲁班工坊揭牌后在第三篇文章中提出的。核心要义的15个要素是在鲁班工坊建设的不同时间点出现并随后指导了后续鲁班工坊的建设。这种知行合一的双螺旋发展构型基于时间标度的排序序列决定了鲁班工坊建设与核心要义的发展之间互动性的表达，其实质是认识论中理论与实践的辩证关系。

4．鲁班工坊双螺旋构型的寓意

名实耦，合也。鲁班工坊是身体，核心要义是灵魂。作为鲁班工坊实体及其建设行动的“实”，只有与对鲁班工坊理论认知和规范指导的“名”相辅相成且融合发展，才能推动鲁班工坊在正确的道路上健康发展。有关鲁班工坊的一切行动逻辑和理论演化都蕴含在核心要义知行合一的双螺旋动态发展构型中，破解了这条双螺旋构型链条所就掌握了鲁班工坊建设、运营与发展的密码，这是鲁班工坊双螺旋构型的寓意所在。

沿着鲁班工坊知行合一的双螺旋构型序列解读鲁班工坊核心要义的发展脉络发现，核心要义从萌动，到架构，到元素出现，到体系完整经历了 8 个鲁班工坊的建设，之后经历了 11 个鲁班工坊的实践验证并发展出布局与区域建设的要义运用策略，形成了对核心要义的内涵拓展。也就是说，在鲁班工坊核心要义动态发展趋势在内涵拓展方面有一个方向是运用策略，这是理论发展与验证完善的需要，也是鲁班工坊在新征程阶段的实践需要。

四、核心要义构型的比较分析

鲁班工坊核心要义的静态构型以核心性、稳定性和指导性为功能特征，其动态构型以核心性、发展性和互动性为特征，这两个构型既有联系又有区别。二者的主要联系在于二者都集中反映了核心要义在对鲁班工坊认知和指导鲁班工坊建设运营过程中的核心地位，无论在静态中还是在发展中都是鲁班工坊经验总结和理论创新的核心要素。二者的区别在于，静态构型反映的是集大成的体系化的鲁班工坊核心要义的完整内容，虽然也具有时空属性，但其反映的是核心要义的运用进程而非形成与发展的演进过程，因而仍然是一种静态的内容表达；而动态构型是真正以时间为标度描述核心要义在鲁班工坊建设实践与认知的相互融通的双螺旋演进过程，除了表达核心要义的内容，还具有发展核心要义的含义。从静态金字塔构型与动态双螺旋构型的辩证关系看，理解静态构型是为了更好地坚持核心要义，坚持其在鲁班工坊建设、运营与发展中的指导地位；理解动态构型则是为了掌握核心要义的形成规律并预见未来的实践需要和理论创新方向。坚持是为了更好的发展。就目前的发展需要而言，在应用层面，坚持和应用鲁班工坊核心要义至少需要在标准、机制和策略方面加以拓展。

解析鲁班工坊核心要义内容的金字塔静态构型发现，鲁班工坊的五个建设原则是所有五层 15 个要素的基础，在核心要义的应用层面需要针对国际合作的现实情况构建相应的实施策略。在平等合作原则上可考虑探索实施成果分享与发展认同并重的策略，在优质优先原则上可考虑探索实施稳步推进与自信自强并重的策略，在重能强技原则上可考虑实施人才培养与人文交流并重的策略，在产教融合原则上可考虑实施教育教学与五业联动并重的策略，在因地制宜原则上可考虑实施国际合作与扎根本土并重的策略。这些基于核心要义五项建设原则的实施策略在内容上需要系统构建，在发展上需要在实践中不断加以验证、修正和完善。

解析鲁班工坊知行合一的双螺旋动态构型发现，鲁班工坊进入新的发展征程后，发展实践方面，在区域上形成了亚洲、非洲、欧洲三大区域，而建设重点则聚焦于上海合作组织国家、东盟国家和非洲国家；认知倾向上在三大区域的建设策略上出现了新的理论创新，聚焦于重点发展区域的发展策略有待理论构建。因此，今后相当长一段时间内，鲁班工坊核心要义及其运用在区域发展理论创新和策略构建方面需要应时而生。

五、归结

鲁班工坊核心要义是在鲁班工坊建设实践与认知提升中不断进行经验总结、理论创新和验证完善而提出的关于鲁班工坊建设、运营与发展的根本指南。对核心要义内容的静态分析发现核心要义具有核心性、稳定性和指导性三个功能特征，以此论证了坚持使用核心要义指导和规范鲁班工坊建设的现实逻辑；对鲁班工坊建设实践与理论创新的动态分析发现核心要义具有核心性、发展性和互动性三个功能特征，以此论证了在实践基础上进行经验总结和理论创新以继续发展核心要义的发展逻辑；在论述静态内容与动态发展辩证关系的基础上，鲁班工坊核心要义的应用策略和内涵拓展方向得以解析，其中三个重要的发展方向是标准研制、机制完善与策略构建。

我们的贡献在于首次从核心要义内容和鲁班工坊建设过程两个方面对核心

要义进行结构性的解构，从静态方面提出了核心要义内容的金字塔构型，从动态方面提出了鲁班工坊建设知行合一的双螺旋发展构型，并基于两种结构的辩证关系对核心要义及其运用的内涵拓展和理论创新方向进行了预判。

鲁班工坊是身体，核心要义是灵魂，是为归结。

——此文待发表．张磊．“鲁班工坊核心要义的构型及特征解析”

第八章

鲁班工坊的著述采撷

2017年5月，《鲁班工坊——职业教育国际合作新支点》由中国铁道出版社出版，该书采用图文并茂、中英文双语方式，详细记录了天津渤海职业技术学院与泰国大城技术学院创建首个“鲁班工坊”的历程，成为第一本出现“鲁班工坊”书名的著述。

2018年10月，《鲁班工坊》出版，全书21.9万字，图文并茂，全面记录了“鲁班工坊”的建设进程、内涵标准、工作路径、业绩成效等，同时介绍了鲁班工坊建设·体验馆情况，成为第一本初步阐释鲁班工坊的建设理论和建设实践的权威性著作。

2019年9月，《鲁班工坊核心要义——中国职业教育的国际品牌》出版，该书入选“中华文化走出去工作重点任务清单目录”，也是教育部重点课题“‘一带一路’视域下海外鲁班工坊建设的标准化模式”的重要成果。著作详细阐述了鲁班工坊的核心要义，多角度翔实阐释了鲁班工坊的品牌内涵、建设意义和重要成果，多维度详尽介绍了天津原创首创，并率先推动实施的职业教育国际品牌“鲁班工坊”的坚实历程及上升为国家战略的探索过程。2020年8月，*KEY PRINCIPLES OF LUBAN WORKSHOP*由英国出版社New Classic Press出版。2021年3月，该书的葡萄牙文版出版。

2021年，《鲁班工坊（LUBAN WORKSHOP）解析》《工程实践创新项目（EPIP）解析》《技能大赛（ChinaSkills）解析》由中国铁道出版社出版，成为对“鲁班工坊”最重要、最深入、最透彻的论述著作。

第一节 鲁班工坊（LUBAN WORKSHOP）解析

一、著述之“前言”

鲁班工坊，是天津的，是中国的，也是世界的。

鲁班工坊，是天津职业教育首创原创，天津职业院校率先组织实施，历经实践探索，理论研究，经验总结，模式推广，而创立的中国职业教育国际品牌。

1866年，中国第一所新式学堂“船政学堂”诞生，中国采取借鉴学习、消化吸收的“引进来”；2016年，首个“鲁班工坊”在泰国揭牌启运，接续欧洲第一个鲁班工坊、非洲第一个鲁班工坊启动运营，中国职业教育的模式、标准、装备、教材与世界分享，在境外建立实体机构开展学历教育与技术培训。鲁班工坊，培养合作国经济社会发展急需的高素质技术技能人才，为“一带一路”倡议服务，为国际产能合作服务，为构建人类命运共同体服务。

鲁班工坊，是中国职业教育实施国际化、品牌化、系统化、体系化对外合作而绘就的“大写意”，是精心设计、精工制造、精雕细刻、精益求精开展国际产教融合而绘制的“工笔画”。

习近平主席于2018年中非合作论坛北京峰会上宣布，在非洲设立10个鲁班工坊。同年，习近平主席见证葡萄牙鲁班工坊建设项目签约仪式。鲁班工坊，成为国家战略，是中国职业教育的国际知名品牌。

本书作者，作为鲁班工坊的首倡者，也是首创并牵头研制、组织并推动实施鲁班工坊项目的建设者，为了让读者更好地了解、理解鲁班工坊，对鲁班工坊进行了解构、解密，对鲁班工坊进行了分解、分析，多维度、情景化、现场式、史诗性地“解析”了鲁班工坊，以求将真实真正真境的“鲁班工坊”呈现给读者。

本书主题已入选“中华文化走出去工作重点任务清单项目”，可供职业教育的专家学者和职业院校同仁参考，可作为中国对外人文交流、国际教育合作，特别是从事鲁班工坊项目建设与研究的同仁分享使用。

2021年4月28日

二、著述之“后记”

鲁班工坊，像EPIP教学模式、职业技能大赛一样，在我们的心中占据着很大很大的一方领地。在我30多年职业生涯里，它可算是职业实践积累、发酵、感悟、创成的一次聚合性“集大成”。

鲁班工坊是什么？

鲁班工坊是“集大成”。

鲁班工坊，是天津职业教育试验区发展、示范区改革、升级版创新的成果集大成，是中国职业教育内涵发展、质量提升、改革创新的成果集大成“呈现”，是中国经济社会转型发展、提质升级、改革创新的成果集大成“展现”。

鲁班工坊，是天津职业院校办学成果、教学成果、领导水平、服务能力的集大成，是天津职教人勇担当、敢作为、干实事、讲奉献的集大成“呈现”；是中国职教人勇于实践、敢于开拓、求真务实、家国情怀的集大成“展现”。

静心想，对于自己，作为项目建设者，鲁班工坊，也是职业精神、职业实践、职业成果的集大成。它是自己从事职业教育的教学实践、管理实践、服务实践的一次集大成；是从事中德职教办学实践、中西（西班牙）职教办学实践、中加（加拿大）职教办学实践近30年、近20年、近10年，开展欧洲、日本、美国、加拿大、澳大利亚、东盟、非洲实地研修及项目研究的集大成；是对中国职教学习、实践、研究、转化、发展，对国际职教理论、模式、体系、话语、方法进行深入鉴别、梳理、提炼、试验、总结的集大成；更是将教学模式创设、国赛赛项研发、国际化专业研制、国家精品课程建设、国家教学名师成长、国家教学团队资源、“政行企校研”协同等方面的经验成果进行整合、结合、融合的一次集大成。

鲁班工坊，是中国职教品牌系统性、体系化与世界分享的“集大成”。

陶行知讲过，要敢探未发明的新理，要敢入未开化的边疆。在教育界，有胆量创造的人，即是创造的教育家。有胆量开辟的人，即是开辟的教育家。他们都是第一流的教育家。

2018年秋天，我们陪同市领导去教育部，向孙尧副部长汇报葡萄牙鲁班工坊建设。来去的路上，王璟提出，要好好总结一下“天津职教精神”。

在短短数年间，天津职教人摘获首个国家职业教育领域教学成果“特等奖”，通过职教示范区验收，成功升级为国家唯一现代职教示范区，创设中国第一所应用技术大学，作为永久主赛区连续举办国赛十余届，开创“五业联动”产教融合办学模式，创立工程实践创新项目（EPIP）教学模式，构建“倾心、聚力、精准、重效”职业教育帮扶机制，探索“共研、共建、共享、共用、共赢”协同机制，首创原创、率先实施“鲁班工坊”项目，建成国赛博物馆、鲁班工坊体验馆、思政教育实践基地……天津职业教育有一种精神，天津职业院校、天津职教人有一种精神。

如果要找寻鲁班工坊“成功密码”，那就是天津职教精神，中国职教精神。

职业教育，是最讲究“职业”的。其核心是职业精神，职业追求，职业梦想；是个性发展，服务社会，造福人类。我们全身心地投入创造，深深地爱护它，我们用心、用力、用情呵护它。它就是，鲁班工坊！ LUBAN WORKSHOP!

鲁班工坊究竟会是什么？

鲁班工坊，是中国职业教育在国际教育合作、世界产教融合领域开辟先河的大事件，是近代以来中国职业教育发展史上具有里程碑意义的大事变，对新时代中国特色职业教育的高质量发展乃至中国走向教育强国，具有深远的历史意义、长远的现实意义。

2021年4月28日，天津职业技术师范大学承建的埃塞俄比亚鲁班工坊“云揭牌”启动运营，这是在埃塞俄比亚首都亚的斯贝巴的埃塞俄比亚技术大学建成的鲁班工坊，这是在非洲联盟总部所在国埃塞俄比亚建成的鲁班工坊，这是为服务埃塞俄比亚“2025年成为非洲制造中心”的产业发展目标，助力非洲联盟“2063年愿景”而建设的鲁班工坊。

2021年4月29日

第二节　工程实践创新项目（EPIP）解析

一、著述之“前言”

“工程实践创新项目（EPIP）”，是一种适合技术技能人才培养的教学模式，是“鲁班工坊”的核心要义。EPIP的实践应用成果，获中国职业教育领域首个国家级教学成果“特等奖”。

本书是EPIP首创者，为了让读者更好地理解与运用EPIP，对EPIP进行解构、解释，对EPIP进行分解、分析，解析EPIP，以求将活灵活现的EPIP呈现给读者。

作者从哲学社会科学之问开始，探寻中国哲学社会科学发展之道，详述继承性、民族性，主体性、原创性，系统性、专业性之理；从职业教育之问起步，探讨中国近现代职业教育发展之道，详考船政学堂、生活教育、建教合作之理；据此，详说“工程实践创新项目（EPIP）”的探索、创建过程，深入浅出阐释了EPIP的思考路径、理论基础、内涵要义、体系建构、应用领域、典型案例和政策指导。本书从五观、四元、三谛、两核、一宗的维度，诠释了EPIP的内涵及要义；从课程改革应用（EPIP课程论）、专业建设应用（EPIP专业论）、院校办学应用（EPIP教育论），到EPIP“达观”应用，再到EPIP“纳观”解析的应用层级角度，诠释了EPIP的功能方法和功能价值。从赛项设计开发、教学装备研制、教材资源建设、鲁班工坊主线，到“五业联动”机制，再到职业教育的供给侧结构性改革，展示了EPIP的应用辐射力。

全书呈现了EPIP首创者开展EPIP的实践探索、理论研究、经验总结、模式推广的全景式立体化的“名实耦合”境界，让读者身历其境，情随其感，开启一场真实世界、现实生活中的EPIP探寻之旅。

本书主题已入选“中华文化走出去工作重点任务清单项目”，可供职业教育的专家学者和职业院校同仁参考，也可作为中国对外人文交流、国际教育合作分享使用。

2020年12月22日

二、著述之“后记”

写这本书的过程，我始终相信，真实的语言，完整的表述，实用的导向，具体的案例，感性中出入，理性中思考，这一切，应该是有力量的！EPIP的核心是真实与完整。

二十世纪九十年代，我喜欢电视剧《编辑部的故事》，片中曲有一段是这样的：

投入的爱一次，忘了自己……

投入的笑一次，忘了自己……

二十世纪九十年代初，1990年，我主动地，投进职业教育；我用了二十四年的时间在天津中德职业技术学院（现今天津中德应用技术大学）做教师，耕耘这片田野，落地、扎根、深潜，生枝、开花、结果。二十世纪八十年代初，我报考师范，从物理学科学起，到学光学，修材料，读德语，再到硕士毕业；从本科三年，牵头组织周边学校初三学生寒假班当老师，到本科四年，在南开中学做毕业实习，为高三学生讲物理，再到硕士二年，在陕西省安康地区为中学教师开展帮扶培训；这样算，我的教师生涯在走入职业教育之前，就开始了！

2014年初春，做了二十四年职业教师，这其中“双肩”了教育教学管理十二年；在此时转岗，入职了分管职业教育的天津市教育委员会副主任，继续投进了职业教育；2019年初秋，转岗，入职分管职业教育与社会事业的天津海河教育园区管委会副主任，又算是投进了职业教育。这样算计起来，我已在职业教育中投了整整三十年。如按炎培老先生“凡教育皆含职业之味”，那我在其中投了三十八个年头。

为一句无声的诺言，默默地跟着你这么多年。

这是毛阿敏演唱的《诺言》的歌词。

2019年，这一年，于我，是《诺言》中“当你是累了倦了或者是寂寞难言”的一年。这一年的前三月，春节前与后，我两次到访非洲。进埃塞俄比亚、去吉布提、返埃塞俄比亚、赴开罗、返埃塞俄比亚、回中国。这样的路我走了两个来回。这一年的前半年，“六一”前三天，小孩姥爷在医院连续住了八个月零两天，去世了。这一年的后半年，“七一”后三天，我转岗，入职天津海河教育园区。这一年的后三月，年终前九天，小孩奶奶在医院仅仅间断住了不到五天，就去世了。

还是2019年，这一年，于我，是《诺言》中“当昨天成为记忆的片段，泪水与笑脸都不是永远”的一年。这一年的前三月，专著《EPIP职业教育教学模式——改造我们的学习》出版了。这一年的前半年，五月十日，首届“鲁班工坊”与“产教融合”国际论坛在天津举办。这一年的后半年，九月中旬与下旬，专著《EPIP教学模式——中国职业教育的话语体系》《鲁班工坊核心要义——中国职业教育的国际品牌》相继出版。这一年的后三月，伴着寒冬进程，英国出版社的“文化走出去项目”《EPIP教学模式》《鲁班工坊核心要义》脱稿完成。

工程实践创新项目（EPIP）的解析，也是对自己职业教育实践过程的解析。我的写作过程，是对职业教育认知的深化过程，是职业人生的体悟过程，是一次心游天地、意在有无的灵明旅行，更是一段热情奔放、痛苦忍耐的名实耦合。

爱是一个浪漫的诺言，快乐的内容每天都在变幻。

职业教育也在随时代不停地变幻。但是，职业教育的魂魄一直没有变化。

黄炎培认为，“职业”本身具有双重意义。其含义是：“职业”一名词，包含对己谋生与对群服务，实是一物两面；二是职业外适于社会分工制度之需要，内应天生人类不齐才性之特征，不仅要求供需相济，而且要求才性相近，才能使事得人，使人得事，使百业效能赖以增进，并使人获得职业的乐趣。

陶行知讲，要敢探未发明的新理，要敢入未开化的边疆。在教育界，有胆量创造的人，即是创造的教育家。有胆量开辟的人，即是开辟的教育家。他们都是第一流的教育家。

职业教育，是最讲究“职业”的。其核心是职业精神，职业追求，职业梦想；是个性发展，服务社会，造福人类。

我全身心地投入了，并爱着它……

爱是一个长久的诺言，平淡的故事要用一生讲完……

2020 年 12 月 13 日

第三节　技能大赛（ChinaSkills）解析

一、著述之“前言”

大赛点亮人生，技能成就梦想。这是已经成功举办了十二届次的全国职业院校技能大赛的实践明证与价值追求。

让每个人都有人生出彩的机会。这是习近平总书记对职业教育的重要指示要求，也是新时代全国各族人民的美好生活向往与持续奋斗目标。

技能大赛，为职业院校学生提供了一个展现自我、实现人生价值和职业理想的舞台，一批批优秀的能工巧匠脱颖而出；技能大赛，为职业院校与合作企业搭建了一座桥梁，促进了产业、行业、企业、职业、专业的联动对接；技能大赛，催生出一大批优秀资源成果转化并服务于日常教学，产生了24项与大赛直接关联的国家级教学成果。

十二届次的大赛，一批赛项的先进理念、教学标准、竞赛装备、教程教材落地专业建设，落地课堂教学，落地境外项目；一批具有创新性的岗位技术标准、专业设备设施反哺企业，实现双赢，实现多赢；一批技能精湛的获奖选手在职业岗位上创造出骄人业绩，绽放出彩人生，成就职业梦想。十二届次的大赛，为中国职业教育的优质资源、制度标准与世界深度分享搭建了崭新的合作平台。

解析技能大赛，探究大赛对于职业教育改革发展的推动作用，对于职业教育“五业联动”办学模式的促进作用，对于职业教育专业建设、课程改革的引领作用，对于职业教育制度创新、体制创新、评价创新的牵引作用，在新时代构建现代职业教育体系，增强职业教育适应性，牢固确立类型教育，建设职业教育强国过程中，都具有重要的现实意义。

十二届次的大赛，已经成为中国职业教育的一道亮丽风景线，成为中国职业教育的一个知名国际品牌，它值得我们去解析，也需要我们去解析，去研究，去总结，去推广。

大赛是职业教育改革发展的“检验器”，是职业教育创新发展的“探测器”，是职业教育科学发展的“助力器”。职业教育需要技能大赛。

2021 年 5 月 1 日

二、著述之“后记”

编著此书，是为弘扬劳动光荣、技能宝贵、创造伟大的时代风尚，是为记录职教同仁的职业情怀、劳动精神、工匠意志，是为梳理技能成就梦想的感人故事、精彩情境、职业情怀，更是为“曾经”的大赛“画龙典经”。“画”中国职业教育之“龙”，“典”中国职教品牌之“经”；“画”中国教育强国之“龙”，“典”中国技能大赛之“经”。

2020 年，对于技能大赛是新纪元的开始，首次全国职业院校技能大赛改革试点赛、首届中国职业技能大赛已经开启，改革创新，探路前行。

2021 年，对于职业教育是新时代的开端，在全面建设社会主义现代化国家新征程中，职业教育前途广阔、大有可为。

一项全国职业技能大赛，在职业教育领域连续成功举办了十二届次，而且是每年一届；一项职业院校技能大赛，在国家部委办层面，从 11 个主办单位，发展到 35 个，在行业企业参与方面，从数十个，发展到成百上千个，而且，年年扩容；一项中国主导的技能赛事，在世界职教、国际产业、跨国企业范畴，从观摩、交流、对话，到挑战赛、专业赛、标准赛，再到校企合作、产教融合、产业联盟，直至技术标准、教育装备、教学模式、话语体系、鲁班工坊……连续举办，持续探索，步步递进，届届升级。

我们解析它，是为了剖析其机理、制度、机制、招法，是为了在已经成功实践的基础上，继续实践，继续探索，加强理论研究，总结经验，模式推广，更是为了寻找成就大赛的成功“密码”。

大赛，引爆了产教融合视域下产业、行业、企业、职业、专业的“五业联动”，催生了教学模式范畴内工程化、实践性、创新型、项目式“EPIP”的广泛应用，助推了新时代中国职业教育的国际品牌“鲁班工坊”，实现了系统性、体系化、品牌式的“走出去”，步履坚实、步伐有力……

作为大赛的参与者、亲历者，回望大赛，真切体会到，大赛是中国职教人智慧的结晶，是中国职教人一次守正笃行、久久为功的行动。职业教育是一种教育类型，技能大赛是其最具特质的组成部分。十二届次大赛的成功实践证明：职业教育需要大赛！

感谢以芮志彬为代表的全国职业院校技能大赛竞赛组织人员的实践实干，感谢以武春平为代表的全国职业院校技能大赛博物馆展示工作团队的辛勤辛劳。

水千条，山万座，我们曾走过；每一次相逢和笑脸都彼此铭刻。在阳光灿烂欢乐的日子里，我们手拉手想说的太多。星光撒满了所有的童年，风雨走遍了世间的角落，同样的感受给了我们同样的渴望，同样的欢乐给了我们同一首歌……

祝好技能大赛！

2021年5月5日（立夏）

第四节 《鲁班工坊（LUBAN WORKSHOP）解析》评介

【此文发表于 2021 年 10 月】

鲁班工坊为合作国培养熟悉中国技术、了解中国工艺、认知中国产品的适应当地经济社会发展需要的技术技能人才，是职业教育国际合作的实体化平台。《鲁班工坊（LUBAN WORKSHOP）解析》一书作者系鲁班工坊的主要首倡首创者、品牌创立者、研究推动者和项目组织者。为了让读者更好地了解、理解鲁班工坊，作者结合国家发展战略、天津职业教育改革实践和亲身职业教育实践，对鲁班工坊进行了全方位、多角度、现场式、史诗性解析，真实而完整地呈现了鲁班工坊这一国际品牌的文化底蕴、创建历程、品牌价值、建设原则、核心内涵、典型案例、理论支撑、项目成果、政策保障和发展策略。

一、《鲁班工坊（LUBAN WORKSHOP）解析》的主要内容

（一）全方位展示鲁班工坊的创建历程

何谓鲁班工坊？这是读者最为关切的问题。本书前言中，开宗明义提出，鲁班工坊是天津职业教育首创原创，是天津职业院校率先组织实施而创立的中国职业教育国际品牌。鲁班工坊是天津的，是中国的，也是世界的。鲁班工坊成功开创了一种新模式，成为职业教育国际合作中国方案、模式、话语及体系，在国际职业教育合作、中国职业教育发展史上具有里程碑意义。

近现代以来，伴随机器制造业及终身教育思想的产生与发展，职业教育的重要性受到越来越广泛的认可。世界各主要发达国家逐渐形成了具有本国特点的职业教育模式，如德国的“双元制”、新加坡的“教学工厂”、澳大利亚的 TAFE 等。中国近代职业教育可以追溯到 1866 年，左宗棠奏请当时闭关锁国

的清政府创办了福建船政学堂，学习造船和驾驶技术，开启了中国学习西方列强先进技术的历史。直到2016年，首个鲁班工坊在泰国揭牌启运，用中国的教学模式、专业标准、技术装备等在境外开展学历教育和技术培训，中国职业教育从借鉴学习、消化吸收、自主创新到品牌形成、走出国门、技能输出，整整经历了150年，终于实现了从“引进来”到“走出去”的历史跨越。

2018年，习近平总书记在中非合作论坛北京峰会上宣布，要在非洲设立10个鲁班工坊。截至目前，我国已经在泰国、英国、印度、印度尼西亚、巴基斯坦、葡萄牙、吉布提、肯尼亚、埃塞俄比亚等17个国家建成18个鲁班工坊，共40多个国际化专业在境外落地，鲁班工坊全球化布局已然开启。对于这样一个新事物，作者从国家战略、品牌设计、班墨文化、工匠精神、创建历程、建设原则、核心要义、典型案例等多个层面进行了全方位展示。

“鲁班工坊”命名源起于2 500年前中国最杰出的工匠和发明家——鲁班，凝聚了中国劳动人民的伟大智慧，代表着精湛高超的技术技能、精益求精的职业素养和精进创新的精神品格。同一时期的大思想家墨子，主张“士虽有学，而行为本焉”，强调实践在教育中的作用。作者在介绍鲁班工坊命名及所蕴含的深厚历史文化时，对工匠精神、班墨文化尤其是“兼爱”“非攻”思想进行了浓墨重彩的介绍。班墨文化强调精益求精、勤劳智慧、阻止战争、捍卫和平的思想，对于当今维护世界和平、构建人类命运共同体仍然具有重要意义。因此，鲁班工坊的创建植根于非常深厚的历史文化背景和长期艰苦的职业教育改革实践，其功能定位不能简单理解为提供技术装备，传授技术技能，而是培养了解中国优秀文化、具有工匠精神、热爱和平、德技双修的具有国际合作精神，适应合作国当地经济社会发展的技术技能人才。

鲁班工坊作为在境外创建实施学历教育和技术培训的实体化合作载体，是一个非常复杂的系统，涉及不同国家、不同文化、不同专业等众多因素，单靠热情和经验是远远不够的，标准设计和制度建设必不可少。没有规矩不成方圆。为推进鲁班工坊建设可持续高质量发展，作者基于中国“各美其美”“美美与共”思想以及建设人类命运共同体理念，对鲁班工坊的建设原则、制度保障进行了系统思考。本书阐述了鲁班工坊建设的“五共”机制、五项原则、设置标准和资金管理办法，为读者更好地理解鲁班工坊的建设内涵、路径、措施及保障机制，提供了制度分析视角。

（二）多角度阐释鲁班工坊的核心要义

鲁班工坊的本质是什么？如何才能够深刻领悟鲁班工坊的要旨？作者基于长期的实践管理经验，深谙有效传播之道在于精简，将鲁班工坊的核心要义凝练为“12345”，即“一块品牌、两种功能、三条路径、四个内涵、五项原则”，分别从五个方面对鲁班工坊进行了解析，涵盖了有形和无形、显性和隐性、文化和制度等不同层面。其中，“一块品牌”和“四个内涵”最为关键。

品牌是一种无形资产，对其他各项要素具有统帅作用。作者全面参与了鲁班工坊的创建过程，非常重视品牌建设，在吸收借鉴发达国家职业教育，如德国“双元制”、新加坡“教学工厂”、澳大利亚TAFE先进经验基础上，如数家珍般详细介绍了“鲁班工坊”的名称由来、深刻寓意、品牌标识、品牌支撑、建设原则和典型案例，并对品牌建设的政策保障、发展策略和未来布局进行了深入思考。品牌建设是一个长期的系统工程，鲁班工坊品牌建设历程倾注了建设团队的激情、智慧、胆识与信念，反映了天津职教人、中国职教人在“助中国职教走向世界，让世界分享中国方案”历程中的辛勤劳作、坚韧品格和理想信念，是中国职教精神、工匠精神、劳动精神的完美体现。本书有专门章节描述了鲁班工坊的品牌价值，自2010年起，分年度回顾了鲁班工坊品牌创设的重大事件。无论是鲁班工坊命名、标牌标识，还是标准设计、制度建设，处处体现中国元素，处处彰显中国特色，反映了鲁班工坊与中国经济社会、中国职教发展、中国产教融合、中国职教文化的关系。品牌发展的关键是持续改进，作者基于鲁班工坊的长久可持续发展，作了深刻而全面的思考，详细介绍了鲁班工坊的品牌支撑举措，如鲁班工坊研究与推广中心、鲁班工坊课题研究、著作出版、教学资源建设、鲁班工坊建设体验馆、产教融合国际论坛、EPIP国际教育联盟、国家职业教育发展研究中心、全国职业院校技能大赛成果转化中心、职业教育资源开发与制作中心、世界技能大赛中国研究中心等，涉及鲁班工坊建设的方方面面，不可谓不全，不可谓不深，不可谓不真，不可谓不实，以求达到“解析”目标，为鲁班工坊这一品牌可持续健康发展奠定了坚实基础。

“四个内涵”是理解鲁班工坊核心要义的关键。“四个内涵”从教学模式、基本依据、主要载体、必要保障四个方面界定了鲁班工坊这一职业教育国际合作平台的基本框架。作者将其归纳为“四个以”，分别是：以“工程实践创新项目（EPIP）”为教学模式，以教育部主导开发的国际化专业教学标准为基本依据，以全国职业院校技能大赛赛项装备为主要载体，以师资培训先行及教材教学资源为必要保障。“四个以”从不同角度阐释了鲁班工坊核心内涵，成为理解鲁班工坊本质的关键，为鲁班工坊的建设者、研究者和学习者提供了最基本的逻辑框架。

（三）现场式介绍鲁班工坊的建设成就

鲁班工坊究竟是什么样的？各国鲁班工坊有何异同？作者不惜笔墨对每一个鲁班工坊的合作主体、创建过程、建设专业、建设成效进行了专门介绍。然而，鲁班工坊涉及国家、专业众多，普通读者如果缺乏背景知识，很难准确理解鲁班工坊本质、建设历程之艰辛以及成就取得之不易。百闻不如一见。能否亲身感受一下？鲁班工坊建设体验馆和典型新闻报道很好地回答了这一问题。

鲁班工坊建设体验馆融合了中国和各鲁班工坊所在国家的文化特色，将中国古老的“班墨文化”与现代信息技术相结合，多形式集中展现了鲁班工坊的建设历程和成效，让参观者真实感受新时代匠气、匠心、匠技，以润物细无声的方式展示鲁班工坊在建设选址、专业建设、共研共建、合作共赢等方面的建设理念、出色成绩和良好风貌。作者以摄像机般的笔触，将鲁班工坊建设体验馆带至读者面前，使之如身临其境游览一般，全面了解体验馆之布局、正门、序厅、主厅、各国工坊、空中课堂、研究与推广中心等，切实感受鲁班工坊建设的成就与智慧。

典型新闻报道是公众感受鲁班工坊的另一种方式。为了给读者呈现更加生动的鲁班工坊建设过程，本书在众多报道中采撷一些经典文章，从记者视角再现鲁班工坊创建的真实历史、鲜活事例、艰辛历程和成功喜悦，为读者全面深刻了解鲁班工坊建设提供了具体情境，或手捧书卷，或掩面沉思，与鲁班工坊建设者忧喜与共，一同感受中国职教文化，领略鲁班工坊精彩。

（四）史诗性描绘鲁班工坊的宏伟蓝图

鲁班工坊有何发展规划？未来是什么样的？作者以史诗般的笔触在中外人文交流的历史长河中追本溯源，在世界各国职业教育横向比较中撷英集萃，在鲁班工坊波澜壮阔的创建历程中宏大叙事，以中国职业教育服务“一带一路”的使命感，将鲁班工坊建设者和重大事件嵌入到历史的纵深处，并赋予其价值和意义。在此基础上，作者和他的团队以一种务实、开放的做法，通过会议交流、理论学习、小组讨论等形式对鲁班工坊前期建设成果进行史诗性评定，在历史长河及未来发展的大势中高度凝练每个鲁班工坊的特色，进而提出“七个标志”，引领鲁班工坊进入建设发展新阶段，并为鲁班工坊的未来发展描绘了蓝图。

史诗性是全书最大的特征，因为鲁班工坊本身具有震撼的“史诗性”。从实践成果上看，短短 5 年多时间，横跨亚、欧、非三大洲，17 个国家 18 个鲁班工坊体系化、系统化、品牌化实现与世界分享；从理论研究上看，《鲁班工坊》《鲁班工坊核心要义——中国职业教育的国际品牌》《鲁班工坊解析》等专著相继出版，并实现境外多语种出版，几百篇论文相继发表，教育部重点课题及教学成果奖相继产生；从成效影响上看，鲁班工坊是中国职业教育在国际教育合作、世界产教融合领域开辟先河的大事件，是近代以来中国职业教育发展史上具有里程碑意义的大事变，对新时代中国特色职业教育的高质量发展乃至中国走向教育强国，具有深远的历史意义、长远的现实意义。

二、改造我们的学习：鲁班工坊的深层思考

陶行知主张：“事怎样做就怎样学，怎样学就怎样教；教的法子要根据学的法子，学的法子要根据做的法子。”在鲁班工坊里，不仅有中国的先进技术设备，也有来自中国的职技课程、教学标准和教学资源。但如果认为鲁班工坊就是向合作国输出技术设备和职业教育课程等有形资源，未免过于简单，过于

浅显。本质上讲，鲁班工坊除了提供有形资源为合作国培养服务当地经济社会发展的技术技能人才以外，还提供成熟的中国特色教学模式、学习方式和做事方式，是中国职业教育的话语与标识体系、理论与应用成果。

（一）项目学习作为鲁班工坊的学习方式

“项目式”是鲁班工坊核心要义工程实践创新项目（EPIP）内涵的“四元”（工程化、实践性、创新型、项目式）之一，也是鲁班工坊的教学方式和学习方式。传统的学习方式主要是知识学习，即把知识从复杂的社会生产生活实践中抽离出来，组成学科知识体系，按照知识体系内在逻辑逐一呈现给学生。由于人为剔除了一些复杂因素，因此变得简单而抽象，虽然便于迅速识记，但不利于学生全面了解知识的生活原型，也缺乏解决实际问题的技能技巧训练，一旦面对复杂现实问题时往往暴露眼高手低的弊端。项目是指一系列独特的、复杂的并相互关联的活动。这些活动有着一个明确的目标或目的，必须在特定的时间、预算、资源限定内，依据规范完成。项目学习以真实情境为基础，是智能时代深度学习的一种重要学习方式，具有真实而具体的学习情景、综合而开放的学习内容，全身心投入的学习过程以及学习收获的多样性等特征，有助于学生在真实而完整的教学环境中获得解决实际问题的综合能力。巴克教育研究所（BIE）认为项目学习是一套系统的教学方法，是对复杂、真实问题的探究过程，也是精心设计项目作品、规划和实施项目任务的过程。本书作者认为：职业教育教学应该是“项目式”的，要在教学生学知识、练技能、强技术、重素养的过程中，着重培养关键能力，强调全程的、完整的教育教学。项目学习具有“情境真实而具体”“内容综合而开放”“途径多样而协同”“手段数字化、网格化”“收获多面而有个性”等特征，学习过程中需要协调好“主要目标”与“意外收获”、“理论知识”与“实践技能”、“基本规律”与“个性体验”的关系。无独有偶，本书作者非常看重“做”在教学中的重要性，将“知行合一”作为工程实践创新项目（EPIP）教学模式的宗旨，并反复强调陶行知关于“教学做合一”的论述：“在做上教的是先生；在做上学的是学生。先生拿做来教，乃是真教；学生拿做来学，乃是实学。”工程实践创新项目（EPIP）不仅关注到了传统学习方式的弊端，了解项目学习的主要特征和基本要求，并且开创了一套切实可行的方案——“名实偶”“六递进”原则，将“教师的教”与“学生的学”、“教的内容”与“学的内容”、“名”与“实”很好地结合起来，主张“学而知其用，知其所，知其在”“在而知其代，知其原，知其衍”，致力于培养“知技协进、德技并修、全面发展”的技术技能人才。因此，本书所阐述的工程实践创新项目（EPIP）教学模式倡导“项目式”，不仅自觉应用了项目学习的研究成果，并且结合鲁班工坊教学实践，探索出了一套学习策略，不仅在职业技术教育领域行之有效，对普通大中小学开展教学改革也有借鉴意义。

（二）鲁班工坊引领职业教育新形态

华东师范大学徐国庆教授曾言：“职业教育至今仍然是一个思想贫瘠的领域”。不仅如此，职业教育教学模式也乏善可陈。当今最富有职业教育类型特色的产教融合、校企合作模式依然长期处于学校热、企业冷的境地。鲁班工坊的创设有望改善这一困局。鲁班工坊将产教融合作为促进合作国经济社会发展的重要举措，贯穿于技术技能人才培养全过程，坚持“五业联动”融合机制和“五方携手”合力机制，助推国际化产教融合、全球化校企合作顺利实施。鲁班工坊的核心要义处处彰显其作为中国职业教育国际品牌的创新性、优质性和引领性。其一，鲁班工坊采用了中国职业教育领域首个国家教学成果“特等奖”研究成果——工程实践创新项目（EPIP）教学模式，其先进教学理念来源于中国职业教育实践，对中国职业教育产教融合具有指导作用。其二，鲁班工坊采用了教育部主持研制的先进制造业、战略性新兴产业、现代服务业等重点领域的职业教育专业的国际化专业教学标准，坚持产业、行业、企业、职业、专业的“五业联动”产教融合机制，确立了工程实践导向、真实任务驱动的专业课程体系和教学质量评价体系。其三，鲁班工坊的教学装备主体来自全国职业院校技能大赛，这是中国职业教育领域规格最高、校企合作最紧密、专业覆盖面最广、参赛选手最多、社会影响力最大、联合主办部门最全的国家级技能赛事，通过以赛促学、促教、促改、促建等有力推动了产教融合、国际合作、德技并修和工匠精神的落实落地。其四，鲁班工坊的境外本土教学团队都接受了严格的“EPIP 师资研修项目”培训，这是鲁班工坊设置的基本标准，也是鲁班工坊正式启动运营的前置条件。鲁班工坊的四个核心要义犹如四把“利剑”，把国内外产业、行业、企业、职业、专业紧紧联系在一起，通过“共研、共建、共享、共用、共赢”把国内外办学主体、管理者、教师、学生紧紧联系在一起，不仅打造了具有强大国际影响力的鲁班工坊，也为中国职业教育产教融合提供了新形态、新样板、新标杆。

总而言之，鲁班工坊是中国职业教育国际合作发展的“集大成”，是天津职业教育改革创新成果的“集大成”，是作者 30 多年职业实践探索的“集大成”，也是班墨文化、工匠精神与职业教育的“集大成”。《鲁班工坊（LUBAN WORKSHOP）解析》一书是同类研究成果的“集大成”，内容真实，结构完整，表述准确，语言精美，提纲挈领，深入浅出，便于学习、交流和传播。该书主题已入选“中华文化走出去工作重点任务清单项目”，可供职业教育的专家学者和职业院校同仁参考，也可作为中国对外人文交流、国际教育合作分享使用，是了解真实、真正的鲁班工坊不可不读的典范之作。

——摘自《职业教育研究》2021，(10).张洪华.“鲁班工坊的品牌创设与要义解析——《鲁班工坊(LUBAN WORKSHOP)解析》评介”

第九章

鲁班工坊的本质思考

我们要坚持：鲁班工坊的“名”下是有内涵、有要义、有边界、有知识产权、有价值追求的，不应该随意解读品牌，不应该随便使用品牌，不应该臆断泛化品牌。品牌需要科学化尊重、职业化维护、专业化实施，需要守“正”，以尊重的态度对待，以谦和的心态看待，在守正中完善，在传承中创新。要确保：每一个鲁班工坊都能够“健康生活，长命百岁”！

我们要坚持：鲁班工坊高质量发展，不仅学校要优质，专业也要优质，整体资源都要优质，只有优质的项目才能做好，只有中国职业教育的优质模式、优质标准、优质装备、优质教材才具备分享的资格。自信，建立在自强基础上！

我们要坚持：鲁班工坊的话语体系是开放的，但是鲁班工坊是有核心要义的。要不断完善鲁班工坊建设标准，包括项目合作伙伴遴选标准、项目落地揭牌启运标准、教学团队素质能力标准、国际化专业教学标准、教学资源与教材建设标准、项目实施效果评价标准、项目质量保障诊改标准以及项目授权、项目激励、项目退出等政策机制。没有标准，也就没有质量！

第一节　鲁班工坊，可持续发展值得关注的“几个问题”

【此文发表于 2021 年 10 月】

2018 年 9 月，习近平主席在中非合作论坛北京峰会上宣布，在非洲设立 10 个鲁班工坊，向非洲青年提供职业技能培训。2021 年 9 月，习近平主席在上海合作组织成员国元首理事会第二十一次会议上提出，未来 3 年，中方将在上海合作组织国家建成 10 所鲁班工坊。至此，新时代诞生的鲁班工坊，站在新的起点上，开启发展新征程。

鲁班工坊，是在天津市委市政府领导下，在教育部及相关部委办支持指导下，天津职业教育首创原创，天津职业院校率先组织实施，历经实践探索，理论研究，经验总结，模式推广，而创立的中国职业教育国际品牌、中外人文交流的品牌项目，已经成为促进合作国加强能力建设、改善民生福祉以及服务国际产能合作、助力“一带一路”的国家战略。

鲁班工坊源自天津，成在中国，服务世界。

一、鲁班工坊进入新的发展阶段

鲁班工坊，萌动于国家职业教育改革试验区建设，发端于国家职业教育改革创新示范区建设，起步于国家“现代”职业教育改革创新示范区（示范区升级版）建设，成熟于服务“一带一路”，促进国际产能合作，助力构建人类命运共同体，定型于鲁班工坊上升为国家战略。

2015 年 9 月，天津市教委组织鲁班工坊的前期谋划和方案设计，到 2018 年 9 月 3 日习近平主席宣布在非洲建设 10 个鲁班工坊，在这整整三年时间里，鲁班工坊的“项目建设”从设计走到实施，从推演走到实战，鲁班工坊的“品牌创建”从发展定位、目标任务、核心内涵，到实施路径、建设原则、政策保障逐步走向成型成熟。以泰国鲁班工坊、印度鲁班工坊为重要标志和质量标度的亚洲鲁班工坊成为这一时期建设主线，以英国鲁班工坊、葡萄牙鲁班工坊为标杆项目的欧洲鲁班工坊成为这一时期建设亮点。在2018年9月这个时“光”点，5个建成的亚洲鲁班工坊、1个建成的欧洲鲁班工坊以及高水平建设中的欧洲葡萄牙鲁班工坊、非洲吉布提鲁班工坊，成为鲁班工坊正式上升为国家战略，进入新的发展阶段的时间标度与项目标定。

二、鲁班工坊开启新的发展征程

2018年9月，鲁班工坊进入新的发展阶段，至2021年9月17日习近平主席提出，未来3年，将在上海合作组织国家建成10所鲁班工坊，在这整整三年时间里，以非洲鲁班工坊国家任务为建设主线，以10个非洲国家11个鲁班工坊项目高质量完成为建设亮点，面向非洲东、西、南、北空间布局，结合中国政府将埃塞俄比亚、肯尼亚等国列为先行先试示范国家，将南非、埃及等国列为重要对象国，将设施联通和园区建设列为主要合作内容的诸多要素，遴选了艾因夏姆斯大学、阿布贾大学、德班理工学院、埃塞俄比亚技术大学等优秀合作院校，依照合作国当地产业发展需求，聚焦铁道、机械、电气、制造、汽车、信息、冶金等技术领域，对接非盟《2063年愿景》，服务中国企业“走进非洲”，圆满完成非洲项目。截至2021年9月这个时“光”点，在亚、欧、非三大洲17个国家建成18个鲁班工坊、成为鲁班工坊站在新时代新起点，开启新发展征程的时间标度与项目标定。

从2015年9月，到2021年9月，这整整六年的时间里，亚洲、欧洲、非洲鲁班工坊的坚实探索与成功实践奠定了鲁班工坊高水平高质量实施的坚固根基，创设了中国职业教育与世界分享的优质项目，打造了中国职业教育的国际品牌，完成了非洲鲁班工坊建设的国家任务，开启了上海合作组织鲁班工坊建设的新征程。

三、鲁班工坊项目建设的“关注”问题

2021 年 9 月 20 日，世界知识产权组织发布《2021 年全球创新指数》显示，中国在全球创新领域的排名上升至12位，是前30名中唯一的中等收入经济体。中国已经确立全球创新领先者地位。鲁班工坊，就是党的十八大以来中国职业教育在国际交流合作领域的重大创新成果。

创新主要体现在：始终坚持品牌化推动，标准化建设，规范化管理，精准化服务。我们用“12345”诠释鲁班工坊核心要义，就是一块品牌、两种功能、三条路径、四个内涵、五项原则。

一块品牌，是指：鲁班工坊，是中国职业教育国际合作的知名品牌，是中国对外人文交流的亮丽品牌。这个品牌对应着一个核心目标，就是为合作国培养适应当地经济社会发展需要的技术技能人才。两种功能，是指：在合作国实施技术技能人才培养的学历教育，同时，为当地企业员工、社会人员开展技能培训。三条路径，是指：依托院校间紧密的国际合作基础，创办“鲁班工坊”；依托国际化企业的校企合作基础，创设“鲁班工坊”；依托国家政府间的项目合作基础，创建“鲁班工坊”。无论哪一种路径，双方合作院校是鲁班工坊的责任主体。双方合作院校，要在“五认同”的基础上，发挥各自优势，共同投入资源，开展紧密互信合作、深度校企合作，聚焦专业和课程建设，打造鲁班工坊优秀教学团队，服务合作国经济发展需要。同时，合作路径之间也会彼此交融，相辅相成，共促发展。四个内涵，是指：以中国特色的“工程实践创新项目（EPIP）”为教学模式，以中国职业院校开发的国际化专业教学标准为基本依据，以全国职业院校技能大赛（国赛）优质赛项装备为主要载体，以师资培训先行及教学资源开发为必要保障。这四个“以”，是鲁班工坊的品牌内核。五项原则，是指：平等合作，优质优先，重能强技，产教融合，因地制宜。

1. 孔子学院项目建设之启示

2018 年 7 月，中国国际广播电台人才工程资助项目《走进非洲》一书出版，此书由 14 位驻非洲记者共同撰写。其中，记者刘畅撰写的文章“孔子学院十周年，鲜花与坎坷相伴而行”，分析了对于汉语教学起步较晚的非洲国家，

开展孔子学院项目的真实故事与现场见闻，文中有深度的问题思考。现在读来，有很多启发与启迪。

文章开头写道："2014 年 9 月是孔子学院正式成立 10 周年，在短短的十年内，中国国家汉办已经在全球 123 个国家设立了 465 所孔子学院和 713 个孔子课堂，孔子学院用 10 年的时间走过了歌德学院、法语联盟等机构数百年的道路，可谓跨越式发展。"

现在看，这种跨越式发展是否完全科学，是否可持续，对于鲁班工坊项目建设是具有借鉴意义的，值得我们关注。

文章有一段对南非的斯坦陵布什孔子学院中方院长谢作旭先生的采访。"谢作旭表示，汉语教学本土化是他们的最终目标。目前，孔子学院可以对汉语教学进行扶持，输送教师，帮助它正常运作，但未来还是要以当地人为主，让南非人自己教南非人汉语，就像在中国，大多数是中国老师教英文一样。"

现在看，鲁班工坊的原创设计是适宜的，它始终在推进并实现了教学团队本土化。鲁班工坊带给境外合作伙伴的不仅有先进的国际化专业教学标准、优质的国赛赛项教学装备，还有教育理念、教学模式。每一个鲁班工坊建设之初，都要对境外合作单位（院校）的教学团队、管理团队进行标准化进阶式培养培训，使其掌握职教新理念、教学新模式、技术新应用，具备实际操作装备能力。鲁班工坊标准化进阶式 EPIP 师资研修，是鲁班工坊建设的基础性工程。只有合作国本土化师资能力水平提升了、适应了，教学模式、专业标准、技术装备才能发挥作用，才能实现本土化教师培养本土化人才的目标。这是鲁班工坊的一个重要"前置"条件。《鲁班工坊（LUBAN WORKSHOP）解析》第十二篇"项目发展与策略思考"中，针对教师团队本土化有这样表述："如果不这样做，实际上我方的精力和我方教师的能力，也不可能达到，所以，就要坚持先培训对方院校老师。我们理解，真正的分享与输出是在认同的基础上，他们掌握了这些能力，我们的目的也就达到了。这种模式是先进的、可行的，而且是高效的、长久的。关键问题，是要让外方的老师能够用我们的模式、我们的装备、我们的标准和我们的教材去教他们自己的学生。"我们分析来看，泰国人讲泰语，柬埔寨人讲柬埔寨语，葡萄牙人讲葡萄牙语，吉布提人讲法语，俄罗斯人讲俄语……中国职业院校教师根本做不了。鲁班工坊的国际化专业标准，也是纳入合作国国民教育体系的。这样的项目会更安全、更长久、更有根基。鲁班工坊发展策略重要一条是，本土化。

文章中还有一段是对问题的思考，写道："首先是师资力量缺乏，随着孔子学院在全球的不断扩大，需要源源不断的师资力量进行补充，由于孔子学院往往采取国内高校和国外高校合作的模式，而诸如中国人民大学之类的重点高校往往有十几个合作的孔子学院，无法有足够的老师派出。现在各地的孔子学院，一大半的师资力量由志愿者充当，但这些志愿者一部分专业不符，而且往往一年换一批，无法保持教学的延续性。"文章接着写道："为了留住学生，一些学校的老师往往降低教学难度，哄着学生学习，这样势必导致学习质量下降。而那些在中小学开设的教学点多是兴趣班，由于缺乏学习动力，学生数量也会逐渐减少，有的教学点可能无果而终。"文章最后讲"在过去 10 年间，仅仅美国就开办了 80 多所孔子学院，但是整个非洲仅有 37 所孔子学院。"

现在看，刘畅记者在七年前思考并提出的问题，现在依然值得鲁班工坊建设者去思考，去回答。今天，我们可以自豪地说，鲁班工坊的六年发展已经解决了其中的一些问题，而且，有的解决的还很好。但是，我们认为，有些仍然值得"关注"。

2. 平等合作双向交流之思考

鲁班工坊的建设原则与发展策略，第一条就是平等合作。合作双方应该建立良好的相互认同与相互信任关系。

2017 年建成的英国鲁班工坊，首次实施境外合作伙伴的遴选，经过审评，确定了在英国进行合作伙伴遴选。在遴选中，首次探索了"五认同"，即基于合作方对于中国经济社会发展的认同（一认同），对于中国产业发展与技术创新的认同（二认同），对于中国优秀传统文化与人类命运共同体的认同（三认同），特别是对于职业教育促进经济社会发展的有力有效作用的认同（四认同），以及对于中国特色国际视野的教学模式、国际化专业框架标准、中国优质技术装备和教学资源的认同（五认同），在认同基础上双方院校开展合作。

2018年建成的葡萄牙鲁班工坊，受教育部委托，天津市教委选定天津机电职业技术学院承担项目建设。通过举办中葡职业教育校长论坛暨中葡职业教育合作交流研讨会的方式，发布信息；通过申报评审，确定在葡萄牙最优质的三所理工学院，即里斯本理工学院、塞图巴尔理工学院、莱利亚理工学院进行项目合作伙伴遴选，最终确定塞图巴尔理工学院为境外合作伙伴。

在充分理解、相互认同的基础上，中外双方开展平等合作，共同遴选合作院校，商讨项目合作方式、工坊实施路径、专业整合设计、课程综合嵌入、资源有效利用、教学研究开展等，共同为鲁班工坊的建设运行提供主体支撑与基础保障。鲁班工坊建设，始终着眼于我国外交大局，综合考虑合作国家政治安全、经济发展、资源禀赋、语言文化、教育现状等多方面情况，从长远计议，从实际出发，扎实推进工作。鲁班工坊项目不是简单化输出，更不是“强制”人家做，“强制”人家要，“强制”人家配合，是在有需要、有条件的国家，选择相互认同的合作院校实施项目建设。分享，不是“硬给”，不是“强做”。认同是第一位的！

鲁班工坊项目在设计之初，充分考虑了项目的文化内涵与思想底蕴。传承文化传统、体现技能特质、彰显工匠精神、蕴含创新智慧的代表人物，是“鲁班”；体现教学做一体，突出做中学、做中教，寓意小巧精致的环境、现代学徒的情境、工作劳动的场所、精湛技艺的传承，是“工坊”。鲁班，是生活在2500年前的杰出“工匠”和“发明家”，以鲁班为代表的中国工匠，是中华民族勤劳智慧、科学创新的典范，凝聚着中国智慧，弘扬着中国精神，传播着中国价值。提到鲁班，就会想到墨子，中国职业教育的文化源头是“班墨文化”。班墨文化的精髓体现在：墨子的“兼爱”“非攻”“尚贤”“尚同”。“精益求精、创新进取、崇尚科学、心系百姓、胸怀天下、造福人类”是班墨文化最核心的内涵，也是鲁班工坊所要传承与弘扬的重要内容。

中外双方开展平等合作，在对项目所蕴含的文化思想的理解方面，应该是双向的。鲁班工坊项目建设，也是推广中国文化的一个重要途径，而且这种文化交流时常是“隐行”的，它潜于技术技能人才培养培训全过程，但是，也应该关注双向交流。不仅要让合作方了解中国技术技能文化与思想，也应该让中方了解合作国的文化与思想。鲁班工坊为合作国的师生打开了一扇通向中国技能与文化之门，我们也应该开启通往对方的心灵之窗。拓展鲁班工坊的办学内涵，其实是多方面的，而平等合作、双向交流，非常值得“关注”。

3．品牌要义优质优先之坚守

为高质量推进“鲁班工坊”国家战略，天津市委市政府颁布《关于做大做强做优职业教育的八项举措》(津党厅〔2018〕71号)，俗称“职八条”。为贯彻落实“职八条”，规范和加强“鲁班工坊”项目建设、资金支持与政策管理，2019年，天津市委教育工委、市教委、市财政局制定颁布了《天津职业教育“鲁班工坊”建设项目和资金管理办法》。文件全面呈现了鲁班工坊实践探索、理论研究成果，标志着项目建设在话语体系、标准规范、办学内涵、研究推广、制度体制、政策管理方面走向成熟。

(1)“鲁班工坊”项目定位

鲁班工坊定位于技术技能人才培养和职业文化推广交流，以鲁班的“大国工匠”形象为依托，大力弘扬工匠精神，采取学历教育与职业培训的方式，输出中国职业教育优质资源和中国优质产品技术，在海外选择有影响的院校合作建立实体性机构，分享中国职业教育优质的职业技术和职业文化。

(2)“鲁班工坊”建设内涵

坚持平等合作、优质优先、强能重技、产教融合、因地制宜的原则，以“国家现代职业教育改革创新示范区”建设成果为总体支撑，以“工程实践创新项目(EPIP)”为教学模式，以教育部国际化专业教学标准为基本依据，以全国职业院校技能大赛赛项装备为重要载体，以师资培训先行及教学资源为必要保障，聚焦先进制造业、现代服务业等领域，联合培养当地熟悉中国装备和技术、了解中国产品和标准的技术技能人才。

(3)“鲁班工坊”建设目标

积极鼓励有条件的院校，配合中国产能走出去，协同相关行业企业，充分发挥专业建设和国际合作优势，落实中非合作八大行动计划，提升已有“鲁班工坊”建设水平，加快新建海外“鲁班工坊”，扩展“鲁班工坊”服务功能。在应用并完善已有的50个国际化专业教学标准的基础上，结合“鲁班工坊”的建设需求，再开发50个国际化专业教学标准，为国际化技术技能人才培养提供依据，支持“鲁班工坊”和职业院校应用推广。持续推进“鲁班工坊”的制度建设，加强“鲁班工坊”宣传与推广，建立“鲁班工坊”可持续发展的体制机制。

（4）“鲁班工坊”建设要求

“鲁班工坊”实行实地教学与“空中课堂”相结合的教学方式，天津课堂与海外课堂同步教研；以EPIP教学模式设计教学，致力于培养海外学生职业素质、专业技术技能、综合实践能力和创新能力；国家职教示范区的院校在教学设计、课程设置、教材开发、师资培训等方面给予保障与支撑。“鲁班工坊”建设立足于天津职业教育行业办学优势，借助产业、行业、企业、职业、专业的“五业联动”职业教育发展模式，发挥政府、行业、企业、学校、科研机构的“五方携手”作用，加强产教融合、校企合作，高标准、品牌化实施项目建设。

（5）“鲁班工坊”建设任务

全面推进“鲁班工坊”建设，服务国家“一带一路”，配合国际产能合作，带动我国及天津市市优势产业、优秀企业和优质产品“走出去”。提升已有“鲁班工坊”建设水平；支持泰国、英国、印度、印尼、巴基斯坦、柬埔寨、葡萄牙、吉布提等国“鲁班工坊”不断巩固完善建设成果，全方位探索“鲁班工坊”发展模式、路径，切实发挥标杆作用；深化已有专业建设，围绕当地经济发展需求，扩大输出专业范围，进一步扩大来津留学生规模；充分发挥“EPIP教学研究中心”的作用，将“五业联动”有效做法引入境外合作学校，提升其为当地企业特别是对走出去中国企业的服务能力。加快新建海外“鲁班工坊”：按照稳中求进、质量为先、贴近需求、系统规划、产教融合、做优做强、打造样板、服务战略的基本思路，鼓励有条件的院校，继续在海外探索建设“鲁班工坊”。特别是习近平总书记关于在非洲设立“鲁班工坊”的要求，加快落实在非洲建设“鲁班工坊”，向非洲青年提供职业技能培训。拓展“鲁班工坊”服务功能；在海外建立的“鲁班工坊”中，探索构建“中高本硕”贯通的国际化职业教育人才培养体系，为天津构建现代职业教育体系提供经验，搭建国内外技术技能人才培养交流与合作平台。以“鲁班工坊”为载体，开发职业院校教师、学生海外实践拓展项目，使“鲁班工坊”成为天津职业院校提升师生国际化水平的重要基地。

（6）“鲁班工坊”研究与推广

建立“鲁班工坊”研究与推广中心，构建“鲁班工坊”研究与评价体系，搭建以天津市教育科学研究院和相关职业院校为支点、国内国际联动的政策研究、资源开发、指导评价机构，主要职责为“鲁班工坊”的政策研究、标准制定、项目指导、信息发布、学术交流，以及对成功经验的推广应用等。

（7）“鲁班工坊”中方院校申报条件

符合“鲁班工坊”建设整体布局规划；具备较强的办学实力和教学管理能力，主管部门和学校有能力利用自有资金，为设立“鲁班工坊”提供必要的经费投入，对海外教学实施监管，以保证教育质量；具有国际合作与交流的相关经验，认同“鲁班工坊”核心内涵，志愿履行“鲁班工坊”责任义务；服务中国企业走出去，具有至少一对实质性支撑项目建设的校企合作关系；境外合作学校专业教学条件达到实施我国国际化专业教学标准的水平，具备开展 EPIP 教学模式的人员、场所、设施等基础条件，有必备的办学资金和稳定的经费来源。

（8）“鲁班工坊”资金管理

天津市财政对参与建成“鲁班工坊”的院校，按照每个“鲁班工坊”每所学校每三年一个周期给予 600 万元专项资金支持，其中首年 300 万元，第二年、第三年各 150 万元。三年后监测评估合格，再给予 200 万元的绩效奖励。对于非洲“鲁班工坊”建设院校，首年再增加 200 万元。天津市财政对“鲁班工坊”研究与推广中心，按照“鲁班工坊”发展情况、上年执行情况、单位实际需求和预算审核情况，每年统筹安排不超过 500 万元工作经费。“鲁班工坊”立项建设后，天津市财政拨付首年建设资金，启动项目建设。“鲁班工坊”正式揭牌启运后，天津市财政相继拨付第二年与第三年建设资金。

这一套文件，是推进鲁班工坊项目建设的第一部系统政策，是项目建设的主要依据和重要标准，是推进鲁班工坊项目建设最权威最全面的制度设计和政策指向。其核心，是坚持品牌要义与质量标准，是坚持优质优先与因地制宜。这些非常值得“关注”。

4．发展策略建设标准之完善

鲁班工坊，是国家战略，是国际品牌，其生命在质量。鲁班工坊，关乎中国职业教育的形象，关乎国家战略实施的成效。保证项目质量，不仅要遴选境外合作伙伴，也要选择国内项目建设院校，更要关注双方院校对于鲁班工坊核心要义的理解与认同。鲁班工坊开启发展的新征程，其重心重点是优化布局、服务大局，完善标准，确保质量。

我们要明确：国家战略，国际品牌，不要求每一个省份的每一所院校都必须参与实施，参加建设。我们要坚持：鲁班工坊的“名”下是有内涵、有要义、有边界、有知识产权、有价值追求的，不应该随意解读品牌，不应该随便使用品牌，不应该臆断泛化品牌。品牌需要科学化尊重、职业化维护、专业化实施，需要守“正”，以尊重的态度对待，以谦和的心态看待，在守正中完善，在传承中创新。我们要确保：每一个鲁班工坊都能够“健康生活，长命百岁”。我们时常不够珍视“老字号”，这是我们以前所处的发展阶段特征决定的；我们时常不够珍视“新品牌”，这是我们当下还不够尊重知识、尊重劳动、尊重创造的现实反应。坚守常识，捍卫逻辑，回归初心，有时也是要强调的！

坚持鲁班工坊高质量发展，不仅学校要优质，专业也要优质，整体资源都要优质，只有优质的项目才能做好，只有中国职业教育的优质模式、优质标准、优质装备、优质教材才具备分享的资格。自信，建立在自强基础上！

鲁班工坊的主要任务，是服务中国企业走出去，服务国际产能合作，是技术技能人才培养的交流。我们实施的项目，要有校企合作的根基，要有产教融合的平台，要面向合作国当地的中资企业和对方企业的需求。世界性的产教融合，国际化的校企合作，是鲁班工坊的“精要”所在，是服务“一带一路”的必然要求！

鲁班工坊的话语体系是开放的，但是鲁班工坊是有核心要义的。要不断完善鲁班工坊建设标准，包括项目合作伙伴遴选标准、项目落地揭牌启运标准、教学团队素质能力标准、国际化专业教学标准、教学资源与教材建设标准、项目实施效果评价标准、项目质量保障诊改标准以及项目授权、项目激励、项目退出等政策机制。没有标准，也就没有质量！这些都值得我们去“关注”。

四、归结

鲁班工坊，是天津职业教育国家级试验区发展、示范区改革、示范区升级版创新成果的集大成，是中国职业教育品牌、模式、标准、装备、教材系统性、体系化与世界分享的集大成，是中国职业教育内涵发展、提质培优、改革创新成果的集大成。

——摘自《天津职业院校联合学报》2021，(10)．吕景泉．“鲁班工坊建设值得关注的‘几个问题’——站在新时代新起点，开启鲁班工坊发展新征程”

第二节　生活教育，提升中国职业教育适应性与服务力

【此文发表于2021年12月】

陶行知先生，生于1891年10月18日。

1914年，他以优异成绩在南京金陵大学毕业，远渡重洋赴美国留学；1917年，他学成归国，在新文化运动中积极倡导新教育，提出要以科学之方法进行教育改革与创新。自此之后，他呕心沥血，怀着“捧着一颗心来，不带半根草去”的热忱，为中国教育探寻新路。

今年，是陶行知先生诞辰130周年。斯人已逝，其思想依然发光。

今年，习近平总书记在参加全国政协十三届四次会议的医药卫生界、教育界委员联组会时强调，要引导广大教师继承发扬老一辈教育工作者“捧着一颗心来，不带半根草去”的精神，以赤诚之心、奉献之心、仁爱之心投身教育事业。

今年，是中国共产党建党100周年。回顾中国共产党发展职业教育的百年历程，中国共产党指引职业教育发展，经历了“建立新中国：服务革命、应战争之需”“建立社会主义制度：服务工农、服务经济建设”“开创中国特色社会主义：大力发展，支撑建设人力资源强国”“中国特色社会主义进入新时代：摆在更加突出位置，为实现中国梦提供有力人才和技能支撑”四个时期。展望未来，职业教育要锚定高质量发展，增强职业教育适应性，努力培养数以亿计的高素质技术技能人才，为全面建设社会主义现代化国家提供坚实的支撑。

从“知行”到“行知”，我们铭记“生活即教育”，实践“教学做合一”。在这第130个年头之际，在这百年风雨路，扬帆新征程之际，重温行知精神，思考职业教育，聚焦适应性发展，以此缅怀先生！

一、“知行”“行知”之名

1.“知行”

陶行知，原名陶文濬，1891 年 10 月 18 日生于安徽歙县，1946 年 7 月 25 日逝世于上海。青少年时期，陶行知在家乡受到良好的国学、国情教育，他潜心研究理学家王阳明学说，崇拜王阳明的“知是行之始”，服膺知行合一理论。

1911 年，他自改名“知行”。

2.“行知”

1915 年 9 月，在美国求学的陶行知，从伊利诺伊大学转入哥伦比亚大学师范学院，由攻读哲学博士，转为攻读教育博士。在哥伦比亚大学，他受到杜威教授的赏识，沉醉于杜威的工具主义（或“实用主义”），接触到杜威正在研究的哲学和教育思想，看到以社会为中心的职业学校取得的成就。

1917 年开始，陶行知在他所任职的南京高等师范学校，观察到教师只管教，不管学生学，认定有改革之必要。他主张要将学校里的“教授法”，改为“教学法”。他倡导、坚持并身体力行了两年多，在 1919 年，他以专修科主任的名义，将学校全部课程的“教授法”，一律改为“教学法”。看似一字之差，这是实现教学合一的起源。那么，如何学呢？他借鉴杜威教育思想，提出做中学！这就有了教、学、做，而教学做一体的中心，是“事”，即“现实生活”，也就是“战胜现实中实际的困难，解决现实中实际的问题，生实际之利，格实际之物，爱实际之人，求实际的衣食住行，回溯实际的既往，改造实际的现在，探索实际的未来”。

1927 年，这一年的 3 月 15 日，是一个值得纪念的日子。这一天，是晓庄学校开学典礼。陶行知发表了热情演说。当时的晓庄一无校舍，二无教员。校舍，盖的是晴天，踏的是大地；农夫、村妇、渔民、樵夫都做指导员。在随后的日子里，陶行知与晓庄师生一起盖房子、建厨房、挖厕所，一起挑粪、挑水、种田、种菜、养猪、养鱼，什么都自己干，盖起了一座座茅屋：图书馆、办公室、会议室、音乐室、陈列室。一切都有了。他的生活教育理论，也有了；晓庄精神，也有了。陶行知将其归结为一个字，就是：做！陶行知说：“做”弄通了，其余疑问就迎刃而解了。

1927 年，也就是在这一年，陶行知提出“行是知之始，知是行之成”的理论，正与王阳明的主张相反。那时以后，许多学生称呼他“行知吾师”，陶行知也乐意接受。一位德国朋友傅有任（中文名）对他说：“中国人如果懂得‘行知’的道理而放弃‘知行’的传统思想，也有希望。”

1934 年 7 月 16 日，陶行知将使用了 23 年的名字“知行”，为了求得“名实相符”，正式换名“行知”。

3.“行知行”

“教学做合一”是陶行知的教学方法论。

“教的方法根据学的方法，学的方法根据做的方法。事情怎样做便怎样学、怎样学便怎样教。教而不做，不能算是教；学而不做，不能算是学。教与学都以做为中心，在做上教的是先生，在做上学的是学生。”教育界普遍存在着以教师为中心，以教为中心的现象。陶行知反对以“教”为中心，主张“教学做合一”，这就从教学方法上改变了教、学、做的分离状态，克服了书本知识与生活实践脱节、理论与实际分离的弊端，是教学法上的一大改革。

后来，陶行知在“反省”教学做合一的过程中又有了新发现。他把教学做合一的全过程贯通起来，形成“行动生困难，困难生疑问，疑问生假设，假设生试验，试验生新断，新断生行动”循环，如此，便把前后两个“行动”连接了起来。因此，陶行知把行、知两个字叠加叠放使用，以体现“行知行”的循环，体现行与知的结合。他自造了一个字“ ”，并曾取之为名，将“行”字分为左右两边，“知”字放其中，但“矢”在上，“口”在下，寓意“行知行”，知在行中得，更以知导行。在实践中获得新认识，用新认识指导新实践。

二、“教育即生活”“生活即教育”之实

“教育”与“生活”之关系一直为教育界所关注。在近代，对教育与生活之关系探讨较为深入的，当首推美国的杜威，他提出了“教育即生活”以及“从做中学”等主张。在我国，生活教育的代表陶行知提出“生活即教育”以及“教

学做合一”等重要思想。陶行知的生活教育可以说是结合中国的具体国情、具体民情，对杜威思想的继承和延伸，按照陶行知本人的说法，“生活即教育”是把杜威的“教育即生活”翻了半个跟头，二者之间存在本质差异。

1．杜威“教育即生活”

杜威是美国著名的实用主义哲学家、教育学家，1896年创办芝加哥大学实验学校，1897年发表其纲领性著作《我的教育信条》。他的教育生活理论形成于19世纪90年代，那时正是美国社会变革的时期，美国经历着由农业社会向工业社会转型的特殊时刻，工业化带来巨大物质财富的同时，也给社会、文化、教育带来了一系列问题，精神与物质失衡，学校教育脱离了社会生活，脱离了学生成长需要。杜威提出工具主义教育思想，并倡导“教育即生活”。教育是培养人的社会活动，是一种特殊生活方式。教育要源于生活，在生活中发展。

“教育即生活”认为，教育要依赖于生活，并改善现实生活，通过教育使学生获得更好发展，形成构建美好生活的知识及能力。

2．陶行知“生活即教育”

陶行知留美回国后，进行了多年的教育实践探索与理论研究思考，继承杜威“教育生活理论”，并进行革新与创造。20世纪之初，中国是一个半殖民地半封建的农业国家，教育水平低下，大众缺乏受教育机会。陶行知充分意识到中美两国社会状况和教育水平的差异，把杜威的教育生活理论“翻了半个跟头”，创造了适合中国实际的“生活教育理论”。他主张“生活即教育”。生活教育理论在他所创办的晓庄乡村师范学校得以实践。

陶行知认为“生活即教育”，只有在生活中获得的教育才是有用的、真的教育。过什么样的生活，便受什么教育，想要受什么教育，便须过什么生活。是好生活即是好教育，是坏生活即是坏教育。依照他的生活教育的五大目标说来：康健的生活即是康健的教育；劳动的生活即是劳动的教育；科学的生活即是科学的教育；艺术的生活即是艺术的教育；改造社会的生活即是改造社会的教育。

3．“学校及社会”“社会即学校”

与“教育即生活”相关联，杜威提出的另一个命题是“学校即社会”。他认为传统教育的失败在于学校与家庭、社会相脱离，学校教育与现实生活、社会变革相隔离。要改变这一状况，根本的方法就是把学校建成雏形社会。

陶行知将杜威的“学校即社会”推陈出新，他提出“社会即学校”，主张把学校纳入社会之中，打通学校和社会，并把二者融为一体。陶行知经过中国的实践探索，认识到杜威这个命题的局限性，并加以改造。“学校即社会”是跟着“教育即生活”而来的,他也把它“翻了半个跟头”,变成“社会即学校”。他说：“学校即社会”就好像把一只活泼的小鸟从天空里捉来关在笼里一样。他要以一个小的学校去把社会所有的一切都吸收进来，所以容易弄假，而且这种教育在“学校与社会中间造成了一道高墙”，把学校与社会生活隔开了。

陶行知认为，要先能做到“社会即学校”，才能讲“学校即社会”；要先能做到“生活即教育”，才能讲“教育即生活”。学校教育的范围小，不能尽“生活教育的能事”；“学校社会化”也是削足适履，包括不下来。只有将整个社会变成学校，主张“社会即学校”，整个社会范围，即是整个的教育范围。那么，教育的对象丰富，教育的意义也就丰富，取之不尽，用之不竭了。

“生活即教育”“社会即学校”至少有三个含义：一是我们所过的生活及生活中的一切东西，都可以是教育内容；二是生活与教育要一致，否则就不能起教育作用；三是教育不能脱离生活，学校不能脱离社会，要与生活、社会相联系，与生活、社会打成一片。

不可否认，陶行知的生活教育与杜威的实用主义教育有密切联系，他们都抨击传统教育缺陷，提出解决现实的实际问题的办法。陶行知也承认，没有杜威的“教育即生活”在前，决产不出“教学做合一”“生活即教育”。同样不可否认，杜威主张“教育即生活”“学校即社会”“做中学”，是把生活从属于教育，把社会微缩进学校，没能把教育解放出来，也没把学校拓展开来。陶行知立足于中国教育实际，吸取、借鉴并改造、发展了杜威的教育理论，为中国教育开了一剂良方，建立了带有中国特质的新式教育，对中国整个教育，都起了极大推动作用。陶行知是中国真正的教育家，董必武夸赞他：敬爱陶夫子，当今一圣人！

三、职业教育的适应性发展

陶行知一生的教育实践，始终秉持“兴教救国”，他在《我们的信条》中提出十八个“深信”，其中，第一个“深信”就是：深信教育是国家万年根本大计。

陶行知一生的教育实践，始终围绕国家之急迫、民族之需要、大众之需求，无论是发动并投身平民教育、乡村教育、普及教育、国难教育、抗战教育、民主教育，还是致力幼稚教育、儿童教育、师范教育、女子教育、中等教育、高等教育等方面的改革，乃至创办晓庄乡村示范、育才学校、中华教育改进社、生活教育社等改革试验载体及社团，其唯一目标，就是提升本土教育的服务能力，服务灾难深重的国家与民族自立自强，就是增强本土教育的适应能力，适应积贫积弱的大众与乡村自醒自强。

陶行知，是生活教育理论与实践体系的缔造者，更是推动中国本土教育适应性发展的实践者。

1. 名实耦，合也

所以谓，名也；所谓，实也；名实耦，合也。

《墨子》提出“名”“实”“合”“为”。“名”是“所以谓”，我们用以认识、说明事物的名词、概念；“实”是“所谓”，即我们认识、说明的对象；名实相符即“名实耦”，谓之“合”。“为”是认识的目的和检证，它包括：“志”，即行为的主观动机；“行”，即实际行动。中国的“知行合一”，此处可以找到端倪及源头。

改革开放以来，中国的职业教育规模快速增长，质量不断提升，职业教育的科学研究也在更加关注中国现实、中国实际。实践证明，任何片面地、孤立地、笼统地考察学习国外职业教育，而忽视职业教育的环境、土壤、本质及适配条件去介绍、引进、推广国外职业教育，原汁原味的吸收应用，都将导致教育失误、信息失掉。世界上，各个国家都应根据自己的国情、环境、文化，依据自己国家社会对职业教育的需求和受教育者的要求，选择适合的职业教育模式，而不是盲目照搬。

新时代中国职业教育要增强服务意识和服务能力，提升适应能力，扎根中国大地办教育，瞄准国家战略，聚焦区域经济社会发展，为生产服务，为生活服务，为青年人实现个人职业梦想服务，为人人都能够出彩服务，为实现中华民族复兴伟大的中国梦服务。

2. 职业教育的“工程化”

当今中国，已经成为全球首屈一指的工程大国。工程大国，决定大国教育要面向工程。

20世纪80年代，邓小平提出“三个面向”，教育要面向现代化，面向世界，面向未来。“三个面向”是邓小平理论的组成部分，是邓小平教育理论的精髓。三个面向，用今天的话语来表示，就是教育要面向中国特色社会主义现代化建设伟大工程，面向推进构建人类命运共同体伟大工程，面向不断满足人民群众未来生活新期盼伟大工程。

职业教育要面向人人，面向社会，着力培养学生的职业道德、职业技能和创新创业能力。面向人人，就是让每个人都能得到全面发展，都能有人生出彩的机会；面向社会，就是服务区域经济社会发展，建设美丽家园。

职业教育“工程化”，是生活化，生产化，现实化，社会化，也是中国化、大众化、时代化。其核心是“真实”，教与学基于真实，实践真实，创新真实，项目真实。职业教育“工程化”，是指职业教育要让学生学会解决“真实”的问题、“实际”的问题，使学生能够在真实世界、现实生活中得心应手地工作、生活。为“真实”教，用真实工程教；依“真实”学，在真实工程上学；凭“真实”考，借真实工程来考。“工程化”也是中国特色职业教育教学模式——工程实践创新项目（EPIP）教学模式的根基。

中国近现代职业教育发轫于1866年的福建马尾船政学堂。

可以说，船政学堂建立，是基于“工程化”。这个“工程”，是“义理为本，艺事为末”的真实中国现实，是“民族危亡、御外图强”的真实中国需要；这个“工程化”，是向法国学习，精修造船，向英国学习，深究驾驶；是“尽其制造、驾驶之术，才艺日进，制造、驾驶辗转授受，传习无穷”中国教育的现代化。

150多年过去了，中国职业教育取得了大发展。从“工学并举”，到“半工半读”，从“两种制度”，到“校企合作”，“工学结合”，再到“产教融合”，直至“知行合一”……我们的理念是先进的，认识是深刻的，方向是准确的，但是，我们不能停留于此。中国职业教育的高质量发展、适应性发展，需要将其落地，需要让其扎根，需要“工程化”。

进入新时代，中国的职业教育走对了路！前路是什么？就是建设扎根中国大地、适合中国实际、造福中国人民的产教融合、知行合一的“新职教”。

3．“工程化”的适应性发展

中国职业教育在深度梳理、广泛汲取中国本土教育思想，形成独具自身特质的教学模式、办学模式的话语体系及研究成果。

工程实践创新项目（EPIP）是在中国的职业教育实践和理论研究基础上，围绕教学模式，汲取中国古代、近现代教育思想，借鉴国际先进职业教育经验创立的。

EPIP是工程（Engineering）、实践（Practice）、创新（Innovation）、项目（Project）四个元素的有机组合，是以实际工程为背景和基础，以工程实践为导向和贯穿，以能力培养为目标和归依，强化实践创新，强化项目统领的技术技能人才培养的教学模式。

EPIP深度挖掘转化墨子的“行为本”“亲知”“名实耦”朴素唯物思想及素朴反映论，转化发展陶行知的“生活即教育、社会即学校”平民教育思想，发展创新黄炎培的“建教合作”、教育与实业联为一体以解决生计、开发产业职业教育思想，探索“产教融合、校企合作、工学结合、知行合一”教育教学实践，成为中国技术技能人才培养的一种教学模式。

EPIP宏观教育论，涉及院校整体的办学思想，深度的产教融合，紧密的校企合作问题。EPIP明确提出，职业教育发展是现代产业体系发展的组成部分，是营商环境改善的重要内容。EPIP突出强调，职业教育与经济社会发展、产业结构调整、科学技术进步、国际产能布局的协同；EPIP特别注重，基于真实工程、真实世界、现实生活的全面育人。职业院校要围绕区域经济发展，不断探索专业（群）服务产业的运行机制；分析所服务区域的产业、行业、企业、职业发展趋势，面向实际需要，优化办学与需求匹配度，探索构建“服务—累积—孕育—优化”的核心竞争力建设机制，提升社会服务能力。

EPIP中观专业论，是“核心技术一体化”专业建设模式。学校、企业双方共同调研寻找、研讨确定专业的核心技术技能，通过“四个一体化”实施，保证产业、行业、企业、职业要素全程、全面融入专业建设，为校企共同开发专业、协同教学、培养人才、共赢发展提供合作发展平台、命运共同载体。专业核心技术和技能的搜寻、提取、遴选、确定过程，保证了专业建设的“以用立业”。

EPIP 微观课程论，涉及课程所含的知识、技术（技能）、素养都要以工程为基础，源自工程，瞄准工程，服务工程。这个工程，是一个由真实情境、真实问题、真实需求构成的世界。课程实施主题的确定、项目的设计、内容的选择，要因地制宜地从真实世界中去寻找，其整体就是真实世界、现实生活。

可以说，EPIP 不仅是中国职业教育的教学模式，更是职业教育高质量发展、适应性发展，精准服务经济社会、服务新发展格局的有效路径。

4.“五业联动”的适应性发展

人们通常把职业教育视为一种与经济发展结合最为紧密，承担着人力资本开发、人力资源供给、技术技能积累的教育；然而现实中，企业却对参与职业教育的兴趣不高，校企合作呈现“一头热”。究其原因，这是因为职业教育原有的办学结构、人才供给不能适应和满足经济社会发展的需求，职业教育的适应性不强。例如，职业教育的专业设置必须与产业升级对接，但是相当多的职业院校专业设置依然与生产实际脱节；职业教育的教师、实训设备必须跟上企业生产要求，但很多职业院校的“双师型”结构师资队伍和生产性实训条件常常不能适应技术技能人才培养要求；职业院校毕业生的专业知识、职业能力、职业精神必须与岗位需求适应，但职业教育的人才培养标准和规格往往滞后于产业、企业、职业发展变化，行业指导作用也没有得到有效发挥。这些现象，反映的是院校办学和职业、企业、行业、产业之间不协调的表象，而技术技能人才的供需脱节、职教资源的供需错配等办学结构性矛盾才是产生这些错位的实质。

2014 年，随着国家职业教育改革创新示范区建设发展，围绕办学模式，一个新的名词，一种新的发展势态，正在影响着津沽大地、京津冀区域乃至全国职业教育。这就是“五业联动”，即产业、行业、企业、职业、专业的产教融合办学模式。

“五业联动”，是新时代中国职业教育产教融合发展的新机制。它基于长期实践探索，理论研究，经验总结，成果推广过程，植根于国家现代职业教育改革创新示范区建设成效，经过实践检验，是一种有效的职业院校办学模式。

2018 年，“服务智能制造产业发展，五度引领，五业联动，协同育人模式创新与实践”成果，获国家级教学成果一等奖。2020 年 1 月 23 日，国务院办公厅发布《关于推广第三批支持创新相关改革举措的通知》中，明确提出，在人才培养和激励方面：推进“五业联动”职业教育发展新机制。

五业联动，是一种根植于产业发展，对接行业指导，围绕企业需求，服务职业岗位及个人职业发展需要，落地于院校办学、专业建设、课程改革的职业教育办学模式。其内涵可以具体表述为：职业院校以促进就业为导向，以职业能力为本位，在专业建设方面与产业、行业、企业、职业等要素密切联系，通过整合资源，相互协同、相互对接、相互融合、相互促进，将专业建设过程中体现五业联动的各项内容落实到教学与实训的各个环节，从而实现办学结构和效能优化的一种办学模式。可以说，依据现代产业的发展趋势和人的发展需求，强调院校办学、专业建设与“五业”联动，共同确立人才培养目标和规格，联合开发教学内容和应用 EPIP 教学模式，合作探索具有中国特色的现代职业教育科学发展途径，是这种新型办学模式的显著特点和创新之处。“五业联动”是落实产教融合、校企合作向纵深、向内涵推进的可靠、可用模式，更是职业教育高质量发展、适应性发展，精准服务经济社会、服务新发展格局的有效途径。

四、归结

陶行知创办晓庄师范学校，成为生活教育理论的始发地。

EPIP 教学模式的运用，对于教师来讲，是为学生寻找、营造适合的工程目标和工程环境（真实世界、现实生活），并在工程目标和工程环境下“教学做”一体化培养学生，教会学生学，教会学生做；对于学生来讲，是要了解工程，掌握技术、构造、工具、手艺，养成工程思维和工程素养。在实践中，“学”学习，“学”应用，“学”创新。EPIP 强调“改造我们的学习”“让学习更有效”，改变重“教法”轻“学法”，更轻“做法”的旧习；改进教师学生只认“假”，不识“真”，只会“技”，不知“用”的常规；用“工程化实践”代替“封闭式训练”，用一个一个由简单到复杂的工程情境和载体，完整、真实地培养学生。

EPIP 的“工程”强调“做事”。它是陶行知生活教育在新时代创造性转化。

“五业联动”，发端于职业教育，但这种教育现象却反映了多元生产要素重新进行组合的历程，映衬了职业院校在与办学环境的生态互动中，促进自身与产业、行业、企业的制度创新和技术创新的过程。一方面，产业、行业、企业通过与职业院校的结合组成了利益与发展共同体，透过频繁的多元沟通、协调、联动，实现了生产要素新组合与互补。这种由生产一线需求驱动的职业教育供给侧结构性改革，不仅使生产部门提升了技术水平，获得了经济效益，并且使职业院校依据社会经济发展、产业转型升级和新兴职业的要求，主动契合产业结构的调整变化，积极优化自身的办学结构和专业结构，从而进一步提升了科技理论水平和教学实训质量，提升了技术技能型人才培养能力和服务产业、行业、企业发展的能力。另一方面，职业院校也在与产业、行业、企业的结合、合作、融合过程中，根据人的职业发展要求，进行了新一轮专业布局、课程设置和专业教学模式更新。通过五业联动搭建的职业发展“立交桥”，引导学生学会不断优化自己的知识、能力、素质结构，不断拓宽就业的弹性和自适应性，学会终身学习，进而实现个人职业的可持续发展。这种坚持就业导向，以人才供给为内驱力的供需结构改革，通过职业教育人才供给链与经济产业链的无缝对接，实现了技术技能型人才供给从“需求侧的拉动”到“供给侧的推动”根本转变。它是陶行知生活教育的创新性发展。

2021 年 10 月 18 日，是一个值得纪念的日子。为纪念陶行知先生诞辰 130 周年，天津职业技术师范大学校园内的“行知园”已焕然一新，它向世人宣示：学校秉持动手动脑，全面发展，立足培养“工匠之师”，培养“中国制造卓越雕塑师”的决心与信心，向世界昭示：学校坚持立德树人，五育并举，以服务为宗旨，以改革作动力，以质量谋生存，以特色求发展，提升适应能力，全面开启迈向建设世界一流职业技术师范大学新征程的决心与信心。

——摘自《职业教育研究》2021，（12）. 吕景泉，任雪浩.“由陶行知教育思想，谈中国职业教育适应性发展——纪念陶行知先生诞辰 130 周年”

作者

吕景泉，二级教授，工程硕士，职业技术教育博士，正高级工程师。

国务院政府特殊津贴专家、国家级高等学校教学名师、国家级机电专业组群教学团队负责人，主持完成并获得职业教育领域首个国家级教学成果“特等奖”，获国家级教学成果一等奖1项、国家级教学成果二等奖4项，获全国黄炎培职业教育理论杰出研究奖。

2006—2012年教育部高等学校高职高专自动化技术类专业教学指导委员会主任、全国职业院校技能大赛工作委员会成果转化工作组主任委员、全国职业院校技能大赛成果转化中心负责人、国家职业教育教学资源开发与制作中心牵头人。

从事职业教育教学实践30年，专注职业教育理论“宏观”“中观”和“微观”研究20余年。首创并探索实践“五业联动”产教融合办学模式、“工程实践创新项目（EPIP）”教学模式、“核心技术一体化”专业建设模式。从事企业现场技术改造和升级服务跨度近20年。专注国际和国内技能赛项研制与资源开发10余年，开发国赛赛项、国际赛项、产业赛项14项。出版“鲁班工坊”专著三部、“工程实践创新项目（EPIP）”专著三部、“技能大赛”专著两部；主编EPIP系列规划教材12部，主编国家规划教材6部；发表论文90余篇，发表有关鲁班工坊主题研究论文20余篇；主持完成省部级课题10余项。所著《鲁班工坊核心要义——中国职业教育的国际品牌》《EPIP教学模式——中国职业教育的话语体系》两部专著入选“中华文化走出去工作重点任务清单项目”，由英国出版社出版英文版和葡萄牙文版。

首创并牵头研制、组织并推动实施“鲁班工坊”项目建设。作为“鲁班工坊”研究与推广中心负责人，围绕项目内涵、建设原则、实施路径、模式标准、教材开发、装备研制、师资培养、质量保障、启运措施等方面发挥了主导作用；组织并推动完成亚欧非8个“鲁班工坊”建设，布局15个鲁班工坊项目计划。获得泰国政府颁发的“诗琳通公主奖”。

后 记

中国理论源于中国实践。用中国理论解读中国实践，体现了马克思主义认识论的本质要求。人的正确思想的产生是一个从实践到认识、又从认识到实践的过程。这个过程，既是认识在实践基础上沿着科学性方向不断深化发展的过程，也是实践在认识的指导下沿着合理化方向不断推进的过程。从理论方面看，理论来源于实践，并在实践中经受检验、丰富发展。不与实践相结合的理论，是空洞的理论、僵化的教条，再好也没有意义。从实践方面看，没有理论指导的实践是盲目的实践、冲动的行为，再多也无益。而盲目实践，必然是“盲人骑瞎马，夜半临深池”，必将导致实践走弯路甚至失败。

鲁班工坊是一个品牌，品牌是有“要义”、有“框范”的。鲁班工坊是一个中国职业教育的国际品牌，品牌要义必然是中国的职教理论、教学模式、培养标准、装备资源的“国际化”。品牌的生命在质量！

鲁班工坊，是国家战略。鲁班工坊，关乎中国职业教育的国际形象，也关乎国家战略实施的效果成效。优质优先，作为五个建设原则之一，不仅是遴选境外合作伙伴的要求，也是选择国内项目建设单位的要求，更是中外双方对鲁班工坊核心要义的理解、认同的要求。鲁班工坊品牌内涵与核心要义，需要科学化尊重、职业化维护、专业化实施，需要守“正”，以尊重的态度对待，以谦和的心态看待，在守正中完善，在传承中创新。我们应该珍视老字号，这是我们以前所处的发展阶段特征决定的；我们也应该珍视新品牌，尊重知识、尊重劳动、尊重创造的现实反应。这才符合新时代要求！我们应该确保每一个鲁班工坊都能够“健康生活，长命百岁”。鲁班工坊研究，是必由之路！

习近平总书记指出：“我们有本事做好中国的事情，还没有本事讲好中国的故事？我们应该有这个信心！”这要求我们从中国的职业教育实践中挖掘新材料、发现新问题、提出新观点、构建新理论，加强对实践经验的系统总结、分析、研究、阐释，提炼出有学理性的新理论，概括出有规律性的新实践。我们还要善于提炼出标识性概念，打造易于国际社会所理解和接受的新概念、新范畴、新表达，引导国际职教界展开研究和讨论，推动海外中国职业教育研究。在解读中国实践、构建中国理论上，我们应该最有发言权。鲁班工坊研究，正当其时！

鲁班工坊是“集大成”。鲁班工坊，是天津职业教育试验区发展、示范区改革、升级版创新的成果集大成，是中国职业教育内涵发展、质量提升、改革创新的成果集大成“呈现”，是中国经济社会转型发展、提质升级、改革创新的成果集大成“展现”。鲁班工坊，是天津职业院校办学成果、教学改革、领导水平、服务能力的集大成，是天津职教人勇担当、敢作为、干实事、讲奉献的集大成

“呈现”；是中国职教人勇于实践、敢于开拓、求真务实、家国情怀的集大成“展现”。

对于“我”，作为建设者，鲁班工坊是“我”从事职业教育的教学实践、管理实践、服务实践的集成；是从事中德职教办学实践、中西（西班牙）职教办学实践、中加（加拿大）职教办学实践近30年、近20年、近10年，开展欧洲、日本、美国、加拿大、澳大利亚、东盟、非洲实地研修及项目研究的集成；是对中国职教学习、实践、研究、转化、发展，对国际职教理论、模式、体系、话语、方法进行深入鉴别、梳理、提炼、试验、总结的集成；更是将教学模式创设、国赛赛项研发、国际化专业研制、国家精品课程建设、国家教学名师成长、国家教学团队资源、国家职教示范区建设、“政行企校研”协同等方面的经验成果进行整合、结合、融合的“集大成”。

鲁班工坊，是中国职业教育品牌化、系统化、体系化与世界分享的“集大成”。鲁班工坊研究，前景广阔，大有可为！

吕景泉

2021年12月22日

鲁班工坊“实践探索－理论研究－经验总结－模式推广”时序逻辑图

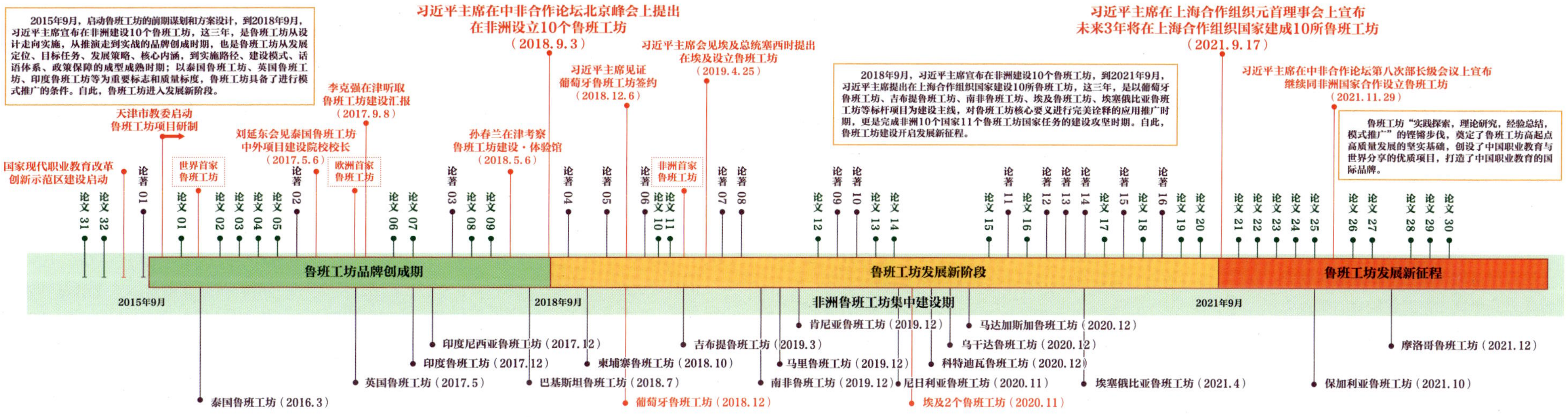

图中-标序	本书章.节	本书-题目	原文-题目	发表时间
论文01	3.1	五大理念，引领国家现代职业教育示范区发展	“五大理念”引领国家现代职业教育改革创新示范区发展	2016年01月
论文02	4.1	供给侧，中国职业教育结构性改革的方向与领域	职业教育：供给侧结构性改革	2016年03月
论文03	3.2	鲁班工坊：中国职业教育国际化发展的新支点	“鲁班工坊”——职业教育国际化发展的新支点	2017年01月
论文04	4.2	解放思想，推进国家现代职业教育示范区建设	解放思想改革创新服务发展，深化推进国家现代职业教育改革创新示范区建设	2017年01月
论文05	5.6	工程实践创新项目（EPIP）的探索	工程实践创新项目（EPIP）教学模式的研究与实践	2017年02月
论文06	4.4	技能大赛，助推中国职业教育教学改革迈向新高度	技能大赛：引领职业教育教学改革发展走向新高度	2017年06月
论文07	4.3	改革创新，开启中国职业教育的融合发展新路径	开启中国特色职业教育的创新之路	2017年06月
论文08	3.3	鲁班工坊：职业教育服务“一带一路”的新作为	服务“一带一路”，职业教育的新作为——“鲁班工坊”	2018年01月
论文09	4.5	五业联动，创立中国职业教育产教融合办学新模式	五业联动——职业教育科学发展的新途径	2018年04月
论文10	3.4	鲁班工坊：中国职业教育国际合作的知名品牌	鲁班工坊——中国职业教育国际知名品牌	2019年01月
论文11	4.6	高质量发展，中国职业教育的制度创新永远在路上	职业教育高质量发展：制度创新永远在路上	2019年03月
论文12	3.5	鲁班工坊：核心要义、项目溯源及品牌创成	鲁班工坊的核心内涵——中国职业教育的国际品牌	2020年01月
论文13	5.7	工程实践创新项目（EPIP）的运用	工程实践创新项目（EPIP）教学模式应用研究	2020年10月
论文14	5.3	工程实践创新项目（EPIP）的课程论	EPIP教学模式的课程论探究	2020年11月
论文15	5.4	工程实践创新项目（EPIP）的专业论	EPIP教学模式的专业论探究	2020年12月
论文16	5.2	工程实践创新项目（EPIP）的“工程化”	论工程实践创新项目（EPIP）教学模式的“工程化”	2021年01月

图中-标序	本书章.节	本书-题目	原文-题目	发表时间
论文17	5.5	工程实践创新项目（EPIP）的教育论	EPIP教学模式的教育论探究	2021年04月
论文18	2.1	非洲鲁班工坊研究：项目建设、发展策略及管理政策	非洲鲁班工坊项目建设、发展策略及管理政策研究	2021年05月
论文19	5.1	工程实践创新项目（EPIP）的核心要义	工程实践创新项目（EPIP）的核心要义	2021年06月
论文20	1.1	鲁班工坊开启新征程	鲁班工坊溯源　国际品牌创成　内涵要义构建、发展策略研究	2021年09月
论文21	2.4	鲁班工坊建设实施：核心要义认知、践行及致用之道	鲁班工坊核心要义的致用之道	2021年09月
论文22	8.1	鲁班工坊（LUBANWORKSHOP）解析	鲁班工坊（LUBAN WORKSHOP）解析	2021年10月
论文23	8.4	“鲁班工坊（LUBANWORKSHOP）解析”评介	鲁班工坊的品牌创设与要义解析	2021年10月
论文24	9.1	鲁班工坊，可持续发展值得关注的“几个问题”	鲁班工坊建设值得关注的“几个问题”	2021年10月
论文25	2.2	亚洲鲁班工坊研究：项目建设、品牌创建及推广应用	亚洲鲁班工坊项目建设、品牌创建及推广应用研究	2021年10月
论文26	8.2	工程实践创新项目（EPIP）解析	工程实践创新项目（EPIP）解析	2021年11月
论文27	2.3	欧洲鲁班工坊研究：项目建设、专业布局及发展策略	欧洲鲁班工坊项目建设、专业布局及发展策略研究	2021年11月
论文28	5.8	EPIP国际教育联盟发展路径、效应与展望	工程实践创新项目（EPIP）国际教育联盟：发展路径、效应与展望	2021年11月
论文29	8.3	技能大赛（ChinaSkills）解析	技能大赛（ChinaSkills）解析	2021年12月
论文30	9.2	生活教育，提升中国职业教育适应性与服务力	由陶行知教育思想，谈中国职业教育适应性发展	2021年12月
论文31	6.1	国际化专业标准的学理考量	建设国际化高职教育专业教学标准的学理考量	2014年09月
论文32	6.2	赛项资源开发与实训课程改革	开发技能赛项及其教学资源推进高职机电类专业综合实训教学的改革与实践	2014年10月

图中-标序	原著-书名	出版社	出版时间
论著01	中德职教漫谈	高等教育出版社	2015年09月
论著02	鲁班工坊——职业教育国际合作新支点	中国铁道出版社	2017年05月
论著03	协同与协作：职业教育的京津冀协同与东西部协作实录	天津人民出版社	2018年01月
论著04	鲁班工坊	中国铁道出版社	2018年10月
论著05	天津职教漫谈——国家现代职业教育改革创新示范区探索与实践	高等教育出版社	2018年12月
论著06	EPIP职业教育教学模式——改造我们的学习	高等教育出版社	2019年02月
论著07	鲁班工坊核心要义——中国职业教育的国际品牌	天津人民出版社	2019年09月
论著08	EPIP教学模式——中国职业教育的话语体系	天津人民出版社	2019年09月
论著09	《鲁班工坊核心要义》英文版	英国New Classic出版社	2020年08月
论著10	《EPIP教学模式》英文版	英国New Classic出版社	2020年08月
论著11	工程实践创新项目（EPIP）解析	中国铁道出版社	2021年01月
论著12	《鲁班工坊核心要义》葡萄牙文版	英国New Classic出版社	2021年03月
论著13	《EPIP教学模式》葡萄牙文版	英国New Classic出版社	2021年03月
论著14	职业院校技能大赛——中国职业教育的制度创新	天津人民出版社	2021年04月
论著15	鲁班工坊（LUBAN WORKSHOP）解析	中国铁道出版社	2021年05月
论著16	技能大赛（ChinaSkills）解析	中国铁道出版社	2021年06月

鲁班工坊“实践探索－理论研究－经验总结－模式推广”资源集成图

鲁班工坊品牌、EPIP教学模式、技能大赛平台、教材资源建设是一个综合体，相辅相成。鲁班工坊是品牌，是集大成；EPIP是模式，指导专业建设，统领师资培养；技能大赛是平台，提供教学装备，引领课程建设，服务资源转化。

从“工程化”入手，以“实践性”贯穿，引“创新型”风尚，推“项目式”载体，一本彩色纸介教材，“配对”一项技能赛事，一套教学资源，一座应用案例库，一部综合实训教学装备，一个世界性产教融合、校企合作平台……为鲁班工坊提供了优质技术装备和优秀教学资源支撑。

立足实际工程的“真度”、技术应用的“深度”、创新空间的“广度”、学习资源的“厚度”、软硬结合的“密度”、虚拟仿真的“效度”，教学过程的“乐度”和全面培养的“适度”，首创“八度”法则，实施综合实训教学的教材（教学资源）开发。

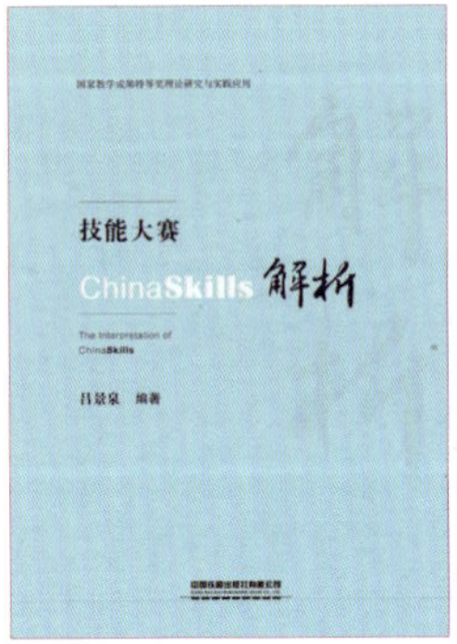

大赛点亮人生，技能成就梦想。解析技能大赛，探究大赛对职业教育改革发展的推动作用，对五业联动办学模式的促进作用，对专业建设课程改革的引领作用，对于职业教育制度、体制、评价创新的牵引作用，具有重要的现实意义。技能大赛，是职业教育改革发展的检验器、创新发展的探测器、科学发展的助力器。职业教育，需要技能大赛。

2018年10月出版，介绍国家现代职业教育改革创新示范区建设纪实，阐释了围绕职业教育的“京津冀协同”与“东西部协作”形成的协同协作“五模式”机制。

2021年4月出版，是教育部重点课题“提升全国职业院校技能大赛国际影响的实践与机制研究”研究成果，采用国赛脉络和天津脉络记述方式，展现了中国职业教育改革创新发展成果。《中德职教漫谈》《天津职教漫谈》，分别从一所院校的办学与一座城市的职教，阐释了职业教育产教融合的“真谛”。

EPIP，是中国技术技能人才培养的教学模式，是“鲁班工坊”的核心要义。著述全面阐释EPIP的思考路径、理论基础、内涵要义、体系建构、应用领域、典型案例和政策指导，呈现首创者开展EPIP的实践探索、理论研究、经验总结、模式推广的全景式、立体化的“名实耦合”境界，开启了一场真实世界、现实生活中的EPIP探寻之旅。

2019年2月出版，以首创者视角，讲述鲁班工坊核心要义之一EPIP的理论构架、内涵要义、实践运用，是首部全面阐释EPIP实践探索与理论研究成果的著述。

2019年9月出版，是教育部重点课题“基于工程实践创新项目EPIP教学模式研究与实践”研究成果，详实阐释了EPIP的内涵要义、理论基础、体系框架、应用案例；入选“中华文化走出去工作重点任务清单目录”。2020年，*TEACHING MODEL OF EPIP* 由 New Classic Press 出版；2021年，葡萄牙文版出版。

鲁班工坊，是中国职业教育的国际品牌，是服务“一带一路”的国家战略。2016年，首个“鲁班工坊”在泰国揭牌启运，接续欧洲第一个鲁班工坊、非洲第一个鲁班工坊启动运营，中国职业教育的模式、标准、装备、教材与世界分享。著述对鲁班工坊进行了解构、解密、分解、分析，多维度、情景化、现场式、史诗性地“解析”了鲁班工坊。

2018年10月出版，图文并茂，彩色印刷，描述项目进程、内涵、标准、路径、成效，介绍了鲁班工坊建设·体验馆，是首部完整阐释鲁班工坊理论与实践的著述。

2019年9月出版，是教育部重点课题“‘一带一路’视域下海外鲁班工坊建设的标准化模式”研究成果，详实阐述了鲁班工坊的核心要义、品牌内涵、探索历程；入选“中华文化走出去工作重点任务清单目录”。2020年，*KEY PRINCIPLES OF LUBAN WORKSHOP* 由 New Classic Press 出版；2021年，葡萄牙文版出版。

真度　深度　广度　厚度　密度　效度　乐度　适度

英文版教材

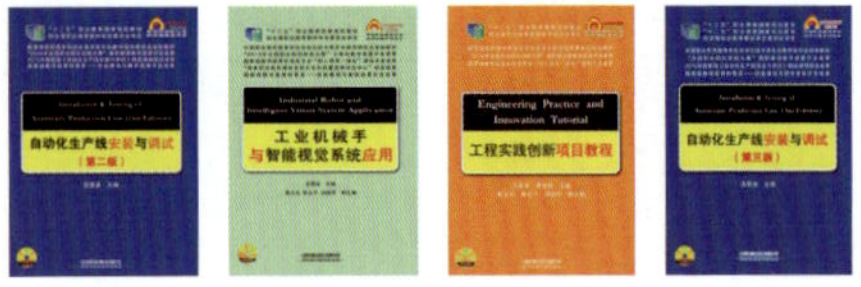

国家规划教材